신교육학개론

장선철 · 이진안

Introduction to Education

태영출판사

머리말

교육은 인간을 대상으로 하는 실천적 활동이다. 교육은 사람을 기르고, 인격을 함양하며, 인간을 인간답게 만든다. 교육의 성과는 인간에게 나타난다. 따라서 교육의 궁극적인 관심은 인간에 있다. 인간의 특성 중에는 지식도 있고, 기능도 있으며, 사고력도 있고, 문제해결력도 있다. 어느 것을 기르느냐에 따라 교육의 실천이 달라지기 때문에 교사는 '길러야 할 인간'을 좀 더 분석적으로 파악할 필요가 있다. 즉 인간을 좀 더 깊이 이해하여야 한다. 또한 인간을 성장하고 발달하고 변화해 가도록 돕기 위해서는 '변화시키겠다는 의도와 계획'이 있어야 한다. '기르고자 하는 또는 길러야 할 인간행동에 관한 명확한 설정과 의식'이 있으며 '길러진다는 이론과 실증의 뒷받침'이 있어야 한다.

이를 위하여 교사는 명확한 교육목적을 설정하고 이를 달성할 수 있는 교육 프로그램과 교육과정 운영에 대한 폭넓은 교육이론을 지니고 있어야 한다.

이 책은 교육에 대해 이제 막 눈을 뜨는 예비교사와 교육학을 새롭게 공부하는 학생들이 보다 폭넓은 교육이론을 섭렵할 수 있도록 준비하였다. 이런 의미에서 이 책은 교육학에 대한 개론서요, 교재이다. 저자들은 독자들이 이 책을 읽어 나가면서 교육학 전체의 현상을 보다 거시적인 관점에서 이해하며, 교육에 관한 지적 호기심을 유발할 수 있도록 교육학 연구에 기본이 되며 근간이 되는 여러 이론을 담고자 애를 썼다.

먼저 교육학을 형성하는 교육의 틀을 개론적으로 이해하도록 돕기 위하여 제1장에서는 교육의 어원, 정의, 가능성과 한계와 같은 교육의 기본 개념과 형태를 다뤘다. 그리고 교육학을 형성하는 기초가 되는 역사적, 철학적, 심리적, 사회적 기초를 제2, 3, 4, 5장에서, 교육의 실천적 행위가 이뤄지는 방법과 원리를 제6, 7, 8, 9장에서 다뤘다. 제6장의 내용은 교육과정이며, 제7장의 내용은 교육공학의 이해, 제8장의 내용은 교육평가, 제9장은 생활지도 및 상담이다.

제10장의 내용은 교육행정과 조직, 제11장의 내용은 교직과 교사로 효율적인 교육활동을 위한 교육체제 및 교육의 주체인 교사론을 언급하였다. 이와 같이 교육학의 모든 분야를 공동 저자의 전공분야에 따라 빠짐없이 고루 다루고자 애를 쓴 이 책은 한 학기 강의분량으로 되어 있다.

그러나 막상 책을 발간하려고 하니 두려움이 앞선다. 원래의 취지대로 폭넓은 이론을 간단명료하게 소개하는 일이나 일관성 있게 용어를 정리하는 일이 그렇게 명확하게 이뤄진 것 같지 않기 때문이다. 그래서 언제나 느끼는 것이지만 탈고 후에는 아쉬움만 남는다. 어쩔 수 없어 또 다시 내일을 기약한다. 부족한 부분은 판을 거듭하면서 저자들이 더욱 깊이 논의하여 수정, 보완하고자 한다.

마지막으로 이 책을 만드는 데 애쓰신 많은 분들, 언제나 후원을 아끼지 않는 태영출판사 김현태 사장님과 책을 편집하고 제작해 준 오세복 상무를 비롯한 제작팀에게도 감사함을 전한다.

2012년 1월

저자 씀

차 례

제1장 교육의 이해

제1절 교육의 기본 개념

1. 교육의 어원

교육은 교육이란 용어가 있기 전 원시시대부터 있어 왔다. 인간은 일생 동안 교육을 필요로 하는 존재로 교육에 대한 정의도 시대와 장소, 또한 학자들의 교육관에 따라 다르게 표현되어 왔다는 것을 알 수 있다. 교육의 개념을 명확하게 하기 위하여 어원을 살펴보면 다음과 같다.

오늘날 쓰고 있는 우리 말의 교육은 '가르치다'와 '기르다'의 뜻을 가지고 있다. '가르치다'는 고어로 'ᄀᆞᄅᆞ치다'로 교(敎)와 지(指)의 뜻을 갖고 있다. '가르치다'는 '알도록 하다 · 지식을 지니게 하다 · 할 수 있도록 지도하다'는 뜻인데 원래는 '가리키다'와 어원이 같다. '가리키다'는 '손가락으로 목표를 지적하거나 말이나 동작으로 무엇이 있는 곳을 알려주다'의 뜻으로 '갈다'와 '치다'의 합성어이다. 그 본뜻은 시비선악을 판단하여, 나쁘고 거친 것을 다듬어 착하고 아름답게 하는 것이다. 우리말의 '가르치다'와 '기르다'에는 방향제시, 선별, 분별, 판단, 경작, 연마, 사육, 생성, 제거, 성장을 모두 포함한 풍부한 뜻이 담겨져 있다. 교육을 의미하는 우리말 '가르침'은 어른이 아이들의 행동이 옳고 그름을 분별할 수 있도록 옳은 것을 가르친다는 것을 의미한다.

동양에서 敎育이란 한자가 처음 문헌에 나타난 것은 중국의 사상가였던 맹자(孟子)의 진심편(盡心篇 : 君子有心三樂章)에서 볼 수 있다. '敎'의 뜻은 가르킴, 즉 '윗사람이 모범을 보이면 아랫사람이 이를 본받는다'는 의미로 삶의 길을 먼저 깨달은 기성 세대가 뒤 세대에게 삶의 길을 전달하여 주는 것을 말한다. '育'의 뜻은 기른다(養), 자란다(成長), 돌보다, 낳는다(出産)의 뜻으로 그릇된 자식을 바르게 길러 착한 일을 하도록 한다는 것을 의미한다. 즉 교육이란 미성숙하고 불완전한 아이를 바람직한 사람으로 자라도록 가르치고 기르는 것을 의미한다. 전 세대의 깨달음을 뒤 세대에게 삶의 길을 지도하는 것으로서 '敎育'이란 한자의 뜻 속에는 교육의 목적과 교사가 지녀야 할 태도가 잘 나타나 있다.

서양어의 'education'과 'pedagogy'는 교육을 뜻하는 단어이다.

'Education'의 어원은 라틴어 'educare'에서 나온 것으로 'e(out : 밖으로)'와 'ducare, duco(draw : 꺼내다, 이끌어내다)'의 합성어로 '밖으로 이끌어낸다'는 도출, 유출, 유도의 의미가 있다. 즉, education이라는 낱말에는 아동이 가지고 있는 소질, 능력을 끌어 내어 그의 참다운 모습으로 생리화, 제2의 천성화 또는 인간화시킨다는 의미가 포함되어 있다. 교육이라는 활동에 의해 아직 미성숙한 아동의 잠재되어 있는 소질 또는 능력을 끌어 내어 성숙한 사람으로 형성시켜 놓아야 비로소 인간이 된다는 뜻이 담겨져 있으므로 교육의 본질을 잘 나타내고 있다.

'Pedagogy'의 어원은 'paidos(어린이)'와 'agogos(이끈다)'의 합성어로 '어린이를 이끈다'는 뜻이다. Pedagogy는 '아동을 가르치고 양육한다'는 의미로 그리스어 파이다고고스(paidagogos)에서 유래한 말이다. 고대 그리스 사회에서는 노예가 많았는데 다만 귀족이나 자유민 가정에서 그들의 자녀를 학교나 박물관, 기타 공공장소로 데리고 다니며 가르치는 교사(가정교사) 역할을 담당하는 노예만을 파이다고고스라고 하였다. 이 말 속에서 참다운 교사의 정신을 찾을 수가 있다. 교사는 피교육자의 성장과 발달을 도와 그들이 행복한 삶을 살 수 있도록 노예처럼 희생과 봉사로써 최선을 다한다는 자세를 가져야 한다. 이와 같이 'Pedagogy(페다고지)'라는 글자의 뜻 속에는 교육활동의 특성 가운데 하나가 바로 봉사적 활동임을 잘 나타내어 준다.

이상에서 살펴본 교육이란 말에 대한 동서양의 어원에서 차이를 보면 동양적 어원은 윗사람이 아랫사람에게 무엇인가를 가르치는 교육관이고, 서양적 어원은 아동의 내면에 갖고 있는 잠재력이나 적성을 이끌어 내는 아동에게 중심을 둔 교육관이다.

교육이란 시대와 사회에 따라 교육에 대한 정의가 다르지만 한 마디로 간단히 요약하면 교육을 통해 학습자가 타고난 잠재력과 가능성을 계발하고 신장시켜 바람직한 인간으로 형성시키는 것이라 할 수 있다.

2. 교육의 정의

교육은 인간을 인간답게 하고 인간의 본질을 키우는 일이다. 인간의 성장 가능성을 가치 있는 방향으로 최대한 신장시켜 건강하고 지적이고 사회에 잘 적응하여 성숙한 삶을 살 수 있고 자아실현할 수 있도록 하는 것이 교육이다. 그러므로 교육은 개인발전과 나아가 사회발전을 위해 기여하게 된다. 교육활동의 어떠한 점에 관심을 갖느냐에 따라 학자들의 정의의 내용이 달라진다고 할 수 있다.

몇몇 학자들의 교육에 대한 정의는 다음과 같다.

① **코메니우스**(L. A. Comenius) : 인간은 교육에 의해서만 인간이 된다.
② **루소**(J. J. Rousseau) : 인간의 자연발전을 위한 모든 조성작용이다.
③ **칸트**(I. Kant) : 교육은 인간을 인간답게 형성하는 작용이다.
④ **페스탈로치**(J. H. Pestalozzi) : 교육은 사회의 계속적 개혁의 수단이다.
⑤ **듀이**(J. Dewey) : 교육은 생활, 성장, 사회과정, 경험의 재구성이다.
⑥ **뒤르껭**(E. Durkheim) : 교육은 사회생활을 위해서 미숙한 인간에 대한 성인 세대의 작용을 말한다.

이와 같이 여러 학자들이 각자 다양하게 교육에 대한 정의를 내리고 있으나,

여기에서는 교육에 관한 다양한 정의들을 크게 기능적 정의, 규범적 정의, 조작적 정의로 분류하여 파악하고자 한다.

1) 기능적 정의(functional definition)

기능적(機能的) 정의는 교육현상을 지배해 왔다고 볼 수 있으며 교육을 인간 행동의 변화로만 설명하는 가치중립적인 정의 방식이다. 교육의 가치를 무엇을 위한 수단이나 도구로 규정하는 입장으로 교육이 이바지해야 할 대상에 따라 많은 정의가 가능하다.

'교육은 국가 사회발전을 위한 수단이다', '교육은 사회적 출세를 위한 수단이다' 등 교육을 통해 도달하고자 하는 목적이나 대상에 초점을 둔 것이다. 그러므로 교육을 어떤 관점에서 보느냐에 따라 국가 · 사회 · 개인 · 정치 · 경제 · 종교 등 여러 가지가 있다.

교육을 개인의 출세 수단으로 본다면 교육의 부조리 현상을 초래할 수도 있으나, 사회적 관점에서 본다면 사회발전을 위한 수단 또는 문화유산을 계승 · 발전시키는 수단으로 볼 수 있다. 국가적 입장에서 국가경쟁력을 높이기 위한 수단으로 보게 된다면 지나치게 기능적 정의를 치중하여 교육의 본질이나 의미를 훼손하거나 왜곡될 가능성이 있다(이형행, 2007).

2) 규범적 정의(normative definition)

규범적(規範的) 정의는 교육에서 추구해야 할 어떤 진리나 가치를 중시하여 교육 자체의 발전에 비중을 두는 입장으로서 교육적 가치 판단의 기준을 제시하므로 가치지향적 정의라고도 한다. 이 정의에 의하면 '교육은 영원한 진리나 가치에로의 접근 과정', '교육은 인간을 인간답게 형성하는 과정', 또는 '인격함양의 과정'이라고 말한다. 이러한 정의는 교육의 목적이나 존재 가치를 교육 그 자체에 두고 내린 것이라 할 수 있다. 인간을 '인간답게' 형성한다는 것은 도덕적 · 인격적 목표에 접근시키는 과정으로 볼 수 있다. 즉, 규범적 정의는 기능적 정의와 대조적인 입장으로 인격을 인간답게 형성하고 자아실현이라는 내재적 가치의 실현 또는 영원한 진리나 가치를 추구하는 그 자체에 중점을 둔 정의이다.

3) 조작적 정의(operational definition)

조작적(操作的) 정의는 교육의 개념을 과학적으로 정의하는 것으로 인간행동 특성을 계획적으로 변화시키려는 과정을 말한다.

여기서 인간행동이란 우리가 쉽게 관찰할 수 있는 겉으로 드러난 행동(말한다, 웃는다, 운다, 뛴다, 기뻐한다 등)이나 보이지 않는 내면적 행동(지식의 기억 · 창의성 · 이해 · 사고력 · 가치관 · 동기체제 · 성격 · 자아개념 · 관심 등)이나 특성까지 말할 수 있다.

교육은 인간을 대상으로 하는 실천적 활동으로 사람을 기르고, 인격을 함양하며, 인간을 인간답게 만든다. 공업과 농업의 직접적인 관심이 제조품과 농산물인 것과 같이 교육은 경제 발전의 직접적인 활동인 산업과 경제활동에 필요한 인간을 양성함으로써 경제 발전에 기여하는 관계에 놓여 있다. 교육은 농산물을 생산하는 활동이 아니라 농산물을 생산할 줄 알고 생산하려는 인간을 기르는 것이기 때문이다.

한 인간이 성장하고 발달하고 변화해 가는 데에는 교육의 힘만이 작용하는 것은 아니다. 생후의 경험과는 관계없이 성장하는 성숙이라는 영향도 있고, 경험 여부에 따라 성장 · 발달이 정해지는 학습이라는 영향도 있다. 경험 여부에 따른 인간행동의 변화에도 다양한 영향이 작용한다. 예컨대, 한 사회, 한 가정에서 태어났다는 것 자체가 여러 경험을 통해 일정한 학습을 하게 한다. 사람은 일상생활을 하면서 항상 뭔가를 경험하며, 그 연속되는 경험 속에서 다시 뭔가를 배운다. 이런 행동을 의도와 계획을 갖고 변화시키는 것에 한해서 교육이라고 규정할 수 있다.

계획적이라 함은 첫째, 기르고자 하는 또는 길러야 할 인간행동에 관한 명확한 설정과 의식이 있다는 것, 둘째는 그것을 기를 수 있는 "이렇게 이렇게 하면 이것은 길러진다"는 이론과 실증의 뒷받침이 있는 계획과 과정이 있다는 것을 의미한다. 전자는 명확한 교육목적이 있다는 말이며, 후자는 교육이론 그리고 그것에 기초한 교육프로그램 내지 교육과정이 있다는 말이다. 길러야 할 인간행동으로서의 교육목적에 관한 명확한 의식이 없는 정도에 따라, 그리고 이론적으로 실증적으로 아무런 교육계획이 없을 때 거기에 교육은 없을 수도 있다는 것이다.

변화란 육성 · 조성 · 함양 · 양육 · 계발 · 교정 · 개선 · 성숙 · 발달 · 증대 등을 포함하는 포괄적인 개념이다. 인간행동에 관심을 가지고 있는 것은 정치학, 경제학, 행정학, 문화인류학, 심리학 등 이른바 행동과학 또는 사회과학으로 불리는 학문들은 다 인간행동에 관심을 가지고 있는 셈이다. 그러나 교육이 독특한 것은 교육은 인간행동의 변화, 즉 그 육성이나 교정, 개선에 관심을 가지고 있다는 점이다.

교육은 지식을 갖게 하고, 미숙했던 사고력을 숙달케 하며, 몰랐던 기술을 몸에 익혀 주고, 이러했던 '관'을 저런 '관'으로 바꾸며, 저런 '정신'을 이런 정신으로 변화시키는 데에 관심이 있다. 교육은 인간행동을 의도적으로 변화시키는 데에 있기 때문이다.

이상의 정의를 요약하면 교육이란 '학습자가 지니고 있는 성장 가능성을 의도적 · 계획적으로 가치있는 방향으로 최대한 신장시켜 자기실현을 할 수 있도록 돕는 일'이라고 정의할 수 있다(권건일 외, 2006).

3. 교육의 가능성과 한계성

교육의 가능성과 조건은 인간의 유전적 요인과 환경적 요인에 의해 결정되지만, 이 두 요인은 교육의 가능성과 한계성을 동시에 나타내고 있다.

1) 교육의 가능성

교육의 가능성(可能性)은 인간적 요인(성장 가능성, 성장욕구)과 이 요인과 상호작용하는 환경적 요인에 의해 결정된다. 인간은 실제로 성장 가능성만큼 성장하지 못하게 되는데 이것은 환경이 우리의 성장 가능성을 극대화할 수 있는 조건만으로 이루어지지 않기 때문이다.

교육은 인간 형성의 과정으로 사람을 사람답게 하는 활동이므로 사람다운 사람이 되기 위해서 일생을 통해 교육을 받게 된다. 인간을 제외한 다른 동물들은 거의 완전한 상태의 개체로서 커다란 현실성과 극히 작은 가능성을 가지고 태어나지만, 인간은 어른의 도움 없이는 하루도 살아갈 수 없는 무능력하고 미완전한 형태로 태어나므로 보호와 교육이 필요한 존재다. 인간이 인간다워지고 또한 만물의 영장으로 군림할 수 있다는 것은 인간에게는 다른 동물에 비해서 거의 무한한 '성장 · 발달의 가능성'을 가지고 있다는 사실 때문이다. 그러므로 아동이 지닌 성장 · 발달의 가능성을 계발하고 도야하여 독립된 개체로 보람차게 생을 살아가도록 하기 위해서는 교육이 그 밑바탕에서 작용되어야 한다는 것이다.

독일의 교육학자 크리크(E. Kriek)는 "인간은 교육적 동물이요, 인간의 역사는 모두가 교육의 역사, 교화의 역사이다."라며 인간을 가리켜 '교육적 동물'이라고 정의를 내리고 있다.

이렇듯 교육이란 바람직한 인간 형성을 위한 과정(process)이며, 보다 나은 사회 개조를 위한 수단으로써 학교 · 사회 · 가정에서 이루어지는 하나의 의도적인 작용이다. 또한 미완전한 상태로 태어난 아이가 복잡 다양한 현대사회의 여러 가지 문제와 자기의 문제를 스스로 해결해 낼 수 있는 자율적인 인간으로 자라나도록 하며, 창의성을 가지고 보다 풍부하며 폭넓은 인생을 즐길 수 있도록 이끌어 주는 것들이 바로 교육이다.

이와 같이 인간은 교육을 통해서 인간다워진다고 할 수가 있는데 이러한 사실을 증명해 주는 좋은 사례가 있다(J. M. G Itard : 김정권 역, 1995).

1795년 프랑스의 남부 아베롱 숲 속에서 11-2세 가량의 야생소년이 발견되었다. 겉은 인간의 모습이었지만 자기의 마음에 들지 않으면 물어뜯고 할퀴고 하여 다루기가 매우 힘이 들었으며, 주의력도 없었고, 감각기능의 작용도 전혀 이루어지지 않는 짐승의 모습 그대로 먹고 자고 들판을 이리저리 뛰어다니는 일 등에 한정되어 있었다는 것이다. 이 소년은 Paris 국립농아원으로 옮겨져 그 곳의 청년 의사인 이따르(J. M. G. Itard, 1774~1838)가 맡아 5년간 계획을 세워 헌신적으로 돌보았으나 소년은 약간의 언어만 겨우 습득하였을 뿐, 기억력 · 판단력 · 사고력이 없었으며, 자기를 돌봐주는 사람에 대해 애정을 보이는 정도의 발전만이 있었고 정상적인 인간으로는 결국 돌아오질 못했다고 한다.

이와는 다른 예로 미국의 한 심리학자가 동물 중에서 정신연령이 가장 높다고 하는 갓 태어난 침팬지를 인간의 아이와 똑같은 조건에서 양육을 하며 그 침팬지의 발달 상태를 관찰 · 조사하였는데 2세까지는 인간의 수준과 거의 유사한 발달 상태를 보였으나 이후로는 그 이상의 발전을 더 이상 나타내 보이지 않았다고 한다.

앞의 예들로 보아 인간은 인간 속에서 교육을 통해서만이 인간다워진다는 사실과 인간의 발달과정에 있어 영 · 유아기가 매우 중요한 시기라는 사실을 알 수가 있다.

이렇듯 교육은 실로 인간 생명 보존의 수단이 되며, 인간으로서의 가치를 실현하게 하는 기능을 지니고 있다고 하겠다. 결국, 가장 무능하고 미완전한 상태로 태어난 인간이 교육에 의해서 가장 유능하고 완전한 개체로서 성장하고 발달하여 만물을 지배하게 되는 것이다.

이런 의미에서 칸트(I. Kant, 1724~1804)는 "인간은 교육에 의해서만이 인간이 될 수 있고, 인간이란 교육으로부터 만들어진 것에 불과하다."라고 하였고, 이율곡은 "인간이 세상에 태어나서 학문이 아니면 인간이 될 수 없다(栗谷集, 擊蒙要訣에서)."라고 말하고 있다.

2) 교육의 한계성

인간은 누구나 교육을 통해 성장 가능성을 갖고 태어나지만 누구에게나 무한정으로 가능한 것은 아니다. 교육의 힘에도 어느 정도 한계는 있다고 볼 수 있다. 인간은 환경과의 상호작용을 통해 각자 다르게 형성되므로 태어난 가정, 지역, 시대 등 환경에 따라 개인차가 나타나고 있음을 알 수 있다. 또한 인간에게 이상적인 성장 조건을 만들어 주기에는 현실적으로 너무 많은 제약이 있다. 그러므로 인간이 각자 타고난 성장 가능성을 제대로 실현시키지 못하는 것은 환경의 영향이라 할 수 있다.

독일 철학자 나토르프(P. Natorp)는 "인간은 다만 인간 사회를 통해서만 인간이 된다"라고 하였고, 쇼펜하우어(A. Schopenhauer)는 "지성만은 교육이나 환경을 통하여 어느 정도 도야될 수 있으나 정의의 방향은 어찌할 수 없다"라고 하였다. 이는 인간 형성에는 선천적인 소질보다는 후천적인 환경이 우세하게 작용한다는 교육의 한계성을 주장한 것이다.

인간의 발달은 유전적인 영향과 환경의 상호작용에 의해 결정되지만 일반적으로 인간의 성장 가능성에 한계를 짓는 조건으로 소질과 환경을 들 수 있다. 소질이란 인간의 신체적, 정신적인 잠재적 능력을 말하는데 유전에 의해서 결정되기도 하지만 특히 현대사회에서는 환경의 영향에 따라 한계가 나타난다. 환경에는 인간적 환경 · 문화적 환경 · 물리적 환경 등이 있는데 모두 끊임없는 상호작용을 통해 한 인간의 성장 · 발달에 작용한다. 아무리 성장 가능성이 훌륭하게 태어났다고 해도 이러한 환경이 적합하지 않다면 교육은 제한을 받게 된다. 좋은 교육 조건은 교사가 훌륭하다고만 해서 이루어지는 것도 아니고 교육 자료가 좋은 것만으로도 이루어지는 것이 아니다. 학교와 가정, 사회가 서로 긴밀하게 협조하여야 좋은 교육 조건이 이루어지는 것이다. 그러므로 교육의 한계성을 극복하기 위하여 끊임없는 노력과 개혁이 이루어져야 할 것이다.

교육의 가능성과 한계성(限界性)에 대해 전술한 바와 같이 유전과 환경이 인간 형성 과정에 중요한 역할을 하고 있음을 알고 있지만 어느 것이 우세한 작용을 하는 것인지에 대해서는 단정지을 수는 없다. 최근 연구결과에 따르면 환경이 좀 더 영향을 미치는 것으로 보여진다.

4. 교육 성립의 3요소

흔히 교육을 '가르치고 배우는 활동'이라고 한다. 이 말에는 '누가, 무엇을, 누구에게'라는 기본적인 교육활동의 3요소가 명시되고 있다, '누가'는 교육을 하는 사람을 의미하고, '무엇을'이란 교육의 내용을 의미하며, '누구에게'는 교육을 받는 사람을 의미한다.

이렇게 볼 때 가르치고 기른다는 교육의 활동은 실천에 관한 문제가 된다. 그러므로 교육작용에는 실천의 주체와 실천의 대상이 있다. 교육의 주체와 객체는 그들의 경험의 전달 · 수용을 통해서 피교육자의 성장 · 발달을 실현한다.

학교교육은 교사 · 학생 · 교재 등 이 세 가지가 교육을 성립시키는 최소한의 요건이다. 주체인 교사를 '교육의 주체', 객체인 학습자를 '교육의 객체', 매개체로써의 교육내용을 '교육의 재료' 또는 '도야재'(陶冶材)라고 하고, 교육활동은 위의 3개의 요소가 상호 실천적으로 교섭할 때 처음으로 성립되며 그 가치가 나타는 것이므로 하나라도 빠지게 되면 학교교육이 성립될 수 없다.

또한 교육의 3요소(three elements of education)가 서로 마주치고 교육기술이 제대로 발휘되어 교육 가치를 구현시킬 수 있도록 조건 지워주는 장면을 '교육의 장'(the fields of education)이라고 한다.

1) 교육의 주체(the subject of education)

교육은 전통적으로 교사의 주도적 활동에 의존한다. 교육은 교사의 책임 아래 그들의 힘과 권위에 따라 학생을 지도하고, 조력하는 주도적 역할이 이루어진다. 교사가 사회의 최상의 경험을 대표하여 피교육자에게 갈 길을 제시해 주는 것이 곧 교육인 것이다. 따라서 교사의 책임 하에 그의 능력과 권위에 따라 교육활동이 이루어지므로 교육의 주체자로서 갖추어야 할 것이 많이 요구되고 있다. 교사는 피교육자의 가능성을 최대로 성장 · 발전시키기 위하여 정열, 인격, 자질, 지혜, 책임감, 관찰력, 정직성, 공정성 등을 지니고 있어야 하며 아동의 모범이 되어 아동이 스스로 잠재력과 발전 가능성을 실현할 수 있도록 도와주어야 한다. 그러나 교사가 요구되는 요건을 완벽하게 갖추기는 실제적으로 불가능하다고 여겨진다. 교육의 중요성과 미치는 영향을 볼 때 교사는 가르치는 내용에 대해서는 해박하고 방법에 있어서는 전문지식이 필요하며, 건전한 인격과 바람직한 교육관을 가지고 있어야 한다.

교사는 교육의 주체자로서 갖추어야 할 것이 많이 요구되므로 많은 학자들은 교사가 갖추어야 할 것을 ① 인간의 탐구자로서의 교사, ② 역사사회의 연구자로서의 교사, ③ 진리의 탐구자로서의 교사, ④ 사랑의 자각자로서의 교사, ⑤ 교육전문가로서의 교사, ⑥ 예술가로서의 교사, ⑦ 실천가로서의 교사 등으로 언급하고 있다.

2) 교육의 객체(the object of education)

교육활동은 학습자를 대상으로 하는 것이다. 교육의 객체인 학습자는 미숙한 신체와 정신 그리고 지성을 가진 기능체로 가르침이 필요한 존재이므로 이것이 바로 교육의 출발점이라 할 수 있다. 학습자는 교육활동의 핵심적인 대상자로 단순히 교사에 의해 지도 · 편달 · 보호 · 육성되어 지식만 받아들이는 단순한 모방자는 아니다. 교육의 주체로서 발전할 수 있는 소질과 능력을 가지고 모든 행동을 통일 · 결합시킬 수 있는 존재이다. 그들은 성장하여 선해질 수 있고 참다워질 수 있는 힘과 가치를 보유한 존재이므로 교육적인 자극을 가하여 개발하고 성장시켜야 한다.

교육적 가치란 교육의 주체와 교육의 객체가 상호 실천적으로 교섭하여, 즉 경험의 전달과 수용을 통해서 얻어진 피교육자의 성장과 발달(growth and development)을 의미한다. 그리고 교육과정이란 피교육자의 성장과 발달을 이끌어 내는 과정을 말한다.

그러므로 학습자는 새로운 미래의 세계를 향해서 적극적으로 그리고 주체적으로 가능한 한 성장되어야 하며, 바람직한 학습을 해야 할 '배우고자 하는 의지체'인 것이다.

3) 교육의 매개(the medium of education)와 장(field)

교육의 주체와 객체 사이에는 언제나 매개물(medium)이 존재하며 그것이 교육의 재료, 즉 교육의 내용으로 교사와 학습자를 연결시켜 준다는 의미에서 매개체로서 교육의 핵심을 차지한다. 교육내용이란 가치롭다고 인정된 인류 문화유산과 기술, 가치, 건전한 생활경험 등이 풍부하게 포함되어 있는 교재를 말한다. 이러한 교육내용을 효과적으로 가르치기 위해서 일정한 구조와 체계적인 조직이 있어야 하며, 학습자의 바람직한 성장을 돕는데 적합하여야 한다.

교육이란 위와 같은 교육내용을 매개체로 중간에 놓고 교육의 주체와 객체가 상호 실천적으로 교섭하는 작용인 것이다.

교육내용을 넓게는 '교육의 재료', 줄여서 '교재'(educational materials) 또는 '도야재'라고 하고, 좁게는 '교육과정'(curriculum)이라고 한다. 그것들은 교육자의 입장에서 보면 교육 지도상의 재료이고, 피교육자의 입장에서 보면 교육 진행상의 재료가 된다.

교육의 장(場)이란 그 어떤 목적을 갖는 행동이 발전하는 국면을 말한다. 교육의 3요소가 교육적 교섭관계를 이루는 장면이 바로 교육의 장이다. 그것은 교재에 의해서 매개된 교육의 주체와 객체가 교호작용(transaction)을 하는 인간적 관계의 장면인 사회과정이며 또한 사회의 현실이다.

그러므로 교육의 장은 교사와 피교육자를 매개하여 교육활동 및 교육적 행위를 발전시키는 사회적 공동의 장면 또는 집단적 장면이고 할 수 있다.

제2절 교육의 형태

우리는 일반적으로 교육하면 학교를 생각하게 된다. 그러나 교육은 학교에서만 이루어지는 것이 아니라 가정이나 사회 등 여러 곳에서 직 · 간접적으로 교육을 받고 있으며 교육이 행해지는 모양과 방법도 다양하게 이루어지고 있다.

교육을 본질적으로 볼 때 개인적이며 또한 사회적이라고 말할 수 있다. 개인적이라는 것은 아동의 한 사람 한 사람의 성장 · 발달 과정을 뜻한다. 교육의 결과가 개인을 인간으로 형성시키고 아동 개인의 전체적인 인격 형성 과정에 중요한 역할을 하기 때문에 개인은 누구나 교육받을 권리를 누리게 된다. 사회적이라는 것은 아동은 교육받을 권리가 있기 때문에 사회는 아동이 교육을 받을 수 있고, 사회의 일원으로서 자활해 나갈 능력을 발휘할 수 있는 교육 환경을 만들어 주어야 할 의무가 있다는 것을 의미한다.

교육은 인간 문명의 전체 영역을 포함하고 있으므로 교육의 기능별 분류는 수없이 많이 세분화하여 설명될 수가 있으나 일반적으로 분류하는 내용은 다음과 같다.

교육을 직업교육(vocational education) 또는 전문교육(professional education)과 일반교육(general education) 또는 교양을 위한 교육으로 구분하는 경향도 있다. 이것은 대학에 있어서와 같이 전문기술을 요하는 전문적 교육과 또한 일반교양을 위한 일반교육을 뜻하는 것이다.

한편 학교교육을 중심으로 하여 교육이 피교육자의 연령에 따라 아동교육, 성인교육, 중등교육, 고등교육으로 구분한다.

듀이(J. Dewey)가 말한 것과 같이 교육은 일생을 통한 생의 과정이고 경험의 과정이며 개조의 과정이기 때문에 광의의 교육이란 학교교육 또는 연령에 의해 제한된 교육만을 뜻하는 것이 아니다. 그렇기 때문에 교육은 한 개체에게 평생을 통한 작용이어야 하므로 오늘날 평생교육의 중요성이 강조되고 있음을 재인식하게 된다.

1. 형식적 교육과 비형식적 교육

교육의 유형화에서 교육이 일어나는 장소 · 대상 · 목적 등을 동시에 고려하여 교육을 다음과 같이 분류할 수 있다.

1) 형식적 교육(formal education)

형식적 교육이란 제도화한 교육으로 특정한 지도자와 조직된 학습자가 일정한 장소에서 사전에 잘 조직된 교육내용을 매개로 하여 의도하는 방향으로 교육하는 과정을 말한다(인구증가와 산업화로 조직적 · 계획적으로 학생들을 가르치기 위해서는 제도화된 형식적 교육이 필요하게 된 것이다).

구성 요소로는 유형의 것으로는 조직화된 학교 · 시설 · 교사 · 교재 및 학생이 있고, 무형의 것으로는 일정한 교육 목적 · 학습활동 · 교사와 학생의 인간관계 및 교호작용이 있다. 교육을 시키고자 하는 이념과 목표가 서 있으며, 모든 교재와 시설이 준비되어 있고 실천적 교육 계획이 마련되어 있는 것 등 교육에 필요한 모든 형식 · 요건이 갖추어져 있다. 이런 뜻에서 형식적 교육을 의도적 교육이라고 한다.

따라서 형식적 교육이라 함은 일정한 교육의 이상이나 목적에 따라 그 실현을 위하여 의도하는 바를 계획적이고 지속적으로 일정 기간 동안 실시하는 협의의 교육을 뜻한다.

형식적 교육의 특징은 폐쇄적, 규정적, 선발적, 경쟁적이다. 당국의 엄격한 기준이 설정되어 있으며 가르치는 교과형태가 구조화되어 있다. 형식적 교육을 통하여 학습자는 국가가 인정하는 학위나 자격을 인정받고 획득한다. 형식적 교육은 배운 교육내용에 대한 활용이 비교적 장기적으로 나타나며 그 교육적 효과도 장기적인 목표에 두고 있다. 그러나 제도화된 교육이라 개인의 특성이나 창의성이 무시되어 교육의 비인간화 현상이 나타날 수도 있으며, 한 인간의 잠재가능성 계발과 자아실현보다는 상급학교 진학을 위한 수단이나 졸업장이나 받는 공장처럼 생각하게 된다는 문제점도 있다(김춘권 외, 2006).

2) 비형식적 교육(informal education)

비형식적 교육은 무의도적(無意圖的) 교육이라고도 하며 대체로 학교교육을 제외한 넓은 의미의 교육이라고도 한다. 비형식적 교육은 이미 원시시대부터 시작되었으며, 인간은 이러한 자연적인 교육 가운데서 성인사회에서 필요로 하는 생활의 기술, 관습, 질서, 도덕 등과 같은 기능교육을 받아왔다. 그러나 그 후 사회가 발전하고 계층이 분화되면서 조직적인 교육은 지배계층의 전유물이 되었고 일반 대중을 위한 교육 기회는 무의도적 교육의 상태에 방치되어 왔다. 이러한 교육현상은 적어도 19세기 중엽까지 계속되고 있었다.

교육기관에 의하지 않고 가정이나 직장에서 이루어지는 독서, 라디오 청취, 비디오나 영화감상, 매스컴, 인터넷, 여행 등의 일상경험이나 자연, 사물, 인간관계, 환경과의 접촉에 의해서 아무런 체계나 조직 없이 지식, 기술, 태도 등을 자연발생적으로 습득하는 과정을 의미한다. 좀더 구체적으로 말하면 교육은 학교에서만 이루어지는 것이 아니라, 가정, 직장, 놀이터와 같은 장소에서 가족이나 동료 그리고 친구들로부터 배우기도 하는 것이다.

비형식적 교육은 공동관심사를 지닌 사람들이 함께 자발적으로 활동하며, 참여자 스스로 운영하는 집단 혹은 단체로서 정당, 봉사단체, 노동조합, 협동조합, 종교단체 등의 강연, 연수회, 세미나 개최 등이 있다. 또한 개인의 광범위한 요구와 흥미에 따라 프로그램을 제공하는 것으로서 TV, 신문, 잡지, 도서관, 서점, 정보센터 등이 있다.

비형식적 교육의 특징은 개방적이며, 비선택적이며, 비경쟁적, 비규정적이라고 볼 수 있다. 비형식적 교육은 학습자 자신의 자기선택에 달려 있으며, 교과의 형식적 구조에서 탈피되어 있다. 또한 학습자의 자격 인정보다는 직접적인 만족을 추구한다. 비형식적 교육을 통해 배운 교육내용은 비교적 즉각적으로 활용될 수 있으며, 그 교육적 효과도 단기적인 목표에 두고 있다.

비형식적 교육이라는 용어가 등장하게 된 것은 교육이 학교의 전유물이 될 수 없고, 교육과 학습을 같은 의미로 해석해야 한다는 1970년대 교육관의 전환에서 기인된 것이다. 형식적 교육만으로 인간적 성장과 발달을 도모할 수 없기 때문에 가정이나 사회를 통한 비형식적 교육의 필요성이 제기된다고 볼 수 있다. 학교교육이 제아무리 발달한다고 할지라도, 비형식적 교육은 일생 동안 계속되는 인간의 교육 가운데서 매우 커다란 부분을 차지하고 있으며 그 영향력도 막대하다고 본다. 따라서 비형식적 교육은 형식적 교육과 무형식적 교육 영역의 일부로서 매우 중요한 위치에 있다(김도수, 1993 ; 이정빈).

3) 무형식적 교육(nonformal education)

무형식적 교육은 무의도적 교육으로서 형식적 교육과 비형식적 교육의 중간 단계인 준형식적 교육으로 불린다. 학교제도 밖에서 아동이나 성인들의 특정 집단에게 그들의 학습요구에 부응하여 제공되는 조직적이고 체계적인 교육활동을 의미한다. 무형식적 교육은 비교적 덜 구조화되어 있지만 규정적 학습목표를 지향한다. 예를 들면, 한국의 방송대학, 영국의 개방대학, 미국의 생애교육, 스칸디나비아의 국민고등학교 등이 이에 속한다. 또한 무형식적 교육은 구조화는 결여되어 있지만 규정적인 교육내용으로서 사람들에게 영향을 주고 전파되고 있는 경우도 있다. 예를 들면, 소비자교육, 인구교육, 보건위생교육 등이 여기에 속한다.

무형식적 교육의 특징은 연령, 학력, 경제적 조건 등에 의해서 제한을 받지 않으며, 형식적 교육에 취학하지 못한 많은 사람들에게 다양한 교육기회를 제공한다. 무형식적 교육의 내용은 학습자의 그때 그때의 요구에 따라서 편성하게 되며 실생활에 직접 활용이 가능한 지식기능을 중심으로 하여 편성된다. 교육의 시설과 설비에 있어서도 학교시설이나 지역사회의 활용가능한 모든 시설을 이용할 수 있다.

무형식적 교육은 조직적인 교육의 한 형태이지만 학교교육과는 성격이 다르며 비형식적 교육과도 차이를 나타낸다. 무형식적 교육은 학교교육이라는 조직체 밖에서 특정 집단에게 일정 양식의 학습을 제공하는 체계적이고 조직적인 교육활동을 말한다. 조직적인 교육 형태라는 점에서는 학교교육과 유사하지만, 이는 학교 밖에서 이루어지는 교육활동으로 형식과 조직을 구비하고 있는 교육의 형태라는 면에서 비형식적 교육과도 구별된다.

무형식적 교육이라는 용어는 콤스(A. Combs)가 그의 저서 「World Educational Crisis」(1968)에서 교육의 유형을 분류 · 설명하면서부터 주목을 받게 되었고, 학교 등 어떤 장소에서 어떤 방법으로 배우든지 교육과 학습은 동일한 의미라고 주장한다. 따라서 그는 교육을 형식적 교육, 무형식적 교육, 비형식적 교육으로 분류하고 있다. 무형식적 교육이 특히 관심의 대상이 되었던 것은 학교중심 교육의 한계가 나타남에 따라, 학교교육 이외의 조직적 교육의 가능성과 중요성에 대한 인식이 커지고 있기 때문이다. 학교교육이 크게 발달하지 못한 개발도상국에서는 농촌 개발과 빈민층을 위한 교육 전략으로 이 유형의 교육을 많이 활용하고 있는 실정이다.

콤스(1973)는 오늘날의 교육이 처한 상황을 위기로 규정하고 이 위기를 극복하기 위한 대안으로 무형식적 교육을 강화시킬 것을 주장한다. 이 무형식적 교육은 오늘날과 같이 정보의 홍수현상과 공유현상 속에서 대단히 중요한 교육의 유형으로 부각되고 있다.

2. 가정교육, 학교교육, 사회교육

교육은 학교 외에 가정과 사회, 또한 전 생애에 걸쳐 이루어지고 있다. 따라서 교육이 이루어지는 장소, 시기, 형태에 따라 가정교육, 학교교육, 사회교육으로 구분하여 고찰해 보았다.

1) 가정교육

인간 발달의 기본적인 틀은 가정교육에 의해서 결정되기 때문에 평생교육에 있어서 가장 중요한 교육의 형태는 바로 가정이다. 가족 간의 끈끈한 애정으로 결속된 가정은 아동에게 좋은 교육환경을 제공하고, 자연적이며 무의도적인 교육이 이루어지게 된다. 가정교육이 중요한 까닭은 인간은 모든 생물 중 가소성이 가장 큰 생물로 어린 시절에는 가소성(plasticity)이 많기 때문이다. 가소성

(可塑性)이라 함은 사람이 생활환경으로부터의 영향에 의하여 변화해 가는 성질로 발달되어 가는 가능성 또는 가변성을 말한다. 동물의 경우, 새끼와 어미의 행동은 차이가 그렇게 크지 않다. 병아리는 계란에서 깨어나자마자 어미 닭과 같이 걸을 수 있고 모이를 쪼아 먹을 수 있다. 그러나 갓난아이는 미성숙한 상태로 오랜 시간을 가정에서 어른의 보살핌을 받으며 후천적으로 기본적 인성 형성, 가치관, 생활태도, 규범적 태도 등을 형성하게 된다. 미성숙한 어린 시절은 가정환경의 영향이 크므로 가정교육 여하에 따라 인간의 됨됨이는 크게 달라지게 되므로 가정교육의 중요성을 논하게 된다.

또한 많은 심리학자들은 인간 성격의 기본적인 틀이 가소성이 가장 많은 시기, 6세 이전 또는 3세 이전에 형성되며, 그 이후는 재학습(relearning)에 불과하다는 사실을 밝혀 놓고 있는데 이 역시 가정교육의 중요성을 강조하는 것이라 하겠다.

현대 한국의 가정은 서구의 물질문명의 영향과 산업 구조와 경제 조직이 급변함에 따라 많은 교육상의 문제점을 지니고 있다.

가정환경은 인적 요인으로 구성된 물리적 환경(거주인의 생태적 환경, 가옥의 크기, 문화 시설 등을 뜻하는 물적 요인과 가족 구성, 부모의 책임, 부모의 직업, 부모의 교육 정도 등)과 가족과 자녀의 상호작용 환경을 뜻하는 심리적 환경(부모의 양육태도, 가정의 분위기, 언어모형 등)으로 나눠진다.

페스탈로치

페스탈로치(J. H. Pestalozzi)는 그의 교육소설 「린하르트와 게르하르트」에서 가정에서의 행복이 인간의 최대 행복이라고 강조하면서 이 역시 참된 가정교육에서 이룩된다고 하였다. 그는 가정에서 아이의 인간적 모든 소질이 그 기초에 의해 확립되고 도야되기 때문에 가정이야말로 생활의 절대 단위가 되어야 한다면서 가정교육의 중요성을 강조하고 있다.

가정교육은 인간형성 과정에서 신체적 발달뿐만 아니라 정의적 발달과 사고방식, 가치관 및 태도 등의 지적 발달과 성격형성에 중요한 영향을 준다고 하겠다. 이렇게 볼 때 가정교육은 인간이 살아가는데 기초를 형성하는 시기이므로 학교교육보다 더 중요한 교육적인 기능을 맡고 있다고 하겠다(김경현 외, 2007).

2) 학교교육

학교교육은 역사적으로 볼 때 특권층을 위한 교육이었지만, 근대에 와서 국민교육제도가 실시되어 누구나 받을 수 있는 기회균등 확대로 의무교육이 시행되었다. 그러나 아직도 학교는 시대의 기대에 미치지 못하고 있다는 비판을 받아오고 있으나 꾸준히 개혁을 시도하고 있다.

평생교육은 한 인간의 평생 동안에 걸친 교육의 수직적 · 수평적 통합이라는데 그 의미가 있다. 그런데 이런 평생교육의 관점에서 볼 때 가장 중요한 교육은 바로 학교교육이 된다. 비록 평생교육에서는 학교가 교육을 독점하는 것을 배격하고 있지만 한 인간의 일생에 있어서 지적 · 기능적 · 신체적 · 정서적 · 사회적 발달이 가장 활발하게 이루어지는 아동기 · 청년기의 거의 대부분의 시간을 학교에서 보내게 된다는 사실이 이를 뒷받침해 준다. 특히 학교교육이 보편화된 현대에 있어서 학교교육이 한 인간의 성장 · 발달에 미치는 영향이나 교육에 있어서의 중요성은 막대하기만 하다. 김종서와 이영덕(1998)은 학교교육의 가장 중요한 기능으로서 '자아실현의 기능'과 '사회적 성격의 기능'을 들고 있다.

3) 사회교육(social education)

사회교육(社會敎育)은 나라에 따라서 혹은 시대에 따라서 그 내용과 형태가 각각 달리 형성되어 왔고, 그로 인해 사회교육의 개념에 대해서도 여러 가지 정의가 내려지고 있어 그 의의를 간단하게 밝힌다는 것은 매우 어렵다.

우리나라에서는 평생교육의 개념을 사회교육 혹은 계속교육의 동의어로 받아들이는 경향이 강하다. 우리는 사회교육을 'social education'으로 번역하여 사용하지만, 우리가 의미하는 사회교육은 외국에서는 'adult education'으로 사용하고 있다.

사회교육의 개념은 1982년에 제정된 우리나라의 사회교육법 제2조에 "사회교육이라 함은 다른 법률에 의한 학교교육을 제외한 국민의 평생교육을 위한 모든 형태의 조직적인 교육활동을 말한다."라고 정의한 데서 찾아볼 수 있다.

넓은 의미의 사회교육은 학교 이외의 사회에서 행해지는 모든 교육을 뜻하며, 좁은 의미로 보면 사회에서 행하는 의도적, 조직적인 교육활동으로 유아교육을 제외한 학교 외 교육을 말한다. 즉, 정규 학교교육을 마친 성인을 위한 체계적이고 조직적인 교육활동으로 비형식적인 교육을 총칭한다. 사회교육은 학교 외에서 전개되는 조직적이고 계속적인 교육활동의 총체로 정의하고 성인보다는 훨신 넓은 개념으로 해석하기도 한다.

사회교육은 학교에 다니지 않은 청소년들과 성인들을 대상으로 실제생활에 속하는 여러 가지 사회적, 문화적 교양을 향상시키며 직업생활에 있어서는 새로운 지식과 기술을 향상시켜 그 능률을 높이기 위하여 계획하고 조직적으로 실천하는 교육이다. 이것을 계획하고 조직하여 실행하는 것은 정부가 주도할 수도 있지만 대부분 민간주도로서 각종 사회문화단체나 각 직장의 주도하에 사회교육이 이루어지고 있다.

종래에는 사회교육은 문맹퇴치나 향상된 건강생활을 위한 보건상식의 개발 등 살아가기 위해 필요한 최소한의 지식과 기술을 전수하기 위한 것으로 생각했으나 현대사회는 지식의 폭발과 과학기술 발달로 제한된 기간의 형식적인 학교교육만으로는 필요한 교육을 충족시킬 수 없으므로 학교교육체제의 대안으로 사회교육이 인정받기 시작하였다(김경현 외, 2007).

사회교육은 학교 외에서 전개되는 조직적이고 계속적인 교육활동의 총체로 정의하고 성인교육보다는 훨씬 넓은 개념으로 해석하기도 한다.

(1) 사회교육의 개념

우리나라에서는 사회교육이라는 말이 주로 쓰였으나 1999년 평생교육법이 공포되고 2000년 3월에 시행되면서 사회교육이 평생교육으로 명칭이 바뀌었다. 사회교육의 개념을 규정하고 있는 정의에 내포된 사회교육의 개념은 다음과 같이 크게 세 가지로 나누어 설명할 수 있다.

첫째, 학교의 정규 교육과정으로서 행해지고 있는 교육활동은 사회교육에서 제외시키고 있다. 이 조항에서는 정규의 학교교육 과정과 여기에서 교육을 받고 있는 학생은 사회교육의 대상에서 제외된다는 것을 의미한다.

둘째, 사회교육을 국민의 평생교육을 위한 모든 형태의 교육으로 정의하고 있다. 이 정의는 두 가지 개념으로 해석할 수 있다. 하나는 사회교육을 가정교육, 학교교육과 함께 평생교육의 일부로 규정하고 평생교육을 위한 하나의 교육형태라는 개념으로 해석할 수 있는 측면이다. 다른 하나는 사회교육은 유아에서 노인에 이르기까지 모든 국민을 대상으로 하는 교육이므로 평생교육과 동일한 개념으로 해석할 수 있는 측면이다.

셋째, 사회교육은 모든 형태의 조직적인 교육활동이라고 규정하고 있다. 이것은 사회교육을 정규 학교교육 이외의 교육, 즉 학교 밖에서 행해지고 있는 교육 가운데서 조직적인 교육활동만을 사회교육의 개념에 포함시키려는 의도인 것으로 해석할 수 있다. 사회교육을 넓은 뜻으로 해석하면 무형식적 교육과 비형식적 교육을 포함하게 된다.

좁은 의미로 본다면, 청소년과 성인으로 한정시키는 경우도 있으나, 거기에는 청소년교육과 성인교육이 따로 있으므로, 사회교육의 용어가 갖는 포괄적인 정의가 더욱 바람직하다고 볼 것이다.

(2) 사회교육의 특성

위와 같은 개념을 지니고 있는 사회교육의 특성은 다음과 같다.

첫째, 사회교육은 자발성이 강한 교육적 특성을 지니고 있다. 사회교육은 학습자가 자발적으로 참여하는 자기교육을 본질로 하는 교육이다. 사회교육은 학습자의 자기교육의 의사에서 출발하는 자유로운 학습이며, 개인이 임의로 선택할 수 있는 여가시간에 자발적이고 자주적으로 참가하는 학습활동이다.

둘째, 사회교육은 교육의 실제성을 강조하는 특성을 지니고 있다. 사회교육이 가장 중요시하고 있는 것은 생활과제와 지역과제를 해결할 수 있는 학습이다. 우리의 생활 현실과 지역사회에는 해결해야 할 많은 심각한 문제들이 있다. 공해, 교통, 보건위생, 가정문제와 같은 과제들은 중요한 학습과제이며, 취미, 오락, 체육활동은 신체적, 정신적 건강을 증진시키는 학습이다. 그러나 사회교육에도 이와 같이 실용적인 생활과 직접적인 관계가 없는 것처럼 보이는 지적 교양을 높이는 학습 영역이 있다.

셋째, 사회교육은 다양한 학습의 내용과 방법에 대한 특성을 지니고 있다. 사회교육은 피교육자의 연령, 성, 직업, 계층, 거주 지역에 따라서 학습내용이 달라진다. 학습의 형태와 방법에 있어서도 매우 다양하다. 학습자의 규모와 그들의 학습요구에 따라서 방송매체, 신문, 잡지, 도서 등을 활용하는 방법을 도입할 수도 있고 세미나, 심포지엄에 의한 학습방법을 활용할 수도 있다.

넷째, 사회교육은 공공성의 특성을 지니고 있다. 사회교육에 참가여부는 전적으로 개인의 자유의사와 자발성에 달려 있기 때문에 사회교육은 그런 의미에서 사적 학습활동으로 이해하기 쉽다. 그러나 그러한 학습활동이 사적인 활동에 한정된다면 그것은 이미 사회교육이라고 말할 수 없다. 사회교육은 무엇보다도 모든 사회인을 대상으로 하는 공교육적 성격을 가지고 있다.

다섯째, 사회교육은 계속성의 특징을 지니고 있다. 사회교육 대상자의 학습요구와 과제는 유아기부터 노년기까지 일생 동안 계속되는 것이므로 필연적으로 평생교육의 성격을 가지고 있다(김도수, 2001).

제2장
교육의 역사적 기초

제1절 한국교육의 역사적 기초

제2절 서양교육의 역사적 기초

교육은 인류가 이 지구 위에서 삶을 시작하면서부터 시작되었다. 역사를 분석함으로써 현재를 바르게 인식할 수 있으며 미래에 대해 과학적인 예측이 가능하므로 교육에 있어서 역사는 매우 중요하다. 그러므로 교육사 연구를 통해 교육현상을 이해하고 삶의 지혜와 방법을 찾아내고 교육사관을 정립하는 일은 매우 중요한 것이다.

각 시대의 삶의 모습은 그 시대의 교육의 모습을 특징지었으며 삶의 모습이 변화함에 따라 교육의 모습도 변하여 왔다. 인류사에 있어 각 시대는 그 시대 나름대로의 이상적인 삶의 형태와 인간상을 가지고 있었다.

원시시대의 교육은 생존을 위해 절실히 필요했던 것으로, 삶의 이상은 자연과 맹수로부터의 위협에서 벗어나고 자신의 종족을 보전하는 것이었다. 원시시대의 교육관이나 교육활동에 대한 기록은 없으나 교육이란 부모들이나 그 사회가 다음 세대들에게 자신들의 귀중한 삶의 경험과 이상 그리고 그 이상 실현에 필요한 지식 및 기능을 가르치고 전하는 활동이었다고 할 수 있다. 그들의 교육은 실생활과 직접 관련된 것으로, 어른들의 생활에 참여하고 그 생활을 배우며 익히는 과정이 그들의 교육이었던 것이다.

제1절 한국교육의 역사적 기초

한국교육사는 한국 민족사의 변천과정에서 나타난 독특한 삶의 표현으로 전개된다. 우리 교육에 있어서도 내용, 방법, 제도, 실천 등에 있어서 외래적인 것을 많이 받아들였으나 한국에 맞는 방법으로 재창조한 한국화된 교육사라 할 수 있다. 우리의 교육이 역사적으로 전개·발전되어 왔는지를 이해하기 위하여 삼국시대, 고려시대, 조선시대, 근대사회 그리고 현대로 나누어 고찰하였다.

1. 삼국시대의 교육

삼국시대는 고조선 멸망과 한사군 설치 전후로 4세기부터 고구려, 백제, 신라가 정립하던 7세기 중엽까지로 신라가 통일(676년)한 통일신라시대까지를 말한다. 이 시기에 중국으로부터 유교와 불교가 도입되어 정치제도와 교육문화 전반에 큰 영향을 받게 되었다.

삼국에 전래된 불교는 비형식적 교육 형태로 국민도덕을 향상시키고 문화를 발전시키는데 기여하였고 호국정신(護國精神)을 높이는 역할을 하였으며, 유교는 관학을 중심으로 발전하여 형식적인 학교교육에 많은 영향을 끼쳤다. 특히 한자 도입으로 학교교육의 성립과 발달을 촉진시켰다. 유교가 교육에 미친 영향은 한자보급, 관학발달, 인재등용의 시험과목 제공, 유교적 덕목중심의 윤리관확립 등을 들 수 있다.

고구려는 지리상 중국과 인접하여 중국 영향을 받아 학교교육이 가장 먼저 발달하였다. 불교는 비형식 교육의 형태로 문화형성에 관여하였으며, 유교는 형식교육의 형태로 교육을 지배하였다.

한국에 있어서는 역사에 기록된 것보다는 훨씬 이전부터 학교교육이 있어온 것으로 믿고 있다. 초기 학교로 자주 인용되는 것은 고구려 소수림왕 2년(372)에 세워진 태학(太學)이다. 태학은 고등교육기관으로 특수층과 귀족자녀들의 교육을 맡아 중국의 「대학」, 「중용」, 「논어」, 「시전」, 「춘추」, 「주역」, 「예기」 등의 고전을 중심으로 지도자와 관리들을 교육해 내기 위한 것이었다. 전통유지, 고전중심이었다는 점에서 고대 동양의 교육과 맥을 같이 한다. 일반 평민들과 지방부호의 미혼자제들이 문무일치 교육을 실시한 사학의 시초인 경당(扃堂)과 고등교육기관 관학인 국자감(國子監)과 사학인 12도(十二徒), 후에 발달한 향교(鄕校)나 서민의 기초교육을 맡았던 서당(書堂) 등이 있었다. 경당은 초등교육에서 고등교육까지를 겸한 사학으로 우리나라 사학의 시초로 일반 평민들과 지방부호의 미혼자제들에게 경전읽기, 활쏘기 등 문무일치 교육을 하였으며 화랑도와 유사한 성격을 지녔을 것이라 여기고 있으며, 고려 이후 서당의 기원으로 파악하고 있다.

백제는 학교가 있었다는 기록은 없으나 일찍부터 중국과의 교류가 활발했고, 선진문물을 일본에 전수할 정도의 문화와 제도를 갖고 있었다. 박사 王仁이 일본에 「논어」와 「천자문」을 전해 주었다는 내용이 「일본서기」에 수록되어 있음은 백제의 유학교육의 상당한 경지에 있었음을 알 수 있다. 또한 5경박사와 의박사, 역박사 등 다양한 영역의 박사가 존재한 것을 보면 백제의 교육제도와 전문학자가 있었을 것이라 추정된다.

신라는 지리상 고구려와 백제보다 중국문화 유입이 좀 늦었지만 통일신라 이전에는 화랑도(花郎徒) 교육이 있었고 통일 이후 학교를 설립 · 정비하여 국학(태학과 같은 형식교육)을 세워 유교경전을 주 교육과정으로 하였다. 화랑도는 민간 청소년을 대상으로 평시에는 사회적 지도자를 기르는 수양단(修養團)으로서, 유사시에는 전사단(戰士團) 역할을 하기 위한 사설 단체이다.

통일신라 이전에는 학교교육이라는 형식교육은 없었지만 화랑도의 교육에 있어서 고구려의 태학과 같은 형식교육의 역할을 담당하였다. 화랑도의 기본사상은 민족고유의 풍류도와 유 · 불 · 선의 3교를 주체적으로 융합한 세속오계(世俗五戒)를 기본으로 하였다.

통일 이후에는 학교를 설립하고 정비하여 고구려의 태학과 같은 형식교육의 국학을 세워 인재양성에 주력하였다. 신문왕 때 당의 국자감제도를 모방하여 설립된 국학(대학과정의 교육기관)은 35대 경덕왕 때 태학감으로 명칭이 바뀌었다. 인재와 관리양성을 목적으로 세워진 국학은 유교경전이 주가 되었으며 논어와 효경이 필수과목이며 잡학과목으로 의학, 천문학, 산학 등도 가르쳤으며, 예부관할을 위한 국학과 같은 독서삼품과도 있었다.

2. 고려시대의 교육

고려시대의 초기에는 신라, 당, 송대의 교육을 수용하였으며 고려시대를 교육의 제도화의 시기로 보고 있다. 불교를 숭신하고 유학을 장려하게 되자 상류귀족계급의 자제들을 위한 유학중심의 유교주의가 지배적이었다. 초기에는 신라교육보다 분화되어 서울 및 지방에 교육기관이 설립되었고 교육기관의 수준도 초등교육기관부터 고등교육기관까지 다양하였으며 불교와 유교가 상호 보완적으로 병존하는 이중구조의 교육이었다.

성종 때 제도가 확립된 관학으로는 국자감(고등교육기관)과 향교가 있었으며, 사학으로는 12공도(고등교육기관), 서당(초등교육)이 있었다. 관학제도는 오늘날 국립학교제도를 말한다. 국자감은 고려시대의 최고 학부로 관리양성이 목적이었으며 효경, 논어가 필수과목이었다. 16대 예종 때 국자감을 국학으로 개칭하였고, 17대 인종 때에는 다시 국자감으로, 26대 충선왕 때 성균관이라 개칭하였으며, 31대 공민왕 때 국자감으로 환원시켰다가 다시 성균관으로 고치게 되어 조선조에 계승되었다. 학당(중등교육기관)은 고려 후기 개경에 세워졌으나 지방에 세운 향교와 같다. 공민왕 3년에 동서학당(東西學堂)은 오부학당(五部學堂)으로 확대되었다. 12공도는 역사상 가장 유명한 사학으로 상류층 자제들의 과거시험을 위한 준비 교육기관이었다. 향교는 지방관리와 서민의 자제를 양성하였으며, 민간경영의 교육기관인 서당은 서민교육의 보급과 지방민중 교화에 끼친 공적이 크다. 고려시대 학교교육의 목적은 전인으로서의 인격형성이 아니라 과거급제였으므로 시험과목이 학교의 교과목이었다.

3. 조선시대의 교육

조선시대는 유교, 불교, 도교를 수용하고 기독교 사상을 이해하기 시작했던 시기이다. 세종대왕 때 한글 창제로 문학이 발달하고 이후 학문을 장려하고 학자를 우대하게 되자 과학과 기술이 발달하여 측우기, 해시계, 지구의 등이 만들어졌고, 인쇄술 발달로 금속활자가 다량으로 주조되었다. 억불숭유정책에 의해 유교의 교육지배가 강화되어 과거제도와 교육과의 밀착이 더 심해지고 우리 역사상 가장 엄격한 신분적 계급 질서가 유지된 시대였다.

고려의 교육제도를 대부분 그대로 계승한 교육제도는 국가에서 관리하는 관학과 국가의 간섭을 받지 않는 사학으로 나눌 수 있다. 관학으로는 성균관, 사부학당, 향교, 잡과교육 등이 있었으며 최고교육기관인 성균관은 국자감의 명칭이 개칭된 것으로 사서오경을 교육하였으며 인재 양성과 고급관리를 배출하기 위해 세워졌다.

중등교육기관인 사부학당은 서울에 북(중학), 동(동학), 서(서학), 남(남학)에 설치한 고려시대 오부학당과 같은 학교로 성균관과 밀접한 관계를 가져 성균관의 부속학교와 같은 성격의 기관으로 교육내용은 소학 · 효경 · 사서 등 유교경전이 중심이 되었다. 향교(중등교육기관)는 무상교육을 실시하여 과거 응시자격을 부여하고, 군역 및 생진시의 초시가 면제되었다. 교육내용은 소학, 사서삼경, 농업과 잠업 등 지방에 필요한 실업교육을 실시하였다.

사학인 서원의 교육목적은 선현존중과 후진양성으로 16세기 중반부터 각 지방에 세워졌으며 백운동서원(白雲洞書院)이 최초의 서원이다. 성리학을 중심으로 소학과 가례, 사서오경을 교육내용으로 선인 양성을 하였으나 후기에는 유학만 중시하여 과학기술의 발달과 생산기술 향상을 제약하는 결과를 초래하였다.

서당은 고구려의 경당과 같은 초등교육기관으로 천자문, 동몽선습을 교재로 하였고 예절교육과 인성교육을 담당하였다. 특징은 소규모의 수준별 개별교육 형태로 계절제 수업 등 다양했으며 연령이나 무학년제의 형태로 오늘날 열린 교육의 한 모델로 적용될 수 있다(정석환, 2010).

조선 후기는 세습 양반의 수가 증가되고 한정된 관직으로 신분제로 인한 정치적, 사회적 혼란을 가져왔고 과거는 입신출세를 위한 주된 수단이 되었다.

유교사상을 비판적으로 수용한 성리학이 전성기를 이루게 되고 임진왜란 이후 청의 고증학 영향과 개화기에 들어와서 서양문물의 전래와 일부 지식인 등의 반성으로 실학운동이 일어나게 되었다. 그 기나긴 세월 동안에 한국인의 의식과 생활양식을 결정지어 주던 전통적 교육체제가 서구 교육체제에 의해서 대치되는 기간은 놀라울 만큼 짧은 시간이었다.

4. 근대사회의 교육

근대의 교육은 조선말기의 교육 또는 개화기의 교육이라 하며 1876년 개항으로부터 한일합방(1920)까지의 35년간을 말한다. 조선이 성리학을 정치적 지도이념으로 체제를 유지하다가 말기에 집권층의 갈등과 사회적 혼란, 세계적 조류와 일본의 침략 등에 의해 문호를 개방하게 되었다. 이러한 정치 · 경제 · 사회 등의 변화 속에서 외국어 교육의 필요성, 국민교육을 위한 우수한 교사 확보, 실생활에 필요한 실업교육의 필요성에 의해 서구의 교육체제가 도입되고 교육근대화를 위한 노력으로 근대학교들이 설립되었다.

근대학교의 특징은 소학교, 중학교, 전문대학, 대학 등의 체제로 근대적인 교육과정을 수용하여 외국어 교육, 실업교육, 교원양성에 치중하였다. 또한 초등교육의 의무화와 기회균등 원칙을 설정하여 교육의 민주화와 민족주의 교육 전개에 공헌하였다.

정부에서 세운 관학인 육영공원(1886)은 민영익이 영어를 가르치기 위해 미국정부의 도움으로 개설하였고, 소학교는 설립방법에 따라 관립, 공립, 사립으로 구분하여 국민교육의 기초와 생활에 필요한 일반지식과 기능을 가르쳤다. 유일하게 정부에서 설립한 한성중학교(1899)와 한성사범학교는 우리나라 최초의 근대식 학교로 교사양성기관으로서 본과와 속성과로 구분하여 부속소학교를 두었다.

또한 신지식을 교육하여 인재를 양성하기 위한 사학이 민족선각자들에 의해 설립되었다. 원산에서 민간인들이 요청하여 기존 서당을 개량한 원산학사(1993)가 세워졌으며, 민영환이 외국어와 선진기술을 가르치기 위해 세운 흥화학교(1895), 안창호가 세운 최초 남녀소학교인 점진학교(1899)와 평양에 있는 대성학교(1907), 이용익이 세운 보성학교(1905), 엄주익이 세운 양정의숙(1905), 이승훈이 세운 오산학교(1907) 등이다.

1876년 개항 이래 교육과 의료를 선교의 방편으로 삼아 선교사에 의한 기독교계 학교가 설립하게 되었다. 한국정부의 외교고문 독일인 묄렌도르프에(P. G. Moellendorf) 의해 근대식 교육기관의 시초인 통변학교(通辯學校, 1883)가 세워졌으며, 언더우드(H. G. Underwood)가 세운 경신학당, 아펜젤러(H. G. Appenzeller)가 세운 배재학당, 스크랜톤(M. F. Scranton)이 세운 이화학당 등은 신학문이 들어오는데 개척자적 역할을 하게 되었다. 또한 인간평등, 기회균등, 인권존중의 이념과 예능교육, 실업교육, 정서교육의 중요성을 가르쳤으며 남녀평등 사상을 실천하는데 공헌하였다.

1905년 을사조약 체결 후 일제하의 식민지교육이 시작되면서 한국인에 대한 문맹정책과 사립학교 통제를 위해 통감부가 설치되었다. 일제는 한국에서의 교육정책을 위해 조선교육령(1922)을 개정하였고 민족말살정책, 일본인화하는 동화정책, 실업교육에 치중하는 우민화정책 등을 실시하였다. 1880년 중반에 시작하여 일제 식민지 시대를 거치는 사이에 전통적 교육체제는 거의 완전히 자취를 감추고 말았다. 우리의 주체적인 노력에 의해 소화하고 수용할 여유도 없이 서양제도와 문물을 일방적으로 강요받은 결과였다. 여기에 일본의 식민지 정책이 강하게 작용하였음을 우리는 간과할 수 없다. 이와 같은 우리의 체제 전환에다가 식민지 교육정책의 강요로 인해 우리는 한국인을 위한 교육체제 발전의 창조적 작업을 전혀 하지 못한 채 이질 체제의 규모를 키워 온 셈이다. 해방되고부터 실질적인 교육체제 정비의 시기를 얻은 셈이지만 일본

요소의 제거, 정치적 · 사상적 혼란, 6 · 25 동란 등의 격동기를 지나 1950년 중반에 이르러서야 비로소 평온을 찾기 시작하였다.

5. 현대사회의 교육

현대의 교육은 1895년 2월 고종의 교육조서(教育詔書)의 선포 후 보통 국민교육제도로 바뀌면서 시작되었고, 해방 후 정부 수립 전까지의 교육의 기틀이 마련되어 민주교육으로 한국 교육방향이 설정되었다.

1945년 해방 후 일본식 복선형학제와 교육이 폐지되고 단선형(6 · 3 · 3 · 4제)의 민주주의 교육제도가 수립(1950)되었고, 한국교육위원회가 구성되고 교육법이 공포(1949)되면서 교육방향의 진로가 정해졌다.

1950년 6.25 한국전쟁으로 연합대학이 설립되고 국토를 재건하는데 필요한 인력을 단시간에 양성하기 위해 야간대학과 2년제 여자초급대학이 설립되었다. 1952년에서 1956년까지 3차에 걸쳐 내한했던 미국교육사절단은 민주적인 교육행정, 학습지도법의 개선, 현직교육 및 교사양성 등을 지도하였으며 이것은 우리나라의 신교육 발전에 기초가 되었다고 할 수 있다. 1953년 휴전협정이 체결되고 아동의 경험 · 생활중심 교육으로 전환되기 시작하여 1955년에 전인적 · 아동중심적 교육이 시작되었다. 군사혁명이 일어난 후 1963년부터는 인간개조와 사회개혁을 기본 과제로 제시하고 교육과정을 전면적으로 개편하였다.

1970년에 들어서면서 주체성교육, 국민정신교육, 안보교육, 반공교육을 강조하였으며, 학문중심교육 사상이 도입되었고, 1980년대는 인간중심 교육사조가 들어오면서 전인교육이 강조되었다. 현재는 세계화 · 정보화 시대를 위해 자율적이고 창의적인 한국인 육성에 초점을 두고 있다.

20세기 현대교육의 특징은 교육의 기회균등과 교육의 민주화로 발전하는 시기로 교육의 인간화로 발전하여 실질적 민주화가 뿌린 내린 시기라 할 수 있다. 새교육운동으로 교육내용 개조, 지역사회 학교운동과 학습지도법 개발과 아동의 인격을 보장하고 자율적인 판단능력을 길러 성숙한 인간으로 성장하도록 돕는 인간주의 교육이 중시되었다.

우리가 가지고 있는 교육체계는 사실상 전세계의 모든 나라들의 교육체제와 그 근본 성격에 있어서 크게 다를 것이 없다. 수없이 많은 심각한 문제들과 구조적 모순을 안은 채 오늘의 교육체제는 현대 국가들의 복잡한 사회조직의 구석구석까지 스며들고 있으며 현대인의 삶의 방식 그 자체가 되어버리고만 것이다. 우리의 사람다운 삶을 보장해 주는 새로운 인간들과 새로운 사회질서의 실현을 위해 우리의 교육체제를 창조적으로 혁신 · 개조해 나가야 하며, 질 높은 교육을 통해 치열한 국제경쟁에서 이길 수 있도록 교육자들과 국민들은 노력을 해야 할 것이다.

제2절 서양교육의 역사적 기초

1. 고대의 교육

서양의 고대는 희랍의 도시국가 시대로부터 로마제국이 멸망할 때까지를 말한다. 서양의 최초의 학교가 생겨난 것은 희랍 문명에서였다. 소수 귀족계급인 자유인들이 그들의 지위와 신분을 유지하기 위해 그들 자녀들에게 교육을 한 곳이 스콜라(Schola)로 오늘날 학교인 School이다. 오늘날의 서양문화를 특징짓고 있는 두 가지 문화는 희랍문화와 히브리문화라고 할 수 있다. 히브리문화를 모태로 하여 기독교가 탄생하게 되고 기독교는 그 자체의 사해동포적(cosmopolitan)인 특성과 히브리인들의 경건한 유일신관(唯一神觀)을 바탕으로 서양의 모든 군주로부터 평민에 이르기까지, 그리고 생활의 모든 영역과 사상 및 학예의 모든 영역에 걸쳐 크고도 지속적인 영향을 끼치게 된다. 이에 반하여 인본주의적이며 합리적이며 진취적인 특성을 지녔던 희랍문화는 15~16세기에 르네상스를 통하여 현대 서양문화의 형성에 큰 공헌을 하게 된다.

1) 희랍사회의 교육

희랍문화의 중심은 도시국가 중 가장 발달한 아테네와 스파르타이다. 인본주의적이며 합리적이며 진취적인 특성을 지녔던 희랍문화는 15~16세기에 르네상스를 통하여 현대 서양문화의 형성에 큰 공헌을 하게 된다. 희랍인들은 B.C. 1200년경에 아리안족들이 남하하여 희랍반도에 정착함으로써 비롯된다. 지역이 거의 산악지대였으므로 외부와의 교통이 끊어진 채로 작은 도시국가들이 서로 연락 없이 떨어져 발달하였기 때문에 흥미와 생활양식이 다양하였다. 동양에서는 모든 시민이 왕의 노예가 되어 있는 상태에 있었는데 반하여 희랍에서는 비록 시민권이 제한되기는 하였지만, 모든 시민들이 그 사회의 주인으로서 그 사회의 운명에 직접 참여하고 공헌할 수 있었다. 또한 이들은 동양과는 달리 새로운 발전과 창의적인 활동을 중요시했으며, 독립심이 강하고 발전지향적인 사고방식을 환영하였으며, 민주적 과정을 중요시하였다.

민주정치를 갈망했던 아테네 교육의 목적은 시민의 자격을 얻기 위해 튼튼하고 아름다운 신체와 고귀한 정신이 원만하게 균형잡인, 이른바 전인적 성장에 있었다. 즉, 정신과 육체가 조화된 전인적인 발달을 의미하는 개인적 수월성에 있었다. 따라서 그들은 어떤 특정한 기술이나 기능, 또는 어떠한 사회적 지위를 얻기 위한 수단으로서 교육을 했던 것이 아니라, 참다운 자유인으로서의 필요한 교양을 쌓기 위해서 교육을 하였고, 또 그러한 자질을 모두 갖춘 사람이어야만 좋은 시민이 될 수 있다고 믿었다. 아테네 소년들은 먼저 읽기, 쓰기, 셈하기를 배웠고 호머의 시, 헤시오드, 솔론, 이솝의 글에서 선정된 내용들을 가지고 공부하였으며, 체육교사의 지도 아래 체육관에서 수영 등 각종 체육과 운동 경기를 통해 신체를 단련하는 일도 중요시하였다.

도리아족의 한 갈래인 스파르타는 주변국가의 빈번한 침입으로 국가를 지키기 위해 훈련소겸 무장한 요새로 만들기 위해 강인한 군인을 양성하였고, 체육과 군사훈련이 교육과정의 주가 되었다. 국가적 유용성을 위한 개인의 탁월성이 강조되었으며 출생에서 죽을 때까지 국가가 교육을 담당하였다.

이들은 새로운 발전과 창의적인 활동을 중요시했고, 발전 지향적인 사고방식을 환영하였다. 그들은 해양활동을 하는 가운데 새로운 문화와 사상들을 관찰하고 검토하게 되며 그러한 자유로운 관찰과 검토를 바탕으로 합리적인 사고의 체계들을 발전시키게 된다. 또한 그들의 문화는 있는 그대로의 인간을 긍정함으로써 인본주의적(humanistic)인 특징을 지니게 된다.

B.C. 500년경 희랍의 도시국가들은 페르시아와 약 20년 동안 전쟁을 하게 되는데 이때 아테네는 주변 도시국가들의 종주가 되어 전쟁을 승리로 이끌었다. 이러한 전쟁을 거치는 동안 아테네는 외국인들과의 접촉이 빈번해지고 국제화되어 감에 따라 아테네의 옛 정신이 약화되고 극단적인 개인주의로 흐르게 된다. 당시의 이러한 새로운 요구는 소피스트(sophist)라 불리는 새로운 부류의 교사들에 의해 대변되는데 '인간은 만물의 척도'(Man is the measure of all things)라고 본 프로타고라스(Protagoras)가 그 대표적인 인물이다.

그러나 소크라테스(Socrates, B.C. 469~399), 플라톤(Platon, B.C. 428~348), 아리스토텔레스(Aristoteles, B.C. 386~322) 등의 온건한 사상가들은 개인주의와 사회적 질서를 조화시키기 위해 힘썼고 교육에 지대한 영향을 끼쳤다.

2) 로마시대의 교육

로마시대의 교육은 초창기에서부터 서로마제국의 멸망(753 B.C.~ 476 A.D.)까지 1,300여년에 걸쳐 기원전 146년 그리스 정복을 기점으로 하여 공화정시대와 제정시대로 구분된다. 로마인들은 군사적이고 정치적 조직에 뛰어난 현실적이고 실제적인 민족이었다.

전기 공화정시대의 아이들 교육은 가정교육 중심으로 어머니는 양육을, 아버지는 지적 교육을 담당하였다. 교육내용은 글자 읽기, 신체 훈련, 법 등을 공부하였으며, 웅변술, 의술, 농사, 전쟁, 사법 등의 실제적이고 실용적인 교육으로 나라에 유익한 시민으로서 능률적이고 활동적인 인간을 육성하는 것을 중시하였다. 기원전 3세기경에 루두수(Ludus)라는 서민 자제를 위한 초등교육기관에서 읽기 · 쓰기 · 셈하기 등을 교육하였다.

후기 제정시대 교육은 희랍 영향으로 희랍식 학교교육이 전개되어 국가에 실제적 봉사할 수 있는 선량한 인간을 육성하는 것을 중시하였다. 문법학교와 수사학학교가 설립되어 지적인 인간양성과 도덕적이고 유능한 웅변가를 양성하는데 교육목적을 두었다. 그러나 정복 후에는 이러한 목적이 사라지고 가정교육으로는 극복이 불가능하게 되었고, 개인의 허영을 위한 수사학을 훈련하는데 그쳤다. 교육내용은 초등학교에서는 읽기 · 쓰기 · 셈하기, 중등교육에서는 문법 · 문학 · 수사학을 가르쳤으며, 고등교육에서는 수사학이 중요한 과목이었으며 법학 · 의학 · 건축학 · 기계학 등을 가르쳤다.

로마시대의 대표적 교육사상가로는 카토(Cato), 키케로(Cicero), 세네카(Seneca), 퀸틸리안(Quintilian), 플루타르크(Plutarch) 등을 들 수 있다.

2. 서양의 학교교육의 발달

기원전 수 세기부터 학교제도는 발달하기 시작하였다. 동양에서는 기존 사회체제와 전통을 유지 · 보전하는 일을 철저히 강조하였고 또 그대로 교육이 이루어졌기 때문에 학교체제에 큰 변화 없이 오래 지속되어 오다가 근세에 이르러 급격한 사회변동을 경험하면서 서양의 교육체제와 통합되기에 이른다. 한편 서양에서는 중세시대에 이르러 비교적 짜임새 있는 초등 · 중등 · 고등 교육기관이 형성되었고 그들 교육기관에서 부과했던 교과에서 오늘날 쓰이고 있는 교과목의 원형을 볼 수가 있다.

1) 기독교적 교육전통

기독교와 희브리문화는 인격의 존엄을 인정한 점에서 일치한다. 희랍인들은 개인과 사회의 조화를 인간의 지적 성숙에 의해 가능하다고 보았는데 그러한 수준에는 극히 소수의 지적 엘리트만이 도달할 수 있는 것으로 생각하였다. 기독교는 하나님 앞에 모든 사람들이 귀천에 관계없이 평등하다는 기독교적 신념은 인류의 문화발전과 교육기회의 확대에 커다란 공헌을 하게 된다. 이성과 철학을 접합한 스콜라철학은 중세사상을 이론적으로 뒷받침하였고 이 당시 교회는 학교의 역할을 하였으며, 내세중심적이고 신중심적, 교회중심적 성격이었다.

교육에 대한 교회의 관심은 중세 전반에 걸쳐서 잘 나타나고 있다. 교구교회(parish churches)는 교구학교나 음악학교를 마련하여 읽기, 쓰기, 음악 등 초등교육 정도를 실시하였는데 빈곤한 아이들도 공부할 수 있었다. 또한 교회마다 초신자학교(catechumenal school)를 세워 아직 세례를 받지 못한 사람들에게 하나님 · 예수 · 부활 · 심판 등에 관한 기독교의 기본적인 교리들을 가르쳤다. 따라서 이 학교에는 남녀노소 누구나 입학할 수 있었으며, 이 학교를 거쳐야 세례를 받고 교회의 정규 구성원이 될 수 있었다.

문답학교(catechetical school)는 초신자학교 및 교구학교의 교사를 양성하기 위한 곳으로 그것은 기독교의 진리는 지성 및 이성과 상호 보완적이어야 한다고 믿었기 때문에 신학과 함께 철학, 수사학, 천문학, 문학 등의 희랍 · 로마의 학문도 가르쳤다.

교회의 성직자들을 양성하기 위한 고등교육기관으로서는 성당학교(cathedral school)가 있었으며 문답학교와 마찬가지로 성경 이외에 희랍 · 로마의 학예가 가르쳐졌지만 문답학교보다는 훨씬 전문적이었다. 특히 중세의 사상계를 주도하였던 스콜라철학은 이 성당학교를 중심으로 하여 이루어졌던 것이다.

기독교 교육은 주로 수도사를 양성하기 위해 수도원에서 경영하였던 수도원(monastery)학교와 주교학교(Bishop's school, episcopal school) 중심으로 이루어졌다. 일반 아동들의 입학도 허락하였는데 수도사를 위한 내교와 일반아동의 교육을 위한 외교로 구분이 되어 있었다고 한다. 초등과정에서는 독(讀), 서(書), 산(算) 등의 기본교과를 가르쳤고, 고등과정에서는 이른바 7자유과(seven liberal arts)라고 불리는 3학(trivium : 문법, 수사학, 논리학)과 4과(quadrivium : 산수, 기하, 천문, 음악)를 가르쳤는데 이는 현대 교과목의 원형으로 일컬어지고 있다.

수도원은 그 자체가 하나의 학교로서, 그 안에서의 공동생활을 통해 참다운 기독교의 신앙을 배우고 실천하려고 하였다. 그 외에도 도서관, 출판사, 문화센터, 병원, 작업장 등으로서의 역할까지도 하였는데 이것은 오늘날의 지역사회의 학교 개념과 흡사한 것이다. 그 결과 수도원은 기독교 신앙을 위한 교육뿐만 아니라 희랍 · 로마의 문화를 보존 · 발전시키며, 당시의 여러 가지 기술들(목공, 철골, 농업, 피혁 등)을 습득하고 발전시키는데 크게 기여하였다.

성당학교와 수도원학교를 모체로 하여 일반연구소(studium generale)가 설립되었고 이 일반연구소들이 모체가 되어 중세의 대학들이 발달하게 되었다. 일반연구소란 유럽의 어느 곳에서든지 또 누구든지 와서 공부를 할 수 있는 보편성을 띤 학문연구소라는 뜻이다. 이곳에서 학습을 받은 학생들에게는 어느 곳에서도 가르칠 수 있는 교사 면허장이 주어졌다고 한다.

종교개혁으로 중세의 교권체제가 무너지면서 이제까지의 기독교 교육의 전통을 종교개혁자들이 다시 정돈하였고 이들은 주로 초등 보통교육의 성립과 확대에 큰 공헌을 하였다. 독일의 성직자 루터(M. Luther)교수는 종교개혁의 대표자로서 성서를 독일어로 번역하여 종교의 대중화를 꾀하였고, 모든 사람의 교육의 필요성을 주장하여 초등교육의 터전을 닦고 종래의 기독교 교육에 반대하여 교육 목적을 합리적 신앙과 사회적 도덕도야가 조화를 이룬 유용한 인간육성에 두었다. 종교개혁자들은 현세의 삶을 내세의 삶과 똑같이 중요시하여 종교교육과 함께 가정과 직장, 사회와 국가에서 의무를 잘 감당하기 위한 교육도 실시하였다. 이를 위해서 성경, 모국어, 읽기, 쓰기, 음악, 체육, 공예, 가사 등을 포함한 초등교육을 모든 어린이들이 의무적으로 받아야 한다고 주장하였다. 현대의 보통의무교육은 사실상 이들로부터 시작된 셈이다.

2) 인문주의적 교육전통

인문주의적 교육전통은 르네상스를 통하여 형성이 된다. 인문주의 교육이란 인간을 인간답게 교육하려는 것으로써 그리스적인 자유교육에 그 이상을 두고 개인의 교양을 풍부하게 하자는 교육을 말한다. 인문주의 교육의 본래 취지는 폭넓은 고전적 교양과 학습인데, 고전문학의 내용을 이해하는 것보다 학습 그 자체가 목적이 되어 키케로주의(Ciceronianism)의 부작용을 낳게 되었다.

르네상스(Renaissance)란 본래 부활 또는 재생의 뜻으로, 중세의 현세부정적이고 금욕적인 폐쇄적 인간관에서 벗어나 인간의 본성과 현세를 긍정하고 귀중하게 여기려던 학예상의 운동을 말한다. 즉, 인간의 선천적인 성장 가능성을 최대한 발전시켜 인간본위 · 인간중심의 문화를 이룩하려는 것으로 인간으로 하여금 스스로의 주인이 되게 하려는 사상이다. 인문주의자들은 고대 희랍과 로마의 학예를 애호하고 연구하였으며 그 정신을 당시에 되살리기 위해 여러 가지 교육적 노력들을 기울이게 된다.

르네상스는 이탈리아에서부터 시작이 된다. 십자군 전쟁을 거치면서 이탈리아 도시들은 해양활동을 통해 상업도시로 번창하게 되고, 한편으로는 발달된 사라센 문화와 그들의 생활양식에 접하게 됨으로써 이 세계에 대한 새로운 호기심과 탐구 의욕이 자극을 받게 된다. 또한 동로마 제국이 오스만 터키의 침략을 받아 멸망하게 되자 수많은 고전학자들이 이탈리아의 플로렌스, 베니스 등으로 이주해 오게 되어 이탈리아는 고전 연구의 새로운 중심지가 되었고 때마침 이루어진 인쇄술의 발달로 인하여 이들의 사상과 저술이 보다 쉽게 보급될 수 있었다.

이렇듯 르네상스의 근원을 경제 · 사회적 제 조건의 변화에서 찾을 수 있지만 좀더 깊이 생각해 보면 스콜라철학(Scholasticism)이 개발해 준 지적 탐구정신, 대학의 팽창과 학문적 자유의 확대 등이 중요한 역할을 하였음을 간과할 수 없다.

이탈리아를 중심으로 한 초기의 인문주의 운동은 개인적 · 심미적 · 귀족적 경향을 지닌 것으로 성장하는데 이들은 개인의 폭넓은 교양과 자유의 신장에 주된 관심을 가지고 있었다. 이들은 희랍 · 로마의 고전을 통하여 교양의 폭을 넓히고 체육, 문화, 예술 등의 활동을 통하여 개성을 발현시킴으로써 전인적인 발달을 가져올 수 있다고 믿었다.

이들의 관심은 주로 중등교육에 있었는데 이러한 인문교과를 가르치기 위하여 라틴문법학교(Latin Grammar School)를 세우게 된다. 이 학교들은 고전 및 문법중심의 교육을 하는 곳으로 대학의 준비학교적인 성격을 띠었다는 점에서 오늘의 인문중 · 고등학교의 전통을 만들었다고 할 수 있겠다.

북부 유럽의 인문주의 운동은 이탈리아의 그것과는 다른 성격을 띤 것으로 주로 사회적 · 도덕적 · 대중적 경향이 강했다. 남부 유럽에서는 개인의 충실하고도 풍요로운 삶에 주된 관심이 있었던 반면에 북부 유럽에서는 사회 전체의 충실하고도 풍요로운 삶의 실현에 더 관심이 많았다. 따라서 사회의 발전과 인류의 복지에 도움을 줄 수 있다고 믿어지는 교과에 더 강조점을 두게 되는데 이러한 북부 유럽의 인문주의를 사회적 인문주의라고 부르기도 한다. 북부 유럽의 인문주의 학교들은 고전과 성경 문학의 조화를 꾀했으며 그 외에 역사, 지리, 과학 등도 가르쳤다. 그러나 체육 · 음악 · 미술 등은 이탈리아의 학교에서만큼 중요시되지는 못했다.

인문주의 교육의 목적은 풍부한 인문적 교양의 습득을 통한 인간의 폭넓은 자아실현과 사회 및 인류의 발전과 복지에 있었으며 그리스와 로마의 고전학습을 통하여 그 목적을 달성하려고 하였다. 인문주의 교육의 이념은 르네상스

말기에 고전문학, 특히 라틴어 학습 그 자체가 목표가 되어 고전중심의 교육으로 변질되었다. 이처럼 '타락한' 인문주의 교육을 키케로주의(Ciceronianism)라고 부르는데 이는 키케로(로마시대의 뛰어난 웅변가이자 시인이며 문장가)의 문장을 맹목적으로 암기하고 모방하는 것을 주요 교육활동으로 삼았던 데서 유래된 것이다.

대표적인 인문주의 교육학자는 에라스무스(Erasmus)이며 그는 조기교육의 중요성과 훌륭한 교육이란 아동의 개성을 존중하고 전적으로 격려하는 일임을 주장하였으며, 이러한 그의 교육사상은 유럽교육에 결정적인 영향을 주었다.

3) 자연주의적 교육전통

인문주의적 교육이 라틴어 학습과 고문의 암기에만 열중하게 되고 종교교육 또한 교리의 암송에 치우치게 되어 삶과의 관련성이 점점 멀어지자 교육은 삶의 실제에 관여하여야 한다는 반성의 소리가 높아졌다. 이러한 운동을 현실주의 혹은 실학주의(realism)라고 한다.

실학주의는 17세기 서양의 대표적인 교육사상으로 관념보다 사물을 중요시하는 교육이다. 생활의 현실성과 실제성을 중시하여 구체적인 지식, 실제적이고 직업적인 기술, 상업과 외교를 위한 언어 학습 등의 현실적인 교육 내용을 추구하였고, 고전어보다 모국어를 중요시하였다. 과학적 탐구가 진행됨에 따라 이제까지 중시해 온 문학적 · 예술적 · 종교적 · 도덕적 세계 이외에도 객관적이며 필연적인 자연법칙에 의해서 지배받는 또 다른 세계가 있음을 발견하게 된다. 이들은 자연에 대한 지식이 종래의 문예적 · 종교적 지식을 대신하여 인간의 삶에 실제적이고도 유용한 새로운 기초가 되어야 하며, 그러한 과학적 지식을 탐구함으로써 인류사회는 발전하며 인류의 복지도 향상될 것이라고 믿었다.

18세기의 자연주의는 교육의 목적 · 내용 · 방법을 변경시키고 발견하여 교육과정에 적용하고, 인간발달의 자연법칙에 따라 교육을 해야 한다는 것을 주장하였다. 자연주의 교육운동은 크게 세 가지로 나누어 볼 수 있다.

첫째, 그것은 자연의 제 법칙을 발견 · 형성하여 교육의 과정에 적용하는 것을 뜻했다. 코메니우스(J. A. Comenius) 등은 교육자들에게 자연을 열심히 관찰하여 자연의 방법을 배우고 그것을 교육에 적용하라고 당부했는데 이러한 주장은 잘못된 유추를 가져오게 되는 경우가 많았다.

둘째, 한 개인을 교육하려면 그의 성장의 자연적 법칙을 알아내어 그에 따라 교육하여야 한다는 것이다. 극단적으로는 교육의 목적이나 과정도 모두 어린이의 성장 · 발달에 관한 연구를 토대로 해서 결정해야 한다는 생각이다. 이러한 입장은 19세기의 심리학적 발달론자들인 페스탈로치(스위스, 교육학자, 1746~1827), 헤르바르트(J. F. Herbart, 독일, 철학자 · 교육학자, 1776~1841), 프뢰벨(F. W. A. Fröbel, 독일, 교육학자, 1782~ 1852)에 이르러 꽃을 피우게 됐다.

셋째, 인간의 자연적 본성과 발달 과정 그 자체를 중시하며, 사회적인 습관 · 관념을 강요하지 않고, 인공적인데 반대하여 자연으로 돌아가자는 것인데 이 입장이 자연주의 교육의 가장 큰 특징을 이루고 있다. 예를 들어, 루소(J. Rousseau, 프랑스, 작가 · 사상가, 1712~1778)는 교육이 어린이들의 자연성을 무시하고 '마네킹' 취급을 하고 있으며, 온실 재배식의 교육을 한다고 하여 교육의 인공성을 신랄하게 비난하였다. 루소는 교육소설 「에밀」(Emile)의 첫머리에서 "인간은 조물주의 손에서 나올 때는 선하나 사람의 손에 넘겨지면서 악해진다.'라고 말하고 있다.

루소

교육에 있어서의 자연주의 사상(naturalism)은 계속 발전하여 19세기의 심리학적 발달주의(psychological developmentalism)를 거쳐 금세기의 진보주의 교육운동과 아동중심 교육운동으로 이어진다. 사회 변천과 함께 많은 비판과 시험을 거쳐 지나오는 동안 자연주의는 여러 가지 면에서 보완되고 정리되었지만 근본의 정신은 살아 있어서 루소와 같은 낭만적 자연주의가 오늘의 교육 개혁론자들 속에서도 나오고 있다.

3. 현대교육

19세기 말에서 20세기에 이르는 현대는 이념이나 사회상에 있어서 복잡하고 다양한 시기였다. 20세기는 시민혁명과 산업혁명의 결과 교육제도의 민주화와 과학화로 흐르게 되어 교육의 제도와 내용에 있어서 민주화가 실현되었고, 학생들을 위한 경험학습을 중시하게 되어 과학적 실증주의를 기반으로 하는 신교육운동으로 전환된 시기라 할 수 있다. 이러한 개혁의 움직임을 새교육운동(New Education Movement)이라 하며, 민주적 시민사회에 적응하는 자유인 양성을 목적으로 구교육의 주입식, 권위주의적 교육방법, 서적중심, 기억중심의 학교교육에서 벗어나 아동 자신의 성장 과정과 아동중심의 학습방법, 과학적 사고를 중요시하는 교육개혁운동을 말한다(오성삼, 2011).

새교육운동이 전개되어 19세기 말에서 20세기 초까지 유럽을 중심으로 전개된 교육의 주도권이 20세기 초를 기점으로 미국으로 넘어가게 되면서 미국 교육사상이 태어나게 되었고, 듀이(J. Dewey)나 킬패트릭(H. K. Kilpatrick)에 의해 진보주의 교육사상이 나타나게 되었다. 이러한 새로운 교육개혁으로 일어난 새교육운동에는 교육의 과학화 운동, 어린이 해방 운동, 교육의 사회화 운동 등을 들 수 있다(이형행, 2011).

1) 교육의 과학화 운동

20세기로 접어들면서 과학의 발전이 교육발전에 큰 공헌을 하게 되고 많은 영향을 끼치게 되었으며 주로 미국 대학들이 중심이 되어 연구가 이루어졌다.

과학주의 교육자들은 모든 교육문제는 과학적 태도로 논의되어야 하며, 과학적 정신과 방법에 의한 연구결과를 가지고 결정해야 된다고 주장하였다. 이들에게 과학적 방법이란 객관적이고, 공정하고, 수학적으로도 정확할 것 등을 의미하였다. 즉, 학교 교육내용의 개조운동으로 나타난 것이다.

과학적 방법은 처음에 심리학 분야에 적용되었고, 1879년 독일의 심리학자 분트가 최초로 심리학연구소를 설치하였고, 세기가 바뀔 무렵에는 주로 감각과 지각 분야에 대한 각종 심리검사가 행해졌다. 1902년 미국의 심리학자 손다이크(E. L. Thorndike)는 양적 연구방법을 처음 사용하였으며 1904년에 「지능측정과 사회측정 이론에 관한 입문」이라는 책을 발간하였다. 한편 프랑스의 심리학자 비네(A. Binet, 1857~1911)가 1905년에 일반 지능측정의 척도로 정신연령을 고안한 때부터 시작하였다. 이들은 교육에 있어서 사실의 발견, 실험, 통계처리 등에 관한 기술을 확립하고 그것을 보급시킨 공적이 크다. 이러한 과학적 측정운동의 급속한 발달로 어린이 연구가 더욱 과학적으로 이루어졌다.

과학적 측정운동의 급속한 발달에 수반하여 보다 과학적인 어린이 연구가 이루어졌으며, 뒤를 이어 발달된 학교조사와 직무분석도 과학적 운동의 산물이다.

이들은 교육에 있어서 사실의 발견, 실험, 통계처리 등에 관한 기술을 확립하고 그것을 보급시킨 공적이 크다. 이러한 과학적 측정운동의 급속한 발달로 어린이 연구가 더욱 과학적으로 이루어졌다.

2) 어린이 해방 운동

미국에서 일어난 새교육운동의 다음 단계는 어린이 해방 운동으로 각국에서 거의 동시적으로 전개되었다. 듀이가 1896년 미국의 시카고 대학에 세운 실험학교에서 시작되었다. 이 실험학교에서는 아동을 억압하는 모든 요소를 제거하고 지금까지의 전통적인 교과와 그 교과에 의한 교수활동을 제거하여 아동중심 교육과정이 처음으로 이곳에서 시작되었다.

1900년에 스웨덴의 케이(E. Key)여사는 「아동의 세기」를 발간하여 20세기는 어린이의 세기임을 강조하고 어린이의 해방과 어린이에로의 복귀를 주장하였다.

이탈리아의 여류 교육자이며 의사인 몬테소리(Montessori)여사도 로마에 빈민 자녀를 위해 '어린이 집'을 창설하여 자신이 창안한 놀잇감을 이용하여 새로운 교육방법으로 교육하였다. 이 방법은 어린이의 자유활동에 호소하여 심신의 유기적 제 능력을 충분히 연습시키는 것을 기조로 하는 새로운 교육방법이다. 몬테소리 방법의 근본원리는 자유, 정리된 환경, 그리고 감각교육을 중시하는 것으로 어린이를 전용적인 교육의 구속에서 해방하려는 의도로 몬테소리운동(Montessori Movement)으로 발전하여 철저한 자유주의적 교육을 시행하였으며, 구미 각지에 많은 영향을 미치게 되었다.

3) 교육의 사회화 운동

새교육운동의 마지막 단계는 향토학교라고 불리는 지역사회학교(community school)의 등장이다. 1940년 진보주의 교육운동의 발전으로 인해 미국을 중심으로 교육의 사회화, 학교의 사회화를 부르짖으며 지역사회 학교운동이 나타나게 되었다. 지역사회학교 운동은 지금까지의 지식중심 학교와 아동중심의 학교로부터 교육의 사회화를 중요시하는 학교교육운동이다.

올센(E, G, Olsen)은 그의 저서 「학교와 지역사회」를 통해 교육내용이 학구적 학교의 교과중심 교육과정에서 진보적 학교로, 그리고 지역사회 학교로 옮겨왔다고 지적하고 특히 교육내용이 학구적 학교의 서적중심에서 진보적 학교의 아동중심 교육과정으로, 다시 지역사회 학교의 생활중심 교육과정으로의 발전과정을 거쳤다고 주장하였다.

제3장
교육의 철학적 기초

교육은 각 시대가 이상으로 삼고 있는 삶의 형태와 그 이상 실현에 효과적인 지식 및 기능을 자라나는 세대에 전달해 주는 활동이다. 따라서 교육이 올바르게 이뤄지기 위해서는 '삶'이란 무엇이며, '가치'란 무엇인가, 또 계승해야 할 참다운 '지식'이란 무엇이며 그것은 어떠한 것인가에 대한 탐구과정을 거쳐야만 한다.

철학은 일반적이고, 전체적이고, 궁극적인 것을 탐구하는 학문으로 '삶 · 앎 · 탐구'에 대한 이러한 근본적인 문제들을 그 연구대상으로 하고 있기 때문에 교육에 있어서 철학적 기초가 없다면 참다운 교육을 받을 수도 없고 할 수도 없게 된다.

제1절 철학의 연구 영역

1. 교육철학의 의의와 기능

철학은 역사가 가장 오래된 학문이다. 그리스의 탈레스(Thales)로부터 오늘날까지 2500여 년 이상 되었으며, 서기전 5세기경에 소크라테스와 그의 제자들에 의해 처음 사용되었다. 철학이라는 독일어 'Philosophie'는 그리스의 말 'philosophia'에서 유래되었고 philos는 '사랑', sophia는 '지혜, 지식, 진리, 지혜를 사랑하는 일'을 의미한다.

철학은 오랜 역사과정을 통해 융합 · 대립하면서 시대와 철학자의 상황에 따라 사고방식도 변화를 거듭해 왔다. 철학은 실재, 지식의 본질, 가치의 근거, 사고의 법칙 등의 궁극적 문제를 학문의 관심사로 삼고 있다.

교육철학(philosophy of education)이란 교육이론의 한 가지로 교육 행위나 현상

(교육의 개념, 목적, 과정, 조직, 정책 등)에 관한 원리, 혹은 이론과 관련된 문제의 해결을 철학적으로 접근하려는 학문이다. 즉, 교육을 탐구의 대상으로 삼고 있는 학문이라고 할 수 있다. 철학적인 연구 성과들을 교육적 문제에 의의 있는 형태로 바꾸거나, 철학적인 방법을 사용하여 교육적 문제의 해결에 기여하는 노력이라고 할 수 있다.

여러 학자들의 견해에 따르면, 교육철학이란 교육 현상을 꿰뚫고 있는 몇 가지 대전제로 교육현상을 체계적으로 고찰하며, 교육학에 쓰이는 언어 및 전제를 다듬어 체계적(수학적)으로 교육학을 구축하며, 교육작용의 본질을 탐구하는 것이다. 즉, 교육 현상을 체계화하기 위하여 교육의 실천 원리나 이론 체계를 정당화하는 근거를 분석하고 검토하며 비판하는 일, 교육의 이론과 실천에 사용되는 언어나 개념을 다듬어 주장들의 논리적 타당성과 가능성을 밝히는 일, 그리고 교육에 관한 여러 이론적 요소들을 통합된 지식 체계로 조직하는 일 등을 하는 탐구 활동으로 정리할 수 있다.

이렇게 볼 때 결국 교육철학은 교육의 기능 · 목적 · 의미 · 내용 등을 밝혀줌으로써 교육에 있어서의 구체적인 실천 원리들, 즉 교육활동의 방향과 기준을 제시함은 물론 교육의 본질에 대한 객관적이고 철저한 의미들을 밝히는데 관심을 가지고 있다고 하겠다.

오천석(1972)은 교육자가 교육철학을 공부하여야 하는 이유와 그 연구의 가치가 어디에 있느냐에 대한 답을 다음과 같이 제시하고 있다.

첫째로, 교직이 단순한 생계수단이 아니라, 바람직한 인간의 형성에 주도적인 역할을 하는 동시에, 인간 사회의 개선에 기초적 공헌을 하는 중대한 사업이라면, 교사는 마땅히 그가 종사하고 있는 교육이 내포하고 있는 중요한 문제에 대한 올바른 이해가 필요하다. 교육을 통하여 우리는 무엇을 성취하려는 것인가? 교육과정에서 야기되는 문제들이 무엇인가? 교육철학은 이러한 문제에 대한 해석을 제공한다고 생각한다.

둘째로, 교육철학은 인간 생활과 사회 전체에 있어서의 교육의 위치와 그들과의 관계를 파악하는데 도움이 된다고 생각한다. 교사의 임무가 인간 생활 전반적인 판도 안에서 어떠한 역할을 하고 있는가를 전망할 때, 이는 그 참된 생명을 찾고, 그 역사의 중대성을 보게 된다. 이것이 교육철학 연구에서 얻는 결실이다.

셋째로, 교육철학은 현행하는 잡다한 교육 이론을 비판적으로 검토함으로써 교사와 교육에 대한 신념을 확정하고 원리를 수립하는데 기여한다. 20세기에 들어서면서 교육이 지향하는 바가 구구하여 교육자가 취하여야 할 길에 대한 확고한 견해와 판단이 서야 한다.

넷째로, 교육철학은 교사의 지성과 비판 정신을 자극하여 교육의 새로운 경지를 개척하는데 중요한 구실을 할 것이다. 교육철학의 궁극적 기능은 현존한 문제에 해답을 주기보다는 새로운 문제를 제기하는데 있다고 하겠다.

2. 교육철학의 연구 영역

철학은 그 연구 영역에 따라 존재론과 인식론, 가치론 그리고 논리학 등 네 가지로 구분이 된다(김종서 외, 1995).

1) 존재론(ontology, metaphysics)

존재론(存在論)이란 이 우주의 궁극적인 본질 혹은 실체(substance, reality)란 무엇인가를 파악하려는 철학적 노력이라고 할 수 있다. 이 세계에는 변화하지 않고 그대로 있는 것은 하나도 없다. 그러나 이렇게 변화하는 세계를 가능하게 하는, 그리고 변화하는 세계 너머에 있는 변화하지 않는 존재 또는 실재는 무엇일까? 이것이 바로 존재론이 가지고 있는 가장 중요한 질문이다. 이 세계의 모습은 무한히 다양하지만 실재는 하나라고 보는 입장을 일원론(一元論, monism)이라고 하는데, 그것이 정신(mental) 혹은 영혼(spiritual)이라고 보는 입장을 관념론(idealism)이라고 하고 물질(physical) 또는 객관적으로 파악할 수 있는 것으로 보는 입장을 실재론(realism)이라 한다. 또한 우주의 본질이란 끊임없는 변화와 발전 그 자체이며 그 너머에 어떠한 본질이 따로 있는 것이 아니라는 입장을 실용주의(pragmatism)로 표현하고 있다.

2) 인식론(epistemology)

인식론(認識論)은 진리 또는 지식의 근거와 그 특징을 밝히려는 철학적 노력으로 교육의 핵심적 활동인 지식의 원천, 획득 방법을 밝히는 일을 한다. '진리와 비진리를 어떻게 구별하며, 안다는 것과 모른다는 것을 어떻게 구별하는가?'라는 질문이 인식론의 큰 과제이다. 도대체 '안다'(know)는 말의 의미는 무엇인가? 과연 우리는 참다운 '앎'에 다다를 수 있는가? 이 앎이란 불변하며 절대적이며 확실한 것이 아니라 상대적이고 확률적이며 개선 가능하다는 입장으로 인간의 이해와 경험의 폭이 확대됨에 따라 얼마든지 달라지고 개선될 수 있다고 보았다. 인간의 지식이란 광석을 발굴해 내듯이 어디엔가 숨겨져 있는 것을 찾아내는 것이 아니라 이미 이 세계 안에서 이루어지고 있는 현상을 설명하기 위해 만들어 낸 인식의 도구 또는 설명의 도구에 불과하다는 것이다. 따라서 그것은 인간의 이해와 경험의 범위, 또는 설명하고자 하는 현상의 복잡성 여하에 따라 상당한 제한을 받게 되며 인간의 이해와 경험의 폭이 확대됨에 따라 얼마든지 개선될 가능성을 가지고 있는 것이다.

3) 가치론(axiology)

가치론(價値論)은 선과 악 · 정의와 불의 · 목적과 수단 · 미(美)와 추(醜)의 문제와 관련지어 그 기준과 판단의 과정 및 그 대상 등을 밝히려는 철학적 노력인데 윤리학(ethics)과 미학(aesthetics)으로 구분되어진다. 윤리학(倫理學)이란 인간의 도덕성의 본질과 도덕적 행동이란 무엇인가를 밝히려는 것이고, 미학(美學)

이란 예술과 인간의 삶과 경험 속에 들어 있는 아름다움의 본질과 그 대상을 밝혀 내려는 것이라고 할 수 있다. '가치'란 사람에 따라 서로 달라질 수 있는 것인가, 아니면 객관적으로 존재하는 것인가 라는 질문에 대한 답변에 따라 객관주의(objectivism)와 주관주의(subjectivism)로 구분되어진다.

4) 논리학(logic)

논리학(論理學)이란 우리가 어떤 철학적인 결론에 도달하였을 때 그 결론에 도달하기까지의 사고의 과정이 과연 타당한 것이었는가를 검토하는 여러 가지 규칙과 기준을 밝히려는 철학적 노력이라 할 수 있다. 논리학에는 크게 연역법(deductive method)과 귀납법(inductive method)이 있다. 연역법이란 이미 알고 있는 보편적인 원리로부터 구체적인 사실에 대한 지식을 이끌어 내려는 추리의 과정이고, 귀납법이란 개개의 구체적인 사실들에 대한 관찰을 통하려 어떤 보편적인 법칙이나 원리를 이끌어 내는 추리의 과정이다.

그러나 현대에 이르러서는 어떤 주장의 타당성을 논리학에만 의존하는 철학적 탐구 방식에 회의를 갖게 되었다. 왜냐하면 어떤 결론에 도달하기까지의 추리과정이 아무리 논리적이라고 하더라도 그 결론이 근거삼고 있는 전제가 진(truth), 위(false)를 검증할 수 없는 종류의 것이라면 그 결론도 진인지 위인지 밝혀 낼 수가 없으며 따라서 그 결론은 무의미한(meaningless) 주장이라는 것이다. 따라서 오늘날에는 단순히 어떤 문장이 그 진 · 위를 검증하기 어렵다고 해서 무의미한 것으로 단정하기보다는 하나의 진술이나 개념이 그 인간과 그 사회 및 문화 등의 맥락 안에서 어떠한 의미를 갖는 것인가 하는 것을 밝히려고 하는 방향으로 기울어지고 있다. 이러한 입장에 서 있는 것을 분석철학(analytic philosophy)이라고 하는데, 이것은 철학의 이론 체계이기보다는 철학적 방법론으로 여겨지고 있다.

교육철학에는 철학의 각 연구 영역에서의 탐구 결과를 교육적 상황에 적용시켜 보려는 입장과 철학적 방법으로서의 분석적 방법으로 교육의 중요한 개념들의 의미를 밝혀 보려는 입장의 두 가지 경향이 있다.

제2절 전통적 교육철학

철학사에 있어서 가장 큰 두 사상적 조류로는 관념론과 실재론을 들 수 있으며, 최근에 와서는 실용주의도 하나의 조류를 형성하게 되었다.

1. 관념론(idealism)과 교육

관념론(觀念論)은 그리스의 플라톤을 비롯하여 데카르트(R. Descartes), 칸트(I. Kant), 헤겔(F. Hegel)철학에까지의 고전적인 형태의 철학이다. 인간의 궁극적 실재는 정신이며 인간을 정신적 존재로서 가치를 중시하고 육체는 마음에 비해 열등하다고 보았다. 인간은 정신적 존재이기 때문에 자유의지를 구사할 수 있는 능력이 있고 자신의 행동을 책임져야 한다고 생각한다.

관념론에 의하면 이 세계와 인간은 각각 형상과 신의 그림자에 비유되는데, 다시 말하면 이 세계는 보이지 않고 불변하는 절대적인 관념의 소산이라는 것이다. 즉, 세속적인 가치나 정의는 불완전하지만 절대가치와 정의는 불변하고 영원하다는 개념으로 정신과 마음이 우선이라는 것이다. 인간은 정신적 존재이므로 마음이 몸을 지배할 수 있어야만 인간다운 인간이 될 수 있다고 보았다. 교육을 통해 인간의 마음과 영혼을 단련시키고 계발시켜 절대가치를 깨닫고 절대 정도를 실현시키는 인격으로 키워야 하므로 이성에 의한 사고와 판단이 중요시되며 그 훈련을 위해 절대정신이 계시된 문헌과 고전의 연구가 필요하다고 보았다.

플라톤(Platon)은 이데아(idea)만이 참된 실재라고 하였고 칸트는 참된 세계의 실재는 정신적이라 하였다. 헤겔은 경험 안에 감각적인 것과 정서적인 것이 모두 포함되며, 실재는 절대적이고 전체적이며 통일된 정신이라 하였다.

관념론에 입각한 교육은 마음을 훈련하고 정신 함양을 중요시하고 이성계발을 통해 절대불변의 진리를 파악하는 것을 교육의 목적으로 보았다. 관념론의 교육원리를 보면 다음과 같다. ① 모든 교육활동은 흥미를 바탕으로 해야 한다. ② 교사는 창조적 활동과 고상한 인격의 모델을 제시해 준다. ③ 아동의 개성을 존중한다(인격교육, 도덕교육, 정신교육 강조). ④ 논리학, 형이상학, 미술, 문학 등 중시한다. ⑤ 교수방법에 있어서 질문과 토론 방법을 중시한다(권정숙 외, 2008).

2. 실재론(realism)과 교육

실재론(實在論)은 이 세계는 인간의 마음으로부터 독립해서 그 자체의 법칙에 의해 존재하며 변화하고 발전 한다는 이론이다. 따라서 중요한 것은 인간의 마음이나 정신이 아니고, 이 세계를 파악하고 이해하기 위해서는 물질세계를 관찰하여 그 법칙을 발견함으로써 가능하다고 한다. 자연은 발견될 수 있는 계획과 질서와 구조 및 법칙을 가지고 있다는 것이다. 세계와 자연질서는 그것이 생성되는 중에 있지만 영구적인 것이며 예측 예견 통제가 가능하다고 본다.

실재론은 주장하는 입장에 따라 고전적 실재론과 종교적 실재론, 그리고 과학적 실재론으로 구분될 수 있다.

고전적 실재론은 아리스토텔레스(Aristoteles)를 중심으로 인간의 이성을 강조하고 이성에 의해 발견될 수 있는 보편적인 도덕적 법칙들은 이성적인 존재로서의 모든 인류를 하나로 묶는 일을 한다고 보았다.

종교적 실재론은 세계를 지배하는 법칙은 신이 만들었으므로 신의 도움 없이 인간의 이성으로 그 법칙을 실천할 힘이 없다는 것이다. 즉, 도덕적 가치를 이해하게 하는 이성적 능력이 신에 의해 주어졌다고 주장한다.

한편 과학적 실재론은 헤르바르트와 코메니우스가 주장한 이론으로 옳고 그름은 종교에서 오는 게 아니라 자연이해에서 오는 것이므로 자연과학을 중시하여 과학적 방법을 강조하고, 도덕성은 과학적 연구를 통해 유익하다고 밝혀진 것을 기초해야 한다는 것이다.

그러나 이들의 교육에 대한 공통 생각은 물질세계를 지배하는 자연법칙을 발견하는 것이며, 그러한 법칙을 발견하기 위해서 인간의 이성을 계발하는 것이므로 물질이나 현상의 원리를 교육내용에 잘 선정하여 제공하여야 한다는 것이다.

실재론자들은 어린이들에게 잘 정선된 가치를 가르치는 데 동의한다. 인문교육과 과학교육을 강조하며, 관념이나 이데아를 무시하지 않으나 그 관념이나 이데아는 반드시 감각적 경험에 의해서 증명되어야 함을 주장한다. 또한 물질세계 속의 자연법칙을 발견하여 올바른 가치관을 심어 주어야 함을 주장하였다.

3. 실용주의(pragmatism)와 교육

실용주의(實用主義)는 19세기 후반에서 20세기에 걸쳐 당시의 미국적 현실에서 발생하고 성장한 미국의 독자적인 철학사상이다. 1870년대에 퍼스(C. S. Pierce)에 의해 주장되었고 19세기 말에 제임스(W. James)에 의해 전세계에 퍼졌으며 20세기 전반에 와서 미드(G. H. Mead)와 듀이에 의해 더욱 구체화되었다. 19세기 후반까지 독일 관념론에 의해 지배되어온 미국의 교육사상은 남북전쟁 이후 급속한 발전을 하였고 정치 · 경제 · 사상 면에서 독자성을 확립하게 되었다.

프랑스 철학자 루소(J. J. Rousseau)의 교육이론이 여러 실험학교에서 실제로 적용되어 독일에서는 바제도(J. B. Basedow)가 범애학교(1774)를 설립했으며, 독일의 교육가 프뢰벨(F. W. A. Fröbel)은 최초의 유치원(1837)을 설립하였다. 스위스에서는 교육학자 페스탈로치(J. H. Pestalozzi)가 빈민의 자녀와 고아의 교육을 위하여 여러 학교를 설립하는 데 일생을 바쳤으며, 이탈리아의 교육학자 몬테소리(M. Montessori)여사도 빈민가 아동을 맡아 키우면서 그의 독창적인 '몬테소리법'(Montessori Method)을 고안하여 교육방법에 적용하였다. 특히 듀이는 1896년 실험학교를 설립하여 검증했으며 그가 발전시킨 진보주의 교육은 1900년 이후 유럽의 전통과 결합했다.

실용주의에 따르면 이 세계를 움직이고 있는 물질은 끊임없이 변화 · 발전 · 소멸한다고 보았다. 가치나 진리도 시간 · 장소 · 환경에 따라 상대적이므로 시공을 초월한 절대가치를 인정하지 않았고, 진리의 기준을 우리의 실생활에서의 유용성에 두어야 함을 주장하였다. 그러므로 학생들에게 지식만 가르치는 것이 아니라 이를 잘 적용하고 자신이 해결해야 할 문제들을 스스로 발견해 낼 줄 아는 능력을 키워 주고 길러 주는 교육이 중요하다는 것이다.

즉, 지식은 그 자체가 목적이 아니라 인간이 당면하는 문제들을 해결하기 위한 하나의 도구라 생각하였다. 어떠한 계율이나 원칙도 상황에 따라 적용해야하므로 일률적으로 강요해서는 안 된다는 것이다. 예컨대 살인이 절대 안 된다는 것이 아니고 상황에 따라 정당방어가 옳을 수도 있다는 것이다.

그러므로 어린이에게 도덕적 결정을 하는 학습을 시킬 때 규정된 규칙이나 원리만 주장하지 말고 최다수에게 최상의 결과를 가져올 수 있는 방식을 가르쳐야 한다는 것이다(권정숙 외, 2008). 이 교육운동의 주요목표 중의 하나는 어린이를 전인적으로 기르는 것이다, 즉 지적 성장뿐만 아니라 신체적 · 정서적 성장까지도 도모하려는 것이다.

제3절 현대의 교육철학

흔히 현대의 교육철학으로는 대체로 브라멜드(T. Brameld)가 구분한 네 가지 미국의 현대 교육사조를 생각하는 경향이 있다. 그것은 우리 교육에 미친 영향이 크기 때문이다. 또한 현대철학이 교육에 끼친 영향도 간과할 수 없다. 따라서 여기서는 현대의 교육사상에 대해 20세기 전반기 미국의 교육철학인 진보주의, 본질주의, 항존주의, 재건주의 교육철학과 현대철학의 2대 주류라 불리는 실존주의와 분석철학 그리고 신자유주의에 관해 고찰해 보기로 한다.

1. 20세기 전반기 미국의 교육철학

1) 진보주의(progressivism)

진보주의(進步主義) 교육사상은 고대 희랍의 교육사상에서 그 근원을 찾아볼 수 있다. 14 · 5세기를 대표하는 인문주의 사상이나, 17세기의 실학주의 교육자 코메니우스의 사상에서 엿볼 수 있고, 18세기 자연주의를 대표하는 루소의 아동중심 교육사상, 그리고 그 뒤를 이어 일어난 19세기의 페스탈로치, 헤르바르트, 프뢰벨 그리고 듀이, 몬테소리 등의 맥락으로 발전된 교육사상이다. 진보주의 교육은 영국의 경험론과 공리주의 그리고 다윈(C. Darwin)의 진화론과의 결합에 의하여 이루어진 실용주의에 철학적인 기반을 두고 있다.

진보주의는 종래의 교사중심적이며, 교과목 중심적인 종래의 전통적인 교육에 대해 불만을 품고 아동중심교육, 생활중심 교육을 할 것을 주장하였다. 학생 개인을 중요시하며 그들이 지니고 있는 흥미, 호기심, 관심, 욕구 등 개성을 존중하고 인정하여 완전한 인간으로 성장 · 발달시키기 위해 학생의 자연스러운 성장을 도울 수 있는 교육과정을 마련해야 함을 주장한다. 즉 교육에 있어서 아동을 중요시하고 그들의 흥미와 필요를 교육의 출발점으로 삼아야 한다는 주장이다. 불변의 지식은 없으므로, 지식의 축적보다 문제해결에 필요한 태도와 능력을 키워 사회생활에 유용하게 적응할 수 있게 하는 것이다. 1918년 듀이를 중심으로 한 진보주의 교육철학자들은 진보주의 교육협회를 결성하여 교육을 아동중심으로 전환시키고자 하였다.

진보주의자들이 강조한 교육원리를 넬러(G. F. Kneller, 1971)는 다음과 같은 여섯 가지로 요약하고 있다.

첫째, 교육은 현재의 생활 그 자체이며, 미래의 생활을 위한 준비가 아니다.

둘째, 교육은 어린이의 흥미와 직결되어 있어야 한다.

셋째, 교과를 가르치지 말고 문제해결 방식을 통한 학습이 이루어지도록 한다.

넷째, 교사는 학생을 지시하는 입장에 서지 말고 도와주는 입장에서야 한다.

다섯째, 학교는 경쟁을 시키는 곳이 되지 말고 협동을 장려하는 곳이 되어야 한다.

여섯째, 민주주의만이 진정한 성장에 필요한 사상의 교류와 인격의 상호작용을 허용한다.

이렇게 볼 때 진보주의 교육에서는 '일상생활', '흥미를 중시한 자기 활동', '문제해결', '교사의 원조', '협동정신', '민주 방식' 등의 여섯 가지를 기본 원리로 하고 있다고 하겠다.

이와 같이 진보주의 교육사상에서는 아동중심 운동으로 진행되다가 차츰 적극적인 각계의 호응을 얻게 되자 사회개혁 운동으로까지 발전하게 되었다.

이 이론에서 한 걸음 나아간 올센(E. G. Olsen)의 지역사회 학교운동은, 학교는 사회의 중심이며, 지역사회의 자료를 충분히 활용해야 하며, 교육과정은 지역사회 문제와 관련시켜 학교가 사회교육의 리더가 되어야 한다고 주장하여, 학교와 지역사회를 잇는 열 개의 다리를 구상하였다. 즉 문서이용 · 시청각

교구 · 전문가 초빙 · 면접 · 현장 견학 · 조사 · 여행 · 야영 · 봉사활동 · 현장 실습이 그것이다.

이러한 진보주의 교육운동은 단순히 프래그머티즘의 영향뿐만 아니라 당시 미국의 문화 · 경제적인 발전의 상황이 더욱 크게 뒷받침되었다. 그러나 이러한 진보주의 교육운동은 사회 문화적 상황의 변동으로 전면적인 도전을 받게 되어 진보주의 교육협회는 해산(1994)하게 되고, 미국교육협회(American Fellowship)로 개편되면서 빛을 잃게 되었다.

진보주의 교육은 1930년대의 가장 힘찬 이념으로서 많은 비판에도 불구하고 미국의 공공교육과 세계교육에 큰 영향을 끼쳤다. 그러나 일찍부터 진보주의에 대한 비판이 본질주의와 항존주의자들에 의해 끈질기게 제기되어 왔고, 1957년 소련이 미국을 앞질러 스푸트니크(Sputnic Shock) 인공위성을 쏘아 올림으로써 이 사건을 계기로 미국의 교육에 헛점이 있었지 않았나, 또 그것이 진보주의의 교육이론 때문이 아니었나 반성의 물결이 일었다.

2) 본질주의(essentialism)

본질주의(本質主義)란 한 마디로 현대문화가 물려받은 전통적인 신조라든가 제도는 실재적일 뿐만 아니라 진리이며 동시에 선하다는 입장에서, 교육의 목표를 인류의 과거의 핵심적 경험, 즉 문화유산 중에서 가장 본질적인 것을 조직적인 학교교육을 통해서 다음 세대에게 계승시켜야 한다는 교육사조이다.

본질주의는 특정한 전통을 이어받지 않고 진보주의 교육에 대해 특정 부분에 대해 도전적인 주장을 한 철학적인 견해들이 종합되어 절충주의(折衷主義)라고도 한다. 교육내용은 이해보다는 습득을, 학생의 자율적 학습보다는 교사의 체계적인 지도를, 자유보다는 훈련을, 학생의 일시적 흥미보다 노력을 강조한다(이형행, 2007). 본질주의 교육자들은 교사를 교육활동의 핵심적인 위치에 놓고 어린 세대에게 문화유산의 정수를 전수해야 한다는 입장을 취했다.

실제로 본질주의가 하나의 교육과정으로 나타난 것은 1938년 베글리(W. C. Bagley)를 중심으로 '미국교육 향상을 위한 본질주의자 위원회'가 조직되고 동시에 베글리 교수가 기초한 〈미국 교육 향상을 위한 본질주의자의 강령〉이 발표된 때부터라고 할 수 있다. 1938년의 〈미국 교육 향상을 위한 본질주의자 위원회(The Essentialist Committee for the Advancement of American Education)〉의 편성 이후 본질주의자의 전통은 「학교와 사회」(School and Society)의 편집자인 브릭맨(Brickman)의 저서에서 그대로 계속되었다.

이 운동에 참여한 학자들은 베글리를 비롯하여, 데미아쉬비치(M. Demiashevich), 모리슨(H. Morrison), 브리그스(T. Briggs), 캔들(I. L. Kandel), 핀네이(R. Finney) 등이다.

원래 본질주의는 교육에 있어서 교양이 있는 사람들이라면 당연히 알아야 할 핵심적인 어떤 본질적 요소 등이 있다고 전제하고 있기 때문에 본질주의는 교과목을 재검토하고 학교 프로그램 중의 본질적인 것과 비본질적인 것을 구분하며 교사의 권위를 재수립하는 등에 그 특징이 있다.

넬러(1971)는 본질주의의 기본 원리를 다음의 4가지로 요약하였다.

첫째, 학습은 필연적으로 강한 훈련을 수반하는 것이어야 하고, 학생들이 싫어하는 경우에도 시켜야 하며 또한 응용시켜야 한다.

둘째, 교육에서의 주도권은 학생에게 있는 것이 아니라 교사에게 있다.

셋째, 교육과정의 핵심은 소정의 교과를 철저하게 이수하고 거기에 몰두하도록 하는데 있다.

넷째, 학교는 전통적인 정신적 훈련 방식으로 되돌아가야 한다.

이렇게 볼 때 본질주의 교육에서는 '학습의 훈련성', '교사의 주도성', '경험 · 문화유산의 계승', '교육내용의 조직성' 등을 강조하고 있으며, 본질주의의 교육적 인간상은 기본적인 교과를 성공적으로 습득하고 문화 전통을 잘 이어받아 생활을 위한 준비를 철저히 한 사람이라 하겠다.

따라서 초등교육에 있어서는 문화적 유산들을 학습할 때에 기초가 되는 읽기, 말하기, 쓰기, 산수 등의 학과가 중요시되었다. 또한 역사, 지리, 자연과학과 외국어의 기초도 배우게 되며 창작적 교과(음악, 체육, 미술 등)와 직업교과 그리고 과외 활동들은 덜 중요시되게 된다. 중등교육에서는 초등교육에서 배운 교과들이 좀 더 광범위해지고 전문화되기 때문에 교사는 이러한 교과들에 익숙해 있어야 한다.

그러나 본질주의는 항존성을 배척하고, 사회과학을 경시하고 미래지향적 자세를 길러 주지 못한다는 문제가 있지만 본질주의자들이 교육에 이바지한 긍정적 측면은 높이 평가해야 한다.

3) 항존주의(perennialism)

항존주의(恒存主義)의 교육목적은 변화하지 않는 절대적인 가치의 영원성을 주장하는 20세기 미국의 교육철학으로 보수적 입장이면서도 같은 보수주의인 본질주의에도 반대를 하고 있다. 본질주의와 항존주의는 똑같이 진보주의를 견제하기 위하여 나타났지만 근본발상은 달리하고 있다. 본질주의자들은 자연과학을 중요하게 여기는데 반하여 항존주의자들은 자유인문 교과를 중요시하므로 항존주의는 고전적 인문주의(classic humanism)라고 불리기도 한다.

항존주의는 앞서의 본질주의 · 진보주의가 과학주의 · 세속주의 · 물질주의적 성향을 강하게 나타내는데 비하여 전적으로 종교적 세계관 위에서 철저한 반과학주의 · 탈세속주의 · 정신주의로 일관하고 있다. 인간의 본성은 변하지 않고 본질적으로 동일하게 남기 때문에 교육의 기본원리도 변하지 않고 영원불변하다고 주장하여 영원주의(永遠主義)라고도 한다. 이러한 진리는 이미 고대와 중세의 고전, 특히 플라톤, 아리스토텔레스, 토마스 아퀴나스 등의 저작에서 확립되었다고 주장하고 있다.

항존주의의 대표자인 허친스(R. M. Hutchins, 1899~1977)는 「교육에서의 갈등」(1953)이라는 저작을 통해 인간 최고의 본성은 이성이며 교육은 인간의 이성적 능력을 개발하는 과업이라고 이해했고, 오랜 세월 동안 진리가 축적된 문학 · 철학 · 역사 · 과학 등의 분야에서 고전을 가르쳐야 한다고 제안했다.

교육의 목적은 절대적 · 보편적이어야 한다는 관점에서 교육이란 영원불변한 진리를 과거의 위대한 고전에서 찾아 이것을 모든 아동들에게 똑같이 알게 하고 또 각자가 이러한 진리에 입각하여 경건하게 사는 자세를 갖게 한다는 것이다. 항존주의자 사이에도 유파가 없는 것은 아니지만 이들의 공통적인 교육원리는 다음과 같다(G. F. Kneller, 1971).

첫째, 환경의 변화에도 불구하고 인간성은 변하지 않으므로 교육의 본질도 변하지 않는다.

둘째, 인간의 뛰어난 특성은 이성에 있으므로, 교육은 이성을 발달시키는데 집중되어야 한다.

셋째, 교육의 과업은 보편적이고 일반적인 진리에의 깨달음(앎)이다.

넷째, 교육은 생활의 복사가 아니고 생활을 위한 준비이다.

다섯째, 학생에게는 세계의 영원성에 접하도록 하기 위하여 일정한 기본적인 교과를 배우도록 해야 한다.

여섯째, 오랜 세월 동안 인간들 속에서 거대한 야망과 성취로 드러난 과학, 역사, 철학, 문학의 위대한 업적을 배워야 한다.

항존주의의 비판점은 지적 훈련을 강조한 비민주적인 점과 현실을 경시하고 귀족적이라는 점이다. 결국 항존주의에서는 현대교육과 현대문명의 약점을 파헤치면서 종교적 입장에서 교육의 영원성을 주장하고 있다고 하겠다.

4) 재건주의(reconstructionism)

재건주의(再建主義)는 교육을 통해 사회를 개조하자는 운동으로 진보주의 교육운동의 우파인 급진주의에서 유래하였다. 브라멜드(T. Brameld, 1904~1071)는 1950년에 「교육철학의 유형」(Pattern of Educational Philosophy)이라는 책을 저술하여 사회적 · 문화적 재건주의의 기초를 이루었으며, 사회적 자아실현을 위한 미래 중심의 교육관을 제시하였다. 재건주의는 기존의 진보주의, 본질주의, 항존주의의 교육사상을 비판, 절충, 중용, 종합하는 입장을 취한 교육철학이다. 학교를 통해서 교육이 문화의 재건에 보조가 아니라 주역을 감당할 능력을 가지고 있다는 것을 꼭 보여주겠다는 것이 문화적 재건주의 교육인 것이다. 브라멜드는 현대문명이 소수의 독점자본에 지배당하고 있는 한 그 파멸은 필연적인 사실이라고 주장했고, 이러한 위기를 벗어나려면 교육을 통해 경제적 균등이나 민주사회의 재건이 가능하도록 되어야 한다고 보았다.

문화적 재건주의는 교육의 가장 중요한 목적이 현대와 같은 문화적 위기를 해결하기 위해서 사회를 재구성하도록 하는 것이다. 문화재건주의자들은 사회의 구원이란 인간의 마음과 행동을 교육을 통해서 재조직해야 함을 강조하였으며 궁극적 목적으로 사회적 자아실현을 위한 미래 중심의 교육관을 제시하였다. 교육목적은 새로운 사회질서의 구성을 위한 교육의 선도적 역할을 강조하는 것이다. 다시 말하자면 문화와 사회는 변화하는 실체인데 교육은 이들 문화와 사회를 인간 성장에 도움을 주는 방향으로 개조 · 재구성할 수 있는 능력을 길러야 한다는 것이다. 대학준비교육이나 직업훈련보다는 사회적 자아실현을 위한 일반교육을 중시하면서도, 지역사회활동 · 집단역학(group dynamics) · 기술문명에 대응하는 방법 등 다양한 내용이 제시되었다. 또한 새로운 세계상으로 풍요로운 경제체제, 통합적인 수단으로서의 국가, 대중의 복지에 봉사하는 과학, 자유롭고 창조적으로 표현되는 예술, 유아에서 성인에 이르기까지 체계적으로 시행되는 교육 등 사회 각 방면의 개혁을 요구하고 있다. 결국 문화재건주의에서는 교육의 주된 목적을 명확하게 짜여진 사회 개혁 프로그램을 추진하는 '교육의 사회 개혁성'에 두고 있다고 하겠다.

넬러는 문화재건주의의 기본 원리를 다음과 같이 5가지로 정리하고 있다.

첫째, 교육은 현대 세계의 경제력과 사회의 기초를 이루며 동시에 그것을 조화시킬 수 있으며, 우리 문화의 기본적 가치를 충분히 발휘하도록 새로운 사회적 질서를 창조토록 해야 한다.

둘째, 새로운 사회 질서는 진정하게 민주적인 것이어야 하며, 주된 법령과 재원은 국민들 스스로에 의해서 조정되어야 한다.

셋째, 어린이 · 학교 · 교육은 크게는 사회적 · 문화적 힘에 의하여 형성되어야 한다.

넷째, 교사는 재건주의 사상의 긴급성과 타당성을 민주적인 절차를 통하여 학생들에게 확신시켜야 한다.

다섯째, 교육의 방법과 목적 등은 현재의 문화적 위기에 대처하기 위하여 모양을 바꾸어야 하며, 특히 이것은 행동과학의 연구 성과를 이용하여 이룩되어야 한다.

한편 브라멜드는 자신의 입장을 다른 유파의 입장과 비교하여 [그림 3-1]처럼 문화연속체란 도표를 제시하고 있는데, 그에 의하면 항존주의가 과거를, 진보주의가 현재를, 본질주의가 과거와 현재의 중간적인 위치를 중시하는데 비해 재건주의는 미래를 지향하고 있다는 것이다.

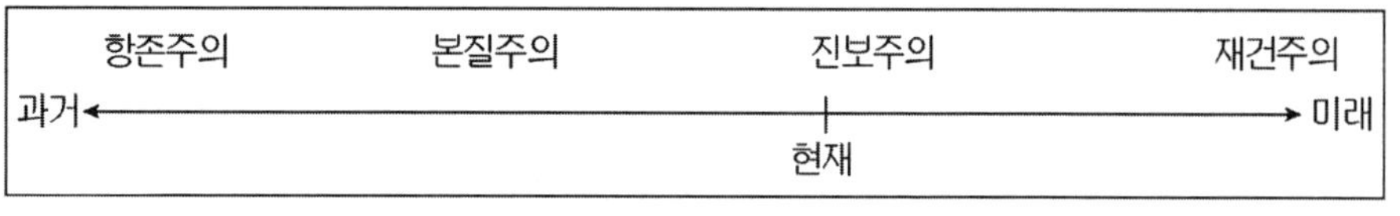

[그림 3-1] 문화연속체 이론

2. 현대철학과 교육

1) 실존주의(existentialism)와 교육

실존주의(實存主義)는 19세기의 합리주의적 관념론으로 제2차 세계대전 이후 유럽에서 형성된 철학운동으로 사르트르(J. P. Sartre), 보르노(O. F. Bollnow), 키에르케고르(S. A. Kierkegaard) 등이 대표 학자이다. 그러나 본격적인 실존주의

철학은 1920년대 후반부터 제2차 세계대전이 시작되기 전까지 하이데거(M. Heidegger)와 야스퍼스(K. Jaspers)를 중심으로 활발했다가 전쟁으로 일시 중단된 후에 제2차 세계대전 직후부터 실존주의의 지도적 대변자로 나타난 사르트르(철학자, 작가)등에 의해 널리 유행하게 되었다.

사르트르

실존주의는 이름 그대로 실존, 존재(existence), 특히 인간문제에 관한 철학이다. 객관적 대상으로서의 인간이 아니라 구체적으로 살아가는 자율적 인간을 가리켜 실존이라 부른다. 사르트르는 철저한 무신론자로서 존재가 본질에 선행한다는 것을 강조하였다. 신은 없으며 인간 생활을 규정하는 외적 세력이나 미리 책정된 계획이 있을 수 없다는 것이다. 따라서 사람은 독립된 존재로서 의지할 것은 자신 밖에 없으며, 생활을 스스로 형성하는 자유를 가지고 있다는 것이 그의 지론이다. 즉 거짓 없는 자신의 내면생활에 충실한 주체가 곧 실존이라는 것이다. 따라서 인간은 운명이나 혹은 환경에 의해 만들어지는 것이 아니라 자기 자신의 선택과 결단에 의해 만들어지므로 자신의 선택에 의해 선하게 또는 악하게 되는 것이므로 자신이 책임을 져야 한다는 것이다. 결국 교육이란 어떠한 인간을 만드는데 목적이 있는 게 아니고, 학생들 각자가 자기의 선택을 현명하게 하여 본질적인 생을 살도록 자기 존재의 의의와 가치를 찾게 하는 게 목적이다(이형행, 2011).

인간은 독존을 깨닫게 될 때 깊은 고독감(aloneness)에 빠지게 되는데 이러한 고독감을 극복하는 최선의 길은 자신의 삶에 대하여 책임을 질 수 있는 능력과 의지를 갖추는 일이며 다음으로는 대화와 참여와 만남을 통해 서로 격려해 주는 일이다. 교육은 단순히 지식을 전달하는 것만으로는 무의미하고, 학생들 각자가 자신의 독존을 깨달을 수 있고 잘 감당할 수 있도록 도와주는 것이어야 한다. 그러므로 교사는 지성적이기보다는 학생들의 심적 갈등과 어려움을 깊이 공감하고, 그들을 도울 수 있는 정열(passion)을 소유한 사람이어야 된다. 결국, 실존주의 교육철학은 지적인 교육보다는 도덕교육 분야에, 그리고 교과주의적인 교육방법보다는 인간주의적인 교육방법에 보다 많은 강조점을 두고 있음을 알 수 있다.

2) 분석철학(analytic philosophy)과 교육

분석철학(分析哲學)은 현대 영미철학의 주류로 20세기 초 영국에서 시작되어 오늘날 미국 및 오스트레일리아 등의 영어권, 그리고 북유럽의 스칸디나비아 여러 나라에서 지배적이며, 그 영향권을 확대해 가고 있다. 분석철학은 객관성을 주장하면서 엄격한 과학정신과 논리적 방법을 중시한다. 분석철학의 배경은 철학의 본질에 대한 성찰과 형이상학을 배제하고 논리나 검증을 철학하는 방법으로 규정하려는 움직임에서 비롯된 것이다. 이러한 분석철학은 명제 진술의 논리적 구조나 문법적 구조를 논리적으로 분석하려는 논리실증주의와 일상 언어의 의미를 명료히 하고자 한 언어분석주의로 대별할 수 있다. 분석철학은 언어의 구조가 세계의 구조를 드러내 주며, 철학자는 언어분석을 통해 실재의 진상을 파악할 수 있다고 생각하므로 언어철학이라고도 한다. 사람들이 사실이나 원리라고 믿고 있는 것을 그들의 말을 통해 점검하고, 그릇된 언어를 사용하는 것을 바로 잡아 주고, 정확한 사고를 할 수 있도록 도와주는 게 교육의 목적이다.

분석철학은 교육에서 쓰이고 있는 중요한 개념(교육의 개념, 교육의 목적, 인격, 이해, 성장, 경험, 태도, 흥미, 동기, 습관 등)의 의미가 무엇인지를 밝힘으로써 교육현상에 대한 참다운 이해를 돕고, 이러한 이해를 바탕으로 해서 실제 교육현장에서 쓰이고 있는 교육의 실천원리들이 과연 교육적으로 얼마나 타당한 것인가를 평가할 수 있는 비평적 안목도 갖도록 해 준다.

분석철학자들은 교육에 대한 그들의 주장을 체계적으로 전개시키려고 하기보다는 교육적 개념들이 쓰이는 또는 적용되는 경우와 상황들을 논리적 규칙에 어긋나지 않는 범위 안에서 다양하게 검토함으로써 그 개념의 의미를 특징짓는 여러 가지 개념 조건들을 분석해 내는 과정을 분석적 과정이라고 한다. 그리고 분석의 결과로서 얻어진 개념의 조건들을 토대로 하여 현재의 교육상황을 평가하는 과정을 평가적 과정이라 한다. 또한 이러한 분석과 평가를 바탕으로 하여 보다 타당한 교육의 원리와 방향을 제시하는 것을 사변적 과정이라고 한다. 한편 하나의 교육적 개념을 분석할 때에 그 개념과 다른 교육적 개념들과의 관계를 살펴보려고 하거나 교육의 전체적 맥락 속에서 그 개념의 위치를 파악하려고 노력하는 경우도 있는데 이러한 과정을 통합적 과정이라고 한다. 분석철학은 이러한 네 가지 과정을 통해 교육적 개념들의 의미를 탐구해 나감으로써 교육철학의 새로운 학문적 경향과 영역을 개척하여 나가고 있다.

이 분석철학은 특정한 인생관이나 세계관을 토대로 하여 고정된 이데올로기를 내세우는 학파가 아니라 철학하는 방법의 경향이 유사한 학파를 지칭한다. 러셀(B. Russell, 1872~1970), 피터스(Peters)가 대표적인 학자이며, 이것은 철학의 이론체계이기보다는 철학적 방법론으로 여겨지고 있다.

러셀

3) 신자유주의(neoliberalism)와 교육

신자유주의(新自由主義)를 이해하기 위해서 고전적 자유주의를 이해해야 한다. 고전적 자유주의는 정부가 시장에 개입해서는 안 된다는 개인의 자유와 재산권을 중시하는 자유방임주의다. 고전적 자유주의처럼 시장기능을 신뢰하고 있고, 자유주의의 이념을 근간으로 한다는 점에서 신자유주의로 불리운다.

신자유주의는 1970년대부터 부각하기 시작해서 1980년대 이후 사회 전반에 큰 변화를 가져왔다. 1979년 영국의 대처수상과 미국의 레이건 대통령이 사회재구조화 프로젝트와 와해된 사회규범과 가치관을 바로잡겠다는 의도로 기획, 추진되었는데 이것이 신자유주의와 신보수주의다. 신자유주의는 시장 근본원리를 말하고 신보수주의는 사회 · 도덕적인 면에서 보수주의를 지향하는 것을 말한다.

신자유주의는 고전적 자유주의보다 정부개입으로 인한 부작용을 더욱 강조하고 있다. 그러나 국방, 외교 등에선 강한 정부를 원하고 있다는 것, 그리고 세계화와 결합되어 전세계로 확산되어 가는 이념으로서 영 · 미 모델을 따르도록 강요한다는 것, 이는 곧 회계의 투명성, 국제금융의 활성화, 시장개방, 노동시장의 유연화를 말한다는 것 등이 신자유주의와 고전적 자유주의의 차이라 할 수 있다. 신자유주의론자들은 국가권력의 시장개입을 완전히 부정하지는 않지만 국가권력의 시장개입은 경제의 효율성과 형평성을 오히려 악화시킨다고 주장한다. 신자유주의자들은 자유무역과 국제적 분업이라는 말로 시장개방을 주장하는데, '세계화'나 '자유화'라는 용어도 신자유주의의 산물이며, 이는 세계무역기구(WTO)나 우루과이라운드, 세계은행, 아시아 개발은행 같은 다자간 협상(multilateral negotiation)을 통한 시장개방의 압력으로 나타나기도 한다.

신자유주의는 한국에서 주로 노동시장의 유연화(해고와 감원을 보다 더 자유롭게 하는 것), 작은 정부, 자유시장 경제의 중시, 규제 완화, 자유무역협정(FTA)의 중시, 공기업 사유화, 의료 사유화, 방송 사유화 등의 형태로 나타나고 있다.

교육부문에서 신자유주의를 도입하게 되면 국가의 간섭이나 규제가 줄게 되고 단위학교의 자율성 증가, 원하는 교육과정의 선택, 그리고 민영화하여 학교 간 경쟁을 유발하면 살아남기 위해 교육의 질이 향상될 것이므로 국가는 국가재정도 줄일 수 있으며 교육수준도 향상시킬 수 있을 것이라는 논리이다.

미국에서는 차터스쿨(Charter School), 바우처 프로그램(Voucher Program), 마그넷 스쿨(Magnet School) 등 변형된 형태의 교육이 있으며, 우리나라에서는 자립형 사립고, 7차 교육과정, BK21, 교직성과급 등이 신자유주의의 대표적인 교육개혁으로 나타났다.

신자유주의 도입으로 자유방임경제를 지향함으로써 비능률을 해소하고 경쟁시장의 효율성 및 국가 경쟁력을 강화하는 긍정적 효과가 있는 반면, 불황과 실업, 그로 인한 빈부격차 확대, 시장개방 압력으로 인한 선진국과 후진국 간의 갈등 초래라는 부정적인 측면도 있다.

제4장 교육의 심리적 기초

제1절 교육의 심리학적 접근방법

교육심리학은 인간을 이해하고자 하는 학문으로 인간과 동물의 행동이나 정신과정에 대한 다양한 질문의 답을 과학적 방법에 의존하는 과학이다. 심리학은 영어로 'psychology'로 psycho(정신, 마음)와 logos(이념, 법칙)의 합성어로 '인간 정신현상의 법칙을 과학적으로 탐구하는 학문'이라 할 수 있다. 심리학은 '왜 사람들이 그런 식으로 행동하는가' 하는 문제를 규명하는데 있다.

역사적으로 철학에 통합되어 왔던 심리학은 1879년 독일의 심리학자인 분트에 의해 하나의 독자적인 학문으로 시작되었다.

학습이란 과거 경험의 결과로 인한 행동의 비교적 영속적인 변화의 과정이다. 이 정의에는 학습의 세 가지 전제조건이 나타나 있다. 첫째, 행동의 변화는 경험 · 연습 · 훈련을 통해 이루어져야 하며, 자연적인 성장이나 성숙에 의한 변화는 학습으로 간주되지 않는다. 둘째, 변화된 행동은 비교적 오랫동안 유지되어야 한다. 약물이나 피로에 의한 행동변화는 일시적인 변화이기 때문에 학습된 변화라고 볼 수 없다. 셋째, 행동의 변화는 좋은 행동으로 변화와 나쁜 행동으로 변화가 있으나, 모두 학습에 의한 행동의 변화에 속한다.

1. 행동주의적 접근방법

행동적 접근방법(S-R이론)은 심리학의 연구대상을 마음으로부터 행동으로 바꾼 접근방법이다. 인간의 행동이나 심리적 특성은 그들이 태어나서 겪게 되는 경험에 의해 형성된 것들이 습관적으로 반응한다고 보는 입장이다. 이 이론은 인간과 동물을 대상으로 객관적인 관찰과 측정이 가능한 행동에 관심을 갖고, 자극과 반응의 관계로 객관적인 행동을 변화시키는데 초점을 두었다.

즉, 인간은 환경 속에서 벌, 강화에 반응하며 이것은 동물과 같은 방식으로 세상에 대해서 배운다는 것을 실험을 통해 설명하고 있다.

파블로프

행동적 접근방법의 출발은 러시아 생리학자 파블로프(I. Pavlov, 1849~1936)가 개를 대상으로 타액 분비를 실험한 것이다. 그는 개가 종소리만 들어도 타액을 분비한다는 조건 반사를 발견하여 보고하였다. 이 때 종소리라는 자극을 조건 자극이라 하고 타액 분비라는 반응을 조건 반응이라 한다. 이와 같이 자극과 반응이 연결되는 것을 조건화(conditioning)라 하는데 다음에 언급하는 조건화에 비해 이는 초기에 이루어진 것으로 고전적 조건화라 한다. 이러한 고전적 조건화의 원리를 미국의 왓슨(J. B. Watson, 1878~1958)이 행동주의라 명명하고 유기체의 학습현상을 설명하는데 적용한 뒤로 각 분야에 많은 영향을 주었다.

조작 또는 작동(operant)은 유기체가 능동적으로 환경에 대해 어떤 행동, 즉 반응을 가하는 것을 말한다. 조작적 조건화는 이와 같이 유기체가 먼저 어떤 행동을 하면 이를 강화(reinforcement)하여 그러한 행동의 빈도가 높아지도록 하는 것을 말한다. 이때 강화는 환경 속의 자극의 역할을 한다. 따라서 조작적 조건화에서는 특히 강화의 역할이 중요하다고 할 수 있다. 강화에는 정적 강화와 부적 강화가 있는데, 전자는 어떤 자극이나 결과를 제공함으로써 그 자극을 받은 행동의 빈도와 강도가 늘어나는 것을 말하며, 후자는 어떤 행동의 발생을 억제하거나 감소시켰던 자극이나 결과를 제거해 줌으로써 그 행동의 발생인 형성을 촉진시키는 것을 말한다.

스키너

고전적 조건화에서는 자극이 반응을 유도해 내고 이 반응은 수동적인데 비해 조작적 조건화에서는 능동적 반응이 먼저 나오고 이것이 환경 속의 자극과 연합이 된다고 본다. 이러한 조작적 조건화는 스키너(B. F. Skinner, 1904~1990)에 의해 체계화되었다. 그는 이러한 원리를 유기체의 학습 현상을 설명하는 데 널리 활용하였는데 특히 교육계에 그가 미친 영향은 매우 크다.

행동주의에서는 모든 행동은 학습된 것으로 바람직한 적응 행동뿐 아니라 바람직하지 않은 부적응 행동 또한 학습의 결과라는 것이다. 그래서 조건화의 원리를 이용해서 보상, 벌, 강화 등을 통해 아동의 바람직한 행동을 형성시키고 부적응 행동은 수정시킬 수 있다.

최근까지 행동주의는 전세계의 교육계에서 가장 강력한 영향력을 발휘하였다. 행동주의를 이용한 대표적인 것에는 아주 간단한 쉬운 내용부터 점진적으로 학습해 나가 결국에는 목표에 도달하도록 되어 있는 프로그램 학습자료, 이를 기계장치 속에 넣어 두고 학생 스스로 작동해 가면서 공부하도록 되어 있는 교수기계, 그리고 문제 행동을 없애고 바람직한 행동으로 대치하는 행동수정기법 등이 있다. 대표적으로 손다이크의 시행착오법 학습이론, 파블로프의 조건반사 이론, 스키너의 작동적 조건형성 이론, 광의의 행동주의 이론이라고 할 수 있는 반두라(Bandura)의 관찰학습이론 등이 있다(권정숙 외, 2008). 그 외에도 많은 교육방법이나 수업 모형이 행동주의의 영향을 받았다.

2. 정신분석학적 접근방법

프로이드

정신분석적 접근방법(Freudianism)은 프로이드(S. Freud, 1856~1939)의 인간의 정신세계의 구조와 작용에 관한 이론과 인간의 심층심리의 이해에 초점을 두고 있다. 그에 의하면 인간의 정신은 빙산의 수면 위에 뜬 부분에 해당하는 10%의 의식의 세계와 물 속에 잠긴 부분에 해당하는 90%의 무의식의 세계로 구성되어 있어서 인간의 대부분의 행동은 무의식 세계의 지배를 받으며, 이 무의식 세계에 초점을 두었다. 이 무의식을 과거의 억압된 감정이 형성하고 있으므로 인간행동을 이해하기 위해서는 무의식 세계를 통해 연구 가능하며 완전히 분석할 수 있다고 주장한다.

프로이드는 무의식에 있는 두 가지 본능이 인간의 행동의 동기로서 중요한 역할을 한다고 보았다. 인간의 본능에는 삶의 본능과 죽음의 본능이 있다. 삶의 본능은 우리에게 성 에너지, 즉 리비도(libido)를 주고 죽음의 본능은 우리의 공격성이나 파괴성의 원인이 된다. 인간행동은 대부분 이 두 가지 본능의 상호작용의 결과인데 그 결과가 꿈, 헛소리, 신경증적 증후, 문학 및 예술작품 등에 나타나므로 인간의 심층심리의 이해를 위해서는 그러한 것들을 분석해야 한다고 했다.

프로이드는 인간의 성격의 구조가 본능(id), 자아(ego), 초자아(superego)로 구성되어 있다고 보았고, 또한 인간의 성심리가 발달할 때 구강기, 항문기, 남근기, 잠복기, 성기기의 다섯 단계를 거친다고 설명하고 있다. 또 그는 인간이 자신의 자아가 위협을 받을 때 취하는 여러 가지 조처를 자아 방어기제(defence mechanism)라고 하여 발표했는데, 예를 들면 보상, 동일시, 합리화, 투사, 승화 등이 이에 해당된다.

인간의 성격은 유아기의 발달과정에서 결정된다고 보았던 프로이드의 이론이 알려진 뒤로 조기교육의 중요성이 강조되고 그 방법에 많은 변화가 일어났다. 또한 이 접근방법에 따르면 효과적인 학습은 아동의 에너지와 욕구가 적절하게 수용되었을 때만 일어나므로 아동의 욕구를 충족시켜 주는 것이 교육에 있어서 중요한 관심사이다. 교사와 학생 사이에도 전이가 일어나므로 교사와 학생 사이의 인간관계가 대단히 중요하다. 그리고 교사는 부모의 대리인과 같은 역할을 하므로 성숙한 인격의 소유자로서 아동을 사랑으로서 다루어야 하며 아동을 처벌, 비판하기보다는 용기를 북돋아 주는 태도가 올바른 교육방법이라고 본다.

3. 인지주의적 접근방법

베르트하이머

인지(cognition)란 머리에서 일어나는 일련의 지적 과정이다. 초기의 인지이론은 베르트하이머(M. Wertheimer)의 형태심리학의 학습이론에서 출발한다. 쾰러(W. Köhler)의 통찰이론과 레빈(K. Lewin)의 장이론이

톨만

여기에 속한다. 그 후에 톨만(E. C. Tolman)은 기호형태설을 제시하여 인지론적인 학습법칙을 제시하였다. 이후 인지론은 정보처리이론으로 발전하였다. 인지적 접근방법은 인간을 일종의 정보처리체계로 보는 입장으로 결과보다는 과정에 더 관심을 둔다. 인간은 주어진 자극을 단순히 수동적으로 지각하지 않으며, 오히려 능동적으로 처리하고 변형시킨다는 것이다. 따라서 인지적 접근방법은 행동주의와는 달리 우리 눈으로 직접 관찰 가능하지는 않지만 우리 두뇌 속에서 벌어지는 외부 감각적 자극의 변형, 기호화 또는 부호화(encoding), 파지(retention), 재생 또는 인출(recall)이라는 일련의 정보처리과정을 연구한다. 정보처리 과정은 감각등록 장치, 단기기억 장치, 장기기억 장치로 구성된다고 본다.

인지적 접근방법에서는 행동적 접근방법이 방법론적 약점 때문에 인간의 심리 연구에 핵심적인 두뇌 연구를 간과하였다고 비판하였고, 그들은 인간의 두뇌의 작용도 직접 관찰하지는 않더라도 얼마든지 객관적 · 과학적 연구가 가능하다고 하였다. 그래서 그들은 심리학의 연구대상의 초점을 다시 행동에서 마음으로 바꾸어 놓은 셈이다.

피아제

현대의 인지적 접근방법에는 크게 인지발달론과 정보처리론이 있다. 인지발달론은 인간의 지적 발달이 어떠한 단계를 거쳐 이루어지는가를 연구한다. 이러한 측면의 연구자인 피아제(J. Piaget, 1896~1980)는 인간의 인지를 생물학적 적응의 한 형태로 보고 인간은 유전에 의해 아주 기본적인 것만을 가지고 태어나지만 일정한 단계를 거쳐 발달하는데 그 단계의 순서는 절대로 바뀌지 않는다고 주장하였다.

어린이의 사고나 행동은 환경과 상호작용하는 가운데 연령이 증가함에 따라 자기가 갖고 있는 사고방식을 변형시키거나 재구성 또는 재해석하는 질적 변화를 가져온다고 보았다.

컴퓨터의 영향을 받은 정보처리론은 인간의 인지를 정보처리 과정으로 보고 객관적 · 과학적으로 연구한다. 정보처리론은 인간의 지각, 기억, 상상, 문제해결, 사고 등 인지의 가설적 과정을 설정하고 연구한다. 특히 지식의 획득과정에 관심이 많기 때문에 교육적 시사점이 크므로 최근 각국에서는 사고력을 개발하는데 관심을 갖고 있다.

이 접근방법은 특히 인간의 학습이나 기억현상을 연구하는 데 많은 시사점을 주어 교육심리학자들의 관심을 끌어 왔다. 피아제의 이론은 특히 구 소련의 인공위성 발사와 1960년대 미국 교육이 위기에 처했을 때 브루너(J. Bruner), 콜버그(L. Kohlberg), 플라벨(J. Flavell) 등에 의해 미국에 소개된 뒤로 미국 교육에 많은 영향을 주었다. 피아제의 인지발달론에 따라 유아들의 지적 발달을 도모하는 프로그램이 대단히 많이 개발되었다.

정보처리론은 1980년대 이후 교육계의 관심이 사고력 교육으로 흐르게 되자 많은 영향을 주게 되었다. 사고력 교육은 초기에는 일반적 문제해결력 육성 차원에서 이루어졌으나 그 효과가 별로 없음을 발견하고 최근에는 교과영역별 지식교육을 통한 사고력 육성으로 방향을 돌리게 되었다.

4. 인본주의적 접근방법

인간의 인간다운 측면을 강조하는 입장에서 인간 행동을 이해하려는 입장이 인본주의적 접근방법이다. 인간은 자신의 의지로 자기의 삶을 이끌어 갈 수 있는 자기실현적 존재라는 점이 동물과 다른 특징이라는 것이다. 인본주의 심리학자들은 행동주의 심리학과 정신분석의 문제점을 비판하면서 새로운 접근방식을 발전시켰다. 그들은 학습자의 행동을 관찰자가 아니라 행동자의 관심으로 이해하려고 하였다. 그들은 학습에 있어서 학생의 감정과 관심을 학습자료의 조직과 제시와 함께 동일한 비중을 두고 있다.

후설

이 접근방법은 후설(E. Husserl, 1859~1938)의 현상학(phenomenology)의 영향을 강하게 받았기 때문에 현상학적 심리학 또는 인본주의 심리학

매슬로우

이라고도 한다. 또한 그 당시 정신분석학이나 행동주의에 대항하여 매슬로우(A. H. Maslow, 1908~1970)에 의해 제 3세력의 심리학이라 불리며 형성된 이 집단은 신프로이트학파, 형태 심리학파, 유기체 심리학파, 지각주의 및 실존주의의 심리학파들을 망라한 것이라고 할 수 있다. 이러한 접근방법을 택한 심리학자는 인간에 대한 개성기술적 연구를 강조한 올포트(G. W. Allport, 1897~1967), 인간의 동기를 위계화하고 자아실현 욕구를 강조한 욕구위계이론의 매슬로우, 내담자 중심의 비지시적 상담이나 학생중심의 교육을 강조한 로저스(C. Rogers, 1902~1987) 등을 들 수 있다. 이들은 모두 각 개인은 나름대로의 꿈과 잠재력과 이상과 소중한 자아를 가지고 있으므로 이를 실현시켜 주는 방향으로 교육이 나아가야 한다고 본다.

인간적 접근방법은 인간이란 누구나 평등한 존재라고 가정한다. 따라서 학교에서는 여러 가지 이유로 부당하게 소외시킬 수가 없다. 또한 인간은 저마다 소중한 자아를 가지고 있고 이를 실현시킬 권리가 있으며 자신의 자유의지에 따라 주체적으로 행동하고 잠재력을 개발할 수 있는데 학교는 이러한 일을 도와야 한다.

인간적 접근방법에서는 또 인간의 감정을 소중하게 여긴다. 자신의 감정뿐 아니라 남의 감정에도 민감해지도록 하고 그 결과 지적으로 뿐만 아니라 정서적 · 행동적으로도 성숙한 전인 또는 자아실현인으로 학생들이 자라도록 교육해야 한다고 본다. 그러기 위해서는 학생의 지적 호기심을 최대한 존중하는 학생중심의 교육을 해야 한다. 인본주의 교육자들은 학습자 중심적이고 교수-학습의 발견적 방법을 지향하는 상황을 더 바란다. 그들은 인간에게 있어서 과거보다 미래가 더 중요하고, 인간적인 특유한 자질과 능력을 강조하고 의식현상을 중요시하며 개인의 자유의지가 행동을 작용한다고 본다. 또한 교수방법보다는 학생들과 학습과정에 있어서 조력자들로서의 그들의 역할과 인간적 관계에 더 관심을 둔다. 그리고 성장 가능성을 지닌 존재, 자아실현을 갈망하는 존재이므로 교육을 통해 도움을 주어야 한다고 보았다.

제2절 인간발달과 교육

1. 인간발달의 의미와 원리

1) 인간발달의 의미

교육학은 인간을 대상으로 하는 학문으로 인간을 인간답게 성장시키고 발달하도록 돕는 것이 교육이다. 그러므로 교사는 인간의 성장 · 발달에 대해 정확한 지식을 갖고 성장 가능성에 대한 확고한 신념을 갖고 교육을 해야 한다.

한 개체가 수정되는 순간부터 죽음에 이르기까지 끊임없이 변화되는 과정을 발달이라 한다. 발달이라 하면 크기의 변화와 기능에 있어 미숙하고 낮은 수준에서 원활하고 높은 수준으로 이행되어 나가는 과정을 의미한다. 그러나 발달심리학에서 발달이란 개념은 단순히 이러한 양적 가운데 기능적 변화만을 의미하는 것이 아니라, 신체적 · 심리적 측면에 있어서 구조적 변화를 가져오는 질적 변화도 포함하므로 성장과 성숙이 모두 포함된다고 할 수 있다. 성장(growith)이란 외부의 자극이 없어도 자연히 일어나는 것이며 비교적 외부 환경의 영향을 적게 받는 양적인 변화를 말하며, 성숙(maturation)이란 학습과 관련없이 생득적으로 얻어지는 질적인 변화를 말한다.

발달에 관한 개념 정의는 학자에 따라 다양하다. 워렌(Warren)은 '개체가 발생해서 성숙으로 이행할 때 생기는 구조와 형태의 변화'라고 하였으며, 크로우(Crow)는 '발달은 환경의 영향 또는 학습에 의해 일어나는 변화'라고 하였다. 허록(Hurlock)은 '정신과 신체의 변화'라 하였고, 맥그로우(McGrow)는 '유기체 내에 있는 힘과 환경 속에 있는 힘이 끊임없이 변전하고 교류한 결과에 의하여 산출되는 과정'이라 규정하였다. 코프카는 '유기체와 그 기관이 양에 있어서 증대되고, 구조에 있어서 정밀화되며 기능에 있어서 유능화되는 것'이라 정의

하였다.

이러한 개념들을 종합해 보면 발달이란 '진보적인 변화과정'이라고 할 수 있다.

종래에는 발달이란 용어가 좁은 의미로 사용되어 수태에서 아동기 내지 청년기에 이르는 상승적 변화만을 의미했으나, 근래에는 사망에 이르기까지의 전 생애에 걸친 변화를 의미한다. 그리고 발달은 경험 및 학습 또는 훈련과 같은 외적 작용에 의한 연령적 변화와 함께 유전인자에 의한 내적 작용에 의한 생리적 변화를 모두 포함한다. 이 두 형태의 변화가 함께 이루어지면서 유기체가 새로운 여러 가지 자극과 생활에 보다 효율적으로 대처해 나갈 수 있게끔 분화와 통합이 교호적으로 야기되는 과정이 곧 발달인 것이다.

2) 인간발달의 원리

인간은 소질과 변화하는 환경과 상호작용하면서 발달하는데, 학습에 의한 발달은 운동능력, 지능, 언어, 사고 등의 변화를 의미하며, 이 변화들은 소질에 의해 개인차가 나타나지만 생활조건과 학습 등에 의해 크게 일어날 수 있는 영역이다. 인간의 발달에 적용되는 일반적 원리들을 살펴보면 다음과 같다(최철용 외, 2009).

첫째, 인간발달은 유전과 환경(성숙과 학습)의 상호작용 결과이다. 각자 동일한 성장단계를 밟아가지만 자연적 성장의 결과와 후천적인 학습의 상호작용을 통해 이루어진다.

둘째, 발달에는 일정한 순서와 방향성을 지닌다. 내부가 먼저 발달하고 그 다음 외부가 발달하며, 위쪽에서 아래쪽으로, 전체적 반응에서 미세한 반응으로 발달한다. 신체 및 운동기능, 언어나 지적인 발달도 그러한 원리가 적용된다.

셋째, 발달에는 개인차가 있다. 발달에는 일반적이고 보편적인 순서가 있지만 유전과 환경의 조건도 다르고 상호작용에 따라 정도와 속도에 있어서 개인차가 있다.

넷째, 발달은 계속적이고 점진적이나 속도는 일정하지 않다. 발달은 일련의 연속선상에서 양적, 질적으로 서서히 점진적으로 변화하지만 속도는 일정하지 않다. 언어와 어휘는 유아기에 급격히 증가하며, 신체적 발달은 유아기와 사춘기에 급격히 자란다.

다섯째, 발달은 나이가 들수록 예측이 어렵다. 발달은 어렸을 때에는 자연적 성숙에 주로 의존하지만, 나이가 들수록 사회의 많은 사람들과 상호작용을 하면서 감정, 태도, 가치관 등이 복잡해지고 다양해지므로 발달의 경향과 행동의 예측이 어려워진다. 이때가 되면 유전적 요인의 영향은 감소된다.

여섯째, 발달에서는 초기단계가 중요하다. 태어나서 아동기까지는 비교적 발달 속도가 급속도로 이루어진다.

일곱째, 발달에는 주기성과 특정한 행동이 나타나는 결정적 시기(critical period)가 있다. 특정한 시기에 어떤 기관이나 기능의 발달이 급격히 진행되는 시기가 있어서 불규칙성을 보이는데, 이러한 시기에 정상적인 발달에 장애를 받으면 영구적인 결함을 갖게 된다. 이 시기에는 환경적 · 문화적 조건들을 풍부하게 만들어 주는 것이 필요하다.

여덟째, 발달의 각 측면은 상호간에 유기적인 관계가 있다. 개인의 신체적 · 지적 · 사회적 · 정서적 · 도덕적 영역의 발달은 한 영역에서 장애가 나타나면 다른 영역에도 영향을 미치게 된다. 신체 발달은 지적 발달이나 도덕성 발달에 관련되어 있고, 정서 발달은 사회성 발달이나 성격 발달에 관련되어 있다.

2. 발달 이론

인간의 발달은 학습의 상호작용의 결과라 볼 수 있다. 발달원리에 따르면 환경의 영향을 받는 결정적 시기가 있으므로 아동의 초기 경험은 중요한 영향을 주므로 배워야 할 적당한 시기를 놓치게 되면 문화실조 현상이 나타날 수 있다.

발달과업이란 각 시기에 획득하여야 할 행동 형태, 즉 이것을 획득하면 그 시기에 잘 적응할 수 있고 획득하지 못하면 적응이 잘 안 되어 다음 시기의 행동발달에까지 지장을 가져오게 되는 행동 형태를 말한다. 이 발달과업은 문화, 계층, 지위, 직업에 따라서 크게 차이가 있다. 그리고 사회에서 생활해 나갈 때 적절한 적응행동으로 살아 나가려면 반드시 지켜야 할 과업이며 교육 목표로서도 중요성을 가진다.

인간발달은 수정의 순간부터 죽음에 이르기까지의 전 과정을 몇 개의 단계별로 구분하여 그 단계마다 성질과 특성을 종적(시간적)으로 연구하는 하나의 방법론적인 문제로 양적 변화와 질적 변화이기도 하다는 점에서 학자들은 다음과 같이 한 개체의 성장 · 발달을 몇몇 단계로 나누어 설명하고 있다.

1) 프로이드의 정신분석학적 성격발달론

정신분석학에서의 인간관은 비관적이고 결정론적이며 환원적이다. 프로이드는 인간의 행동은 무의식적 동기와 생물학적 욕구와 충동, 그리고 생후 5년간의 경험에 의해 결정된다고 보았다. 그러나 신정신분석학파 학자들인 융(Jung), 아들러(Adler), 랭크(Rank)와 이들의 동조자인 설리번(Sullivan), 호네이(Horney), 프롬(Fromm) 등은 프로이드의 생물학적 · 결정론적인 입장에 반대하고, 인간의 행동에는 사회적 · 문화적 · 대인관계적 요인들도 포함되어 있음을 강조하고 있다.

프로이드는 성격의 구조를 id(본능, 원초아), ego(자아), super ego(초자아)로 구성되어 있다고 본다.

'id'는 심리적 에너지의 원천이자 본능이 자리잡고 있는 곳으로 쾌락원칙(pleasure principle)에 따라 본능적 욕구를 충족시키기 위하여 선천적으로 지닌

원시적이고 동물적인 욕망이 인간의 삶을 지배하고 있는 기본 원리를 말하며 이 과정은 무의식적으로 이루어진다.

'ego'는 id의 본능과 외부 현실 세계를 중재하고 통제하는 역할을 하는데 현실원칙(reality principle)의 지배를 받아서 현실적이고 논리적인 사고를 하며 환경에 적응한다. id가 맹목적으로 욕구의 충족을 꾀하는데 비해 ego는 현실의 요구를 조절하고 욕망의 만족을 지연할 수 있는 현실을 구별할 줄 아는 현실검증(reality testing)의 능력을 지니고 있다.

'super ego'는 쾌락보다 완전을 추구하고 현실적인 것보다 이상적인 것을 추구하는데 여기에는 부모로부터 전해 내려오는 전통적 가치관과 사회적 이상이 교육 과정에서 습득되고 형성되는 것으로 도덕에 위배되는 id의 충동을 억제하며 ego의 현실적 목표를 도덕적이며 이상적인 목표로 유도하려고 한다. super ego가 약해지면 도덕성이 결여되지만 지나치게 강하면 우울과 불안을 느끼며 완고하거나 성격장애가 생길 수 있다. 그러므로 위의 세 체계가 조화를 잘 이루어 갈등이 야기되지 않도록 해야 원만한 사회생활을 할 수 있다.

정신분석학에서는 인간의 발달단계에서 생의 초기인 유아기와 아동기를 매우 중요시하고 있는데 프로이드는 인간의 발달단계를 다음과 같이 5 단계로 나누어 설명하고 있다.

표 4-1

프로이드의 성격발달 단계론

명칭, 시기	성격상 · 행동상 특징
1단계 : 구강기 (oral stage) 0~1세	쾌감이 구강에 있으며 빨기, 물기, 삼키기 등 주로 자신의 의지가 아닌 어머니에 의해 성적 쾌감을 얻게 된다. 충족되지 못하면 고착되는 성격으로 과음, 과식, 수다, 손가락 빨기, 손톱 깨물기, 적대감, 냉소적, 비관적, 공격적 등의 현상이 나타날 수 있다.

명칭, 시기	성격상 · 행동상 특징
2단계 : 항문기 (anal stage) 1~3세	쾌감이 항문에 모아지며, 유아는 배변훈련을 통해 항문근육의 자극을 경험하고 쾌감을 얻는다. 배변훈련을 받을 때 조급하거나 억압적으로 시키면 성인이 되어서도 항문기 고착현상이 나타난다. 결벽증, 인색함, 완고함, 적대적, 파괴적, 융통성 없는 성격으로 나타날 수도 있다. 반대로 배변훈련을 통해 쾌락과 욕구가 충족되면 창의적이고, 생산적인 성격이 된다.
3단계 : 남근기 (phallic phase) 3~5세	쾌감이 성기에 있으며 유아는 남녀의 신체 차이나 아기의 출생이나 부모의 성역할 등에 관심을 갖는다. 남근기에 고착된 남성들은 경솔하고, 과장이 심하며, 야심적이다. 초자아가 발달하는 시기이다. 남아는 Oedipus complex에 빠져 어머니를 성적 애착의 대상으로 생각하고 아버지를 미워하는 두려움이 나타난다. 여아는 남근선망 등 열등감과 좌절감을 겪고 아버지를 성적 애착 대상으로 생각하고 어머니를 적대시하는 Electra complex에 빠진다.
4단계 : 잠복기 (latent period) 5~12세	성적 욕구가 억압되어 심리적으로 평온한 시기로 도덕성과 양심이 형성되며, 개별의식, 사회의식이 생기며 지적 호기심이 강한 시기이다. 동성애 및 우정의 형성 등 또래관계가 긴밀해진다. 자아와 초자아가 확고한 형태를 갖추게 된다.
5단계 : 성기기 (genital phase) 12세 이후	사춘기에 접어들면서 급속한 성적 성숙에 의해 이성에 대한 성애의 욕구가 본격화되며 진정한 이성적 대상을 찾아 만족을 얻고자 하는 시기이다. 부모로부터 독립하려는 욕구가 생기며 종족 본능의 욕구가 왕성해진다. 제2의 Oedipus complex를 느끼게 되며 Libido가 성기에 집중되는 시기이다.

2) 에릭슨의 사회성 발달이론

에릭슨(E. H. Erikson, 1902~1994)은 인간의 성장 발달을 개인적 욕구 및 요구 사이의 상호작용의 산물로 보았다. 그는 프로이드의 전통을 이어받아 발달에 주요한 역할을 하는 정신 기능에 따라 다음과 같이 8단계로 구분하고 있다.

표 4-2

에릭슨의 사회성 발달이론

명칭, 시기	성격상 · 행동상 특징
1단계 신임 대 불신임 (출생 후~1년)	출생과 동시에 유아가 어머니의 유방에 의하여 최초로 갖게 되는 타인과의 입술을 통한 접촉이 곧 신임과 불신임으로 양분된다. 부모나 주위 세계에 일관성 있는 지지를 받으면 신뢰감을 얻을 수 있지만, 신임에 실패한 유아는 성장 후에 정신분열적 성격이나 편집병환자로 되기 쉽다. 한편 자신과 타인에 대한 기본적인 불신감이 생겨난다.
2단계 자율성 대 수치와 의심 (2~3세)	부모나 주위의 분별력 있는 도움과 격려는 자율성을 키우게 되지만, 과잉보호나 부적절한 도움은 자신의 능력을 의심하게 한다. 성격상으로 굳어지면 강박관념이나 피해망상으로 나타나지만, 부모가 유아의 자발적인 행동을 칭찬하거나 신뢰를 표현하여 용기를 주면 유아들은 자신감을 갖게 된다.
3단계 선도성 대 죄책감 (4세~취학 이전)	성기에 대한 인식이 생겨나며, 활동이 유목적적으로 되면서 기대와 책임감을 어느 정도 느끼게 된다. 주변을 탐색할 수 있는 기회와 자유는 어린이의 주도성을 발달시키지만, 그렇지 않으면 자신의 행동에 죄책감을 갖게 되며, 외부 주시에 대한 불안감을 갖게 된다. 이 경우 과잉보상행위나 히스테리로 이상성격이 형성될 우려도 있게 된다.
4단계 근면성 대 열등감 (6세~11세)	무엇인가를 성취하도록 기회를 가지게 되면, 그 결과 근면성을 가지게 되지만, 비난이나 좌절감을 경험하면 열등감, 위축감을 가지게 된다.
5단계 주체성 대 역할 혼미 (12세~20세)	정서적 안정과 좋은 성역할 모델이 있으면, 자신에 대한 통찰과 자아정체감을 가지게 되지만, 그렇지 않으면 직업 선택이나 성역할 등에 혼란을 가져오고 인생관과 가치관 확립에 심한 갈등을 겪게 된다.
6단계 친화 대 소외감(20세~40세까지)	부모, 배우자, 동료 등과 대인관계와 이성교제가 원만한 경우는 친근감을 가지게 되지만, 그렇지 못하면 타인에 대한 두려움과 소외감을 느낀다. 이 단계의 특성으로 자아 대 사회성원 간의 적응과 부적응이다.
7단계 생성감과 침체감 (25세~65세)	자녀를 낳고 그들을 지도하며 양육하는 데서 자기에 대한 하나의 성취감 내지는 생성의 보람을 갖게 되며 자기 몰두에 빠져서 생의 의욕을 찾는다. 그렇지 못한 경우엔 생의 의욕을 잃고 자아개념이 사라져 침체 속에서 강박관념과 반발심이 일게 된다.

명칭, 시기	성격상 · 행동상 특징
8단계 자아통일 대 절망 (65세 이후)	노년기에는 신체적인 노쇠, 은퇴, 친한 친구나 배우자의 죽음 등으로 인하여 무력감에 빠지기 쉽다. 자기 인생이 성공적이고 만족한다면 생의 유한성도 수용하지만, 그렇지 않으면 공허함과 초조함을 느끼면 절망감에 빠진다.

3) 피아제의 인지발달 단계론

피아제는 지적 능력이란 인간이 주어진 환경에서 상호작용하여 적절히 적응할 수 있는 능력이라 하였다. 피아제는 지식이 어떻게 발생하는지에 대한 문제에 관심을 가지고 지식이 획득되어지는 과정을 분석하여 인간의 인지발달을 규명하고자 하였다. 이러한 지적 능력의 배경에는 동화(assimilation)와 조절(accommodation)에 의해서 도식이 변화하고 정교해짐으로써 외부와 환경에 적응하는 과정을 놓고 인지구조를 적절하게 변경시켜 재구성한다고 보았다. 그는 인간의 인지발달 단계를 트게 4단계로 구분하였다.

표 4-3

피아제의 인지발달 단계론

명칭, 시기	성격상 · 행동상 특징
감각운동기 (sensory–motor stage) 0~2세	자신과 주위의 세계를 잘 구별 못하는 시기로 주된 인지활동은 반사행동이며, 아직 감각과 동작에 의한 학습을 하는 시기이므로, 반복적인 접촉을 통해 스스로 알아나간다. 이 시기가 끝날 때쯤에는 자아개념이 나타나고 내면화된 감각운동 스키마에 의해서 세계를 상징적으로 조작할 수 있는 능력을 가지게 된다. 또한 이 때 나타나는 가장 중요한 개념이 외부대상물에 대한 대상영속성(object permanence)이다.
전조작기 (pre–operational stage)	언어발달이 급속하게 이뤄지는 시기로 상징적 사고의 발달, 개념 획득 능력이 있어서 빠르게 성장한다. 이 시기는 자기중심성(ego-centrism), 직관적 사고, 물활론적(animism) 사고, 꿈의 실재론(realism), 행동의

명칭, 시기	성격상 · 행동상 특징
2~7세	결과 부모나 주위 어른들에게 승인받고 칭찬받으면 옳은 일, 거부당하고 꾸중받으면 나쁜 일로 생각하는 도덕적 실재론 등이 있다.
구체적 조작기 (concrete operational stage) 7~12세	이 시기는 보존개념들을 이해하게 되고 다른 논리적 조작도 하기 시작한다. 일련의 연속된 행위를 마음 속에 표상할 수 있으며 물체를 높이나 무게에 따라 순서대로 나열할 수도 있다. 조작적 사고의 특징은 점차 사라지고 보다 어른스러운 사고를 하기 시작한다. 그러나 대상에 대해 구체적 조작에 의해서만 사고가 가능하고 구체적 대상이 없는 추상적 사고는 아직도 미숙하다.
형식적 조작기 (formal operational stage) 12세 이상	이 시기에 어린이는 비로소 상징적 용어로 추론할 수 있게 된다. 어떤 실험을 위하여 가설을 설정하고 그 설정된 가설에 따라 검증하며 추상적인 개념을 사용하여 한 상황으로부터 다른 상황으로 일반화하고 비판적, 논리적인 사고가 가능해진다.

3. 학습자의 특성

1) 지능(intelligence)

미국의 교육심리학자 터만(L. M. Terman, 1877~1956)이 1916년 Stanford-Binet 지능검사를 만들고 IQ(Intelligence Quotient)라는 개념을 사용한 이후 IQ는 미국을 비롯한 전세계 문화권에서 인간의 지적 능력을 객관적으로 파악하는 방법으로 권좌를 차지해 왔다. 지능지수(IQ)는 인간의 학문적 능력, 즉 논리적 · 수학적 능력과 언어능력, 추리능력, 지각속도, 공간적 사고, 기억요인, 언어의 유창성 등으로 포함하는 기본정신 능력을 지능으로 보아 왔다(Terman).

지능은 학습자의 인지적 특성을 결정짓는 가장 중요한 요인으로 문제해결 및 인지적 반응을 나타내는 개체의 총체적 능력을 말한다. 지능은 환경 속의 여러 사상을 지각하고 인지하며 거기에 내포된 문제를 해결하는 일반적 능력을 말하는데, 명석함, 새로운 환경에 적응하는 능력, 사물을 이해하는 능력,

문제해결 능력, 추상적 사고 능력, 경험을 통하여 학습하는 능력 등을 모두 포함한다(이성진, 1996).

여러 심리학자들의 지능에 대한 정의를 제시해 보면 다음과 같다.

비네(A. Binet, 1857~1911)는 지능을 '일정한 방향을 설정 · 유지하는 경향성, 소망하는 결과를 성취할 목적으로 순응하는 역량, 그리고 자기 비판의 힘'이라고 보았다. 터만은 지능을 '추상적인 사고를 하는 능력'이라 하였고, 웩슬러(D. Wechsler, 1896~1981)는 '유목적적으로 행동하고, 합리적으로 사고하여 환경을 효과적으로 다루는 개인의 종합적 능력'이라고 정의하고 있다.

'지능이 어떤 요소로 구성되어 있는가?' 지능의 요인에 대한 이론은 지능이 유전적으로 규정되어 있다는 유전론적 입장과 환경조건에 의해 규정되어 있다고 보는 환경설과 그 중간의 입장을 취하는 입장으로 나누어진다. 학자들의 지능이론에 대한 주장은 스피어만(C. E. Spearman, 1985, 1986)의 2요인설, 손다이크(E. L. Thorndike, 1874~1949)의 다요인설, 길포드(J. P. Guilford)의 3차원적 지능구조설, 가드너(H. Gardner, 1983)의 다중지능이론, 스턴버그(Sternberg)의 삼원지능이론 등 각가 다르게 규정하고 있다.

미국에서 1921년에 〈Journal of Psychology〉의 편집장이 14명의 지능전문가에게 지능의 특성을 물어 보았는데(Sternberg, 1985) 이들이 내린 지능의 정의를 종합해 보면 지능에는 다음과 같은 내용들이 포함되어 있었다.

① 사실에 근거하여 올바른 반응을 하는 능력
② 추상적 사고를 할 수 있는 능력
③ 환경에 적응하는 것을 학습할 수 있는 능력
④ 새로운 사태를 해결하는 능력
⑤ 새로운 지식을 습득하는 능력과 이미 소유한 지식을 재생산하는 능력
⑥ 경험으로부터 유익한 것을 학습하는 능력 등이다.

이와 같이 종합된 정의를 중심으로 요약하면, 지능은 지식획득 능력, 새로운 사태에 적응하는 능력, 창조력 등으로 정의할 수 있다.

2) 창의성(Creativity)

창의성이란 라틴어의 'creo(만들다)'를 어근으로 하는 'creatio'라는 말에서 유래되었다. 창의성은 새로운 생각이나 개념을 찾아내거나 '무에서, 또는 기존의 자료에서 새로운 것을 발견하고, 특이하고 독창적인 것을 만들고 산출하는 것'으로 이에 관한 능력을 창의력, 창조력이라고 한다.

길포드(1959)는 창의성을 '새롭고 신기한 것을 낳는 힘'이라고 정의하였고, 타일러(1961)는 '생산적 사고와 창조적 사고를 표현하는 복잡한 심리적 과정으로서 인내성과 성취, 변화, 개선을 구하는 태도, 그리고 소신을 낳게 하는 정열 같은 것'이라 하였다. 루바트(Lubart, 1994)는 창의성의 개념을 '과학적 발명, 사회적 원리나 법칙, 예술 작품, 글 등 무엇인가 새롭고, 문제 상황에 적절한 것을 만들어 낼 수 있는 능력'으로 보았다. 윤종건(1994)은 창의성을 '기존의 요소들로부터 자기 자신에게 새롭고 유용한 결합을 이루어 내는 능력'이라고 정의하였다. 토렌스(Torrance, 1971)는 창의성을 '개인과 사회에 가치롭고 참신한 산물, 기존 아이디어의 수정 또는 거부를 요구하는 비판 습성, 강한 동기와 비싼 지적 에너지의 사용 등으로 특정 지어지며, 최초에는 막연하고 혼란스러운 문제 때문에 야기되는 특별한 문제해결 방식'이라고 정의하였다.

이러한 여러 정의에 기초해 볼 때, 창의성이란 기존의 지식, 경험, 산물에 근거하여 놀랄만한 새로운 발명이나 생산적, 독창적 사고 및 착상 등의 고차원적인 사고 능력을 포함하며, 일상생활에서 당면하는 여러 사태나 문제를 새롭고 참신한 방식으로 재생산해 나가는 과정이다.

이 정의에서 핵심 요소인 '새로움'이란 창의적 사고의 가장 궁극적인 목표이면서 결정적 특성이다. 특정한 사고 과정이 아무리 고상하고 신기하다고 해도 새로움이 없으면 의미가 없다.

3) 자아개념(self-concept)

오랜 시간에 걸쳐 누적된 성공과 실패의 경험은 '나는 어떤 사람인 것 같다'는 자기 자신에 대한 관점, 즉 자기 지각을 갖게 한다. 자기 지각은 각 개인의 특이성과 주관적 현실 세계를 구성하여 일상생활에서의 사고와 행동에 많은 영향을 미친다. 이와 같이 자신에 대해 가지는 생각, 감정, 태도를 의미하는 자기 지각의 총체를 자아개념이라고 한다.

로저스

로저스(Rogers, 1951)는 자아, 자아개념, 자아 구조를 동일한 개념으로 사용했다. 로저스는 자아개념이란 '개인의 의식 속으로 들어올 수 있도록 용인된 자아지각의 조직된 형태'이며, 각 개인은 이러한 자아개념을 계속 유지하고 환경적 요인이 허용하는 한 그 자아를 실현하고 신장하려는 경향이 있다고 주장하였다.

콤스는 '개인이 그의 경험을 통하여 그 자신이라고 생각하는 바'를 자아개념으로 규정하고 개인은 예외 없이 자신의 의미(meaning) 또는 준거체제(frame of reference)로서의 자아개념에 의존하여 모든 행동을 하며, 계속적으로 자아를 유지, 확장하려는 기본적인 욕구(need)가 있다고 강조하고 있다.

이러한 여러 정의 속에는 자아개념이란 '자신에 대한 지각, 신념, 태도'라는 의미가 담겨 있다. 이 중 지각과 신념은 인지적 속성이며 태도는 정의적 속성이다. 자아개념은 한 개인의 행동과 태도를 결정하며, 다른 사람과의 관계에 영향을 미친다. 자아개념은 1세 전후부터 청년기까지 계속 발달하며, 자신과 가까운 부모, 교사, 친구 등의 영향을 많이 받게 된다.

1960년대를 기점으로 자아개념과 학업 성취의 관계를 규명한 결과 자아개념은 다른 인성적, 정의적 특성 중 학업 성취에 가장 크게 영향을 미치는 주요 요인임이 알려졌다.

아동이 학교에 입학하면 학습 과제나 시험으로 자신의 능력을 평가받게 되는데 좋은 평가를 받게 되면 자신의 능력을 높게 지각하게 되지만, 반대로 시험에서 낮은 성적과 함께 주위 사람들로부터 나쁜 평가를 받게 되면 학습자는 자신의 능력을 낮게 지각한다. 자아개념은 긍정적 자아개념, 부정적 자아개념으로 나누어 살펴볼 수 있으며, 전자의 학습자에게는 긍정적인 자아개념이, 후자의 학습자에게는 부정적인 자아개념이 형성된다.

학습자의 이러한 자아개념에 가장 큰 영향을 미치는 변인은 교사의 태도이다. 패터슨(Patterson, 1996)은 이에 관하여 "교사가 학습자에 대하여 가지는 지각은 그대로 학습자 자신에 대한 지각이 되어 버린다."고 말하고 있다.

4) 불안(anxiety)

불안은 내적 · 외적으로 감당하기 힘든 자극에 의해 마음 속에서 일어나는 초조, 긴장, 두려움, 걱정 등으로 특징지어지는 정서 반응의 하나이다. 불안은 자기에게 닥칠 위험이 미래에 일어날 수 있다는 생각에 자기 안전이 깨어질 것이라는 두려운 감정으로 뚜렷하지 않은 대상에 의해 생겨나는 심리적 반응으로 구체적인 대상이 없다는 점에서 공포와 다르다. 불안 자체는 누구에게나 불쾌한 정서적 경험이기 때문에 계속되는 불안은 감내하기 힘들고 행동 상에 여러 가지 영향을 미치게 된다.

불안은 특성 불안(trait anxiety)과 상태 불안(state anxiety)으로 나누어진다. 특성 불안은 일반 불안이라고 하며 개인에게 내재되어 있는 불안을 의미한다. 특성 불안을 지니고 있는 사람들은 훨씬 넓은 범위에서 좀더 강하게 불안을 느끼게 된다. 상태 불안은 특수 불안이라고도 하며, 특수 상황에서 느끼는 불안을 의미한다. 특성 불안을 가지고 있지 않은 사람들도 어떠한 특수 상황에서 상태 불안을 경험할 수 있다. 운동은 상태 불안보다 특성 불안 감소에 더 효과적인 것으로 나타났다.

학생들의 학교생활에서 쉽게 관찰할 수 있는 불안은 시험 불안이다. 시험은 학생들에게 보람과 도전감을 주기도 하고, 현재의 자기를 평가하고 자기를 이해하는 데 도움이 되기도 하지만, 좌절과 갈등의 원인이 되기도 한다. 학생들은 자신의 능력 때문이 아니라 시험에 대한 불안으로 인하여 학습 효과나 성취 수준이 낮아지는 경우가 있다. 이처럼 평가 또는 시험과 관련된 불안을 시험 불안(test anxiety)이라고 한다. 시험 불안은 시험이라는 특수한 상황에서 불안이 생기는 것이므로 상태 불안의 일종이라 할 수 있다(이용남 외, 2000).

적절한 불안은 학업 성취에 좋은 영향을 주고 학습의 동기 유발체가 될 수 있지만, 지나치게 불안을 느끼거나 혹은 불안을 전혀 느끼지 못하는 것은 모두 학생들의 학업 성취에 부정적으로 작용한다.

5) 동기(motive)

동기란 인간을 이해하기 위한 측면으로 어떤 행동을 일으키고, 어떤 행동을 할 것인가를 마음먹고, 그 행동을 지속하게 하는 심리적 기제를 설명하는 가상적인 개념이다. 동기란 말은 라틴어의 'moveers'에서 온 것으로 '움직인다'(move)를 뜻한다. 이렇듯 동기란 움직임을 가져오는 과정으로 맹목적이 아니고 방향이 있는 것이다.

동기에 대한 학자들의 정의를 보면 콤스와 스니그(Snygg)는 '자아개념을 보존하고 향상시키기 위한 계속적인 힘'이라 했으며, 거드리(Guthrie)는 '반응의 강도를 높이는 조건'이라 정의하였다. 모르간(Morgan) 등은 '행동을 일으키는 원동력'이라 하였다. 이와 같이 동기는 행동을 유발하고, 방향을 제시하고, 유지시키고 활성화시키는 신체적, 심리적 상태이다.

동기는 '목표지향적인 행동'인데, 여기에서 행동이란 보이는 행동뿐만이 아니라 보이지 않는 기쁨, 사랑, 공포, 분노 등과 같은 정서적 상태도 포함하는 개념이다.

동기는 학습 장면에서 학습자의 학교생활의 성공과 실패에 영향을 주는 중요한 변인 중의 하나이다. 인간의 행동에 활력을 주며 행동을 결정하는 데 중요한 작용을 하며 목표 달성을 위해 효과적인 행동을 하도록 강화한다. 교육이란 학습자의 학습에 대한 동기 없이는 목적을 달성할 수 없으므로 동기유발 없이 효과적인 학습은 불가능하므로 매우 중요하다. 그러므로 교사는 학습자의 동기화 과정을 정확히 이해하고 적절한 동기 유발의 방법을 사용하는 것과 학습자 스스로가 자신의 욕구와 동기에 대한 자각을 하는 것이 필요하다. 교실에서 학생들의 학습 효과를 증진하기 위해서 계획적으로 활용할 수 있는 학습 동기유발 방법은 학습자의 요구, 흥미, 태도, 목적 등에서 이루어지는 내재적 동기와 점수, 승인, 상, 벌 등에 의하여 이루어지는 외재적 동기로 구분할 수 있다.

(1) 동기의 종류

'무엇이 우리의 행동을 이끌어 가고 활기차게 하는가?' 이런 질문에 대한 대답인 동기의 종류는 1차적 동기와 2차적 동기, 일반 동기와 특수 동기, 내재적 동기와 외재적 동기로 분류할 수 있다.

1차적 동기는 생득적 성향으로, 신체적 · 생리적 평형 상태를 유지하고, 유기체의 생명보존, 종족보존에 필요한 동기로 갈증, 수면, 휴식, 반사행동, 배설, 성욕 등이 있다. 대표적인 1차적 동기 가운데는 '성동기'와 '공격성'이 있으며, 2차적 동기인 '사회적 동기'는 1차적 동기를 제외한 후천적 학습 및 경험으로써의 동기를 가리키며, 상벌, 경쟁, 우월, 독립, 소속감, 애정, 성취감, 사회적 인정 등을 들 수 있다.

사회가 발전하고 복잡해질수록 인간행동의 동기화 과정에서 생리적인 1차적 동기보다는 학습된 2차적 동기가 더욱 중요한 역할을 한다. 환경적 요인이나 상황요인에 의해 학습된 동기, 특히 대인관계 속에서 형성되는 사회적 동기는 모두 2차적 동기의 범주에 속한다.

대표적인 2차적 동기의 예는 '권력동기'와 '성취동기'이다. 권력동기는 타인으로부터 인정을 받고 타인이나 집단을 통제하거나 그들에게 영향을 미치려는 욕구를 의미한다. 개인이 어떤 성취행동을 할 때 금전이나 명예 때문이 아니라 그 일 자체에 즐거움과 의미를 부여하는 동기에 의해 그 일을 성취하는 경우 이를 성취동기라고 부른다. 즉, 어떤 보상을 위해서가 아니라 성취를 위해서 한 영역에서 뛰어나고자 하는 사람들은 높은 성취동기가 있는 것으로 간주한다.

동기(動機)는 학습과 관련하여 '일반 동기'와 '특수 동기'로 구분할 수 있다. 학습에 대한 일반 동기란 학습 상황에서 지식의 습득, 기능의 숙달을 위해 노력하는 지속적이고 폭넓은 경향을 말한다. '지속적'이라는 뜻은, 일반 동기는 일단 형성되면 초등학교, 중등학교, 대학, 직장, 그 밖의 사회생활에까지 계속 유지된다는 것이다. 또한, '폭넓은'이라는 뜻은 일반 동기가 교육과정 전반에 영향을 준다는 것을 말한다.

이에 반해 특정 영역이나 내용의 학습에 관해서만 동기화되는 것이 특수 동기이다. 학습에 있어서의 특수 동기는 특정 과목 혹은 특정 수업시간의 학습에서만 학생들의 학습을 촉진한다. 따라서 특수 동기는 교사의 통제 범위 안에 들어 있으며 특정 전략에 의해 변화될 수 있다.

동기는 보상의 유형에 따라 내재적 동기와 외재적 동기 두 가지로 구분된다. 욕구, 흥미, 호기심, 즐거움 등 내적이고 개인적인 요인으로 이러한 요인들에 의해서 유발되는 동기를 '내재적 동기'라고 한다. 내재적 동기는 활동 그 자체가 보상으로 작용하기 때문에 그 활동을 하도록 하기 위해서 어떤 유인물이나 처벌이 필요하지 않다. 내재적으로 동기화된 사람은 주어진 과제 자체나 그것이 가져다 주는 성취감을 즐긴다. 학습과 관련하여 내재적으로 동기화된 사람은 학습활동 그 자체를 좋아하므로 아무도 학습을 강요하지 않는 상황에서도 자발적으로 학습활동에 몰두한다. 이는 활동 그 자체가 보상받는 것이므로, 외부의 별다른 보상을 필요로 하지 않는다.

외재적 동기란 외적이고 환경적인 요인, 즉 보상, 사회적 압력, 처벌 등에 의해 유발되는 동기를 말한다. 이러한 사람은 활동 그 자체에는 흥미가 없으며, 그것이 가져다 줄 보상에만 관심이 있다. 성적이나 보상, 교사나 부모의 처벌에 관심이 있다.

내재적 동기 유발이 학습에 매우 효과적이긴 하지만, 학교 학습에서는 양자의 동기가 모두 중요하다. 학습 활동의 상당 부분은 흥미나 호기심을 자극하는 등 내재적 동기를 장려함으로써 이루어질 수 있다. 그러나 문법, 3R's, 암기과목 등 많은 학습 내용이 재미와는 관계없이 수행되어야 한다. 따라서 외재적 동기 역시 무시할 수 없다.

교사는 상황, 과제의 성격 그리고 학습자의 특성에 따라서 그에 알맞는 동기 유발을 시켜야 한다. 교사는 외재적 동기가 적절한 수준에 이르렀다고 판단되면 내재적 동기를 격려하고, 촉진하는 것이 바람직하다(Brophy, 1988).

(2) 성취동기(achievement motivation)

머레이(Murray, 1948)는 인간이 지니고 있는 많은 동기를 분류하면서 성취욕구라는 특수한 동기를 포함하였다. 머레이는 인간의 행동을 결정하는 요인은 욕구와 압력의 두 가지로 요약되고 20여 개의 심리적 욕구 중에서 성취욕구는 장애물을 극복하고 권력을 행사하며 가능한 한 훌륭하고 신속히 어려운 일을 하기 위해 노력하려는 욕망, 또는 가능성이라고 정의하였다. 머레이에 의해서 처음 소개된 성취욕구는 그 후 맥크렐란드(D. McClelland)와 그의 동료들에 의해 성취동기라는 개념으로 더욱 발전하였다(정범모 외, 1969).

맥크렐란드(1961)는 머레이에 의해 착상된 동기를 "감정적 색조를 띤 연상적 망조직"이라고 정의하고 이것이 타인과의 경쟁이나 자신의 탁월성에 대한 기준과의 경쟁, 독특한 업적, 장기적인 목표에의 자아와 관여하여 감정을 유발시킬 때 이를 성취동기라고 정의하였다. 맥크렐란드, 애트킨슨(Atkinson), 클라크(Clark) 및 로웰(Lowell)은 성취동기가 행동을 일으킬 수 있는 이유는 성공적인 행동이 유쾌한 경험을 가져오기 때문이며, 개인내의 모든 동기들은 학습된 것이기 때문에 각 개인마다 서로 다른 내용의 동기들을 지니게 되고, 따라서 각 개인마다 지니고 있는 동기들이 행동에 영향을 미치는 강도도 다르다고 하였다(1993).

성격이론가들에 의하면 성취동기란 수행이 우수하다고 평가받고자 기대할 때 개인의 포부수준, 지구력 및 노력 등을 결정짓는 요인이라고 정의되므로 성취와 관련된 행동이 실생활의 여러 측면에 밀접히 관련됨을 알 수 있으며, 이는 현장 및 실험실에서 이루어진 연구들에서 높은 성취동기를 지닌 자의 수행이 높다는 연구 결과와 일치한다. 이상에서 살펴본 바와 같이 성취동기는 개인은 물론 국가의 발전을 위해서도 중요한 정의적 특성이라 할 수 있다.

일반적으로 성취동기가 높은 사람은 과업 지향적 행동, 적절한 모험성, 자신감, 정력적 · 혁신적 활동, 자기 책임감, 결과를 알고 싶어하는 성향, 미래지향성 등의 특징을 지닌 행동 특성을 보이는 사람이기 때문에 남들이 이룩하지 못한 분야에서 성공적으로 목적한 일을 무난히 달성할 수 있게 된다. 또한 성취동기가 강한 사람들은 학업성취, 업적, 명성, 재산과 같은 외적인 보상이나 성취결과에 연연해하지 않고 어려운 일을 훌륭히 성취하는 과정 자체에서 만족을 얻고자 한다. 성취인의 배경을 보면 모두가 성취동기가 강한 사람들이었음을 알 수 있을 것이다.

특히 학교교육에 있어서 교사의 열정과 교사의 온정과 감정이입, 그리고 교사의 기대는 학생들의 학업성취에 많은 영향을 미친다는 사실이 연구결과 밝혀졌다.

6) 감성지능

요즈음 학교나 사회에서 임의적으로 평가하기를 학생들의 좋은 성적과 높은 지능(IQ)을 가진 사람이 결코 인생에서의 성공을 보장하지 않는다는 학설이 점차 보편화되면서 그 원인을 규명하려는 학자들의 논의가 활발해지고 있다.

학교에서의 우등생이 어떻게 사회에서는 열등생이나 낙오자가 되는지 또는 낙제생으로 유명한 아인슈타인(Einstein)이 어떻게 위대한 과학자로서 상대성 이론을 발견하고 노벨상 수상자가 될 수 있으며, 배우 출신의 레이건(Reagan)이 어떻게 하여 미국의 대통령이 될 수 있었는지에 대한 불가사의한 원인을 규명하려는 연구가 심리학자들 사이에 이루어지고 있다.

이와 같은 연구결과의 하나가 바로 감성지능(Emotional Intelligence : EI)과 감성지수(Emotional Quotient : EQ)이다. 정서 또는 감정이 인간의 삶에 큰 영향을 미친다는 인식은 꽤 오래 전부터 있어 왔다. 감성은 이성(reason)보다 더 근원적이고 포괄적이며, 더욱 강력한 힘을 갖는다. 감성지능이란 자기이해와 자기조절, 타인이해와 대인관계, 인격과 사회적 능력을 말한다. 지식과 기억의 차원에서 머무르는 능력이 아니라 감성지능이라는 패러다임은 머리와 가슴이 균형을 이룬 상태를 지향한다.

골만(D. Goleman)이 감성지능을 개념화하게 된 동기는 종전의 IQ나 학업성취도, SAT(미국학업성취검사)가 인생의 성공적인 예언을 하는데 20% 정도밖에 기여하지 못하고 있고, 나머지 80%는 사회계층, 운(運) 등 다른 요인이 지배한다는 것이 밝혀지면서이다(1995). 골만은 이들 다른 요인 중 감성지능을 가장 핵심이 되는 요소라고 보았다. 그가 제시한 감성지능은, 자기 자신을 스스로 동기화하고, 좌절에 직면해서도 꿋꿋하게 인내하며, 여러 가지 내적 충동을 통제하면서 만족을 지연하고, 자기의 기분과 감정을 조절하면서 생각에 몰두하고, 늘 공감성(empathy)과 희망을 갖고 살아갈 수 있는 능력 등이다.

감성지능의 영역에는 구체적으로 보면 자기인식, 충동조절, 감정을 다루는 능력, 자기효능감, 과제집중력, 스스로를 동기화하기, 공감능력 등이 있다.

이와 같이 감성지능의 주요 요인이 인간의 사회적 행동에 크게 영향력을 행사할 때 인생의 성공과 행복을 가져오는 데 중요하게 작용한다.

감성지능이 우리 일상생활에 영향을 미치는 영역은 다음과 같다.

① 성공을 결정하는 것은 IQ라기보다는 감성지능이다. 성공을 결정하는 요인 중 IQ의 기여도는 20%에 불과하다.

② 정서적으로 불안하면 제대로 사고할 수 없다. 정서불안은 인간의 지적 능력에 손상을 일으키며 학습할 수 있는 능력을 저하시킨다.

③ 우울을 조절하면 좌절을 극복하여 최고의 창의력을 발휘한다.

④ 낙관적인 사고는 위대한 동기촉진제이다.

⑤ 분노를 억압하지 마라. 그러나 그것에 따라 행동하지도 말라.

⑥ 미래의 지도자는 감성지능이 높은 사람이다. 감성지능이 뛰어난 사람이 능력 있는 미래의 지도자가 될 수 있다. 그러므로 감성지능이야말로 우리 일상생활에 크게 영향을 미치고 있음을 인식하고 여기에 현명하게 대처하는 능력을 키워야 하겠다.

인간은 누구나 정서적인 삶을 산다. 사람의 정서는 대략 7가지(희로애락애오욕 : 喜怒哀樂愛惡慾)로 분류되는데 이러한 감정을 어떤 강도로 표현하고 억제하며 자제할 수 있는가 하는 능력을 감성능력이라고 한다. 우리는 이러한 감성능력을 잘 통제할 줄 알아야 가정 · 학교 · 사회 생활에 잘 적응하는 유능한 인간이 될 것이다.

제5장
교육의 사회적 기초

제1절 교육사회학의 이해

제2절 교육사회학의 이론

제3절 사회계층과 사회변동

제1절 교육사회학의 이해

1. 사회 · 사회화 · 사회학

사회는 한 개인이 태어나기 이전에 이미 존재하고 있다. 교육은 하나의 사회적 제도로서 사회 속에서 이루어지며, 인간생활이 이루어지는 곳에는 반드시 사회가 존재하므로 사회를 떠난 인간의 삶은 상상할 수 없다. 사회란 여러 사람이 모여서 공동의 목적을 전제로 문화를 공유하고 그 문화에 따라 상호작용하는 하나의 집단이나 공동생활체를 말한다. 교육은 인간관계를 중심으로 하는 사회현상으로 사회의 여건에 의해 영향을 받게 되므로 사회적 배경을 무시하고 교육현상을 이해할 수 없으며, 교육의 본질을 정확히 파악할 수 없을 것이다.

사회의 중심개념은 상호작용이며, 상호작용은 사회현상을 이해하는데 있어서 목적이나 문화와 더불어 아주 중요한 개념이다. 사회는 새로운 사회 구성원에게 사회생활에 필요한 지식 · 태도 · 사고방식 · 가치관 · 생활양식 등을 습득하도록 형식적 · 비형식적 교육을 수행한다. 아동들은 형식교육을 받기 전까지는 가정에서 교육을 받게 되며 그 후에는 학교교육을 통해서 교사와 친구들과의 관계를 통해서 사회생활에 필요한 것들을 배우게 되며 상호작용을 통해 사회화를 배우게 된다.

사회화란 가능성을 갖고 태어난 인간이 그가 속한 사회에서 사회집단의 규범이나 문화를 익히고 사회적 공동생활을 영위할 수 있는 현실적 행동을 발달시켜 그 사회의 한 성원으로서 성장 · 발달하는 과정을 말한다. 즉, 다른 사람과의 상호작용을 통하여 사회적 규범이나 역할을 내면화하고 그 사회 집단에 적합한 행동양식을 발전시켜 나가는 것으로 사회화 과정은 그 사회의 문화를 배워가는 과정이라 할 수 있다(김준권 외, 2011). 사회화의 목적은 시대나 지역에 따라 다르게 나타나지만 그가 속한 문화권 내에서 기본적인 행동 유형을 습득하는 것을 볼 수 있다.

인간이 성장 · 발달하면서 사회화 과정에 관련되는 매개체를 사회기관 또는 사회화 대행자라고 한다. 사회화기관에는 부모, 친구, 교사, 친척, 배우자, 이웃, 가정, 학교, 교회 등이 있으며 영화, TV, 라디오, 신문, 잡지 등 대중매체가 사회화의 촉진기관이 되기도 한다.

브룸과 셀즈닉(Broom & Selznick)의 사회화의 목적은 다음의 다섯 가지이다.

① 식사의 예절이나 남녀관계 등과 같은 그 사회에 필요한 기본적인 행동의 훈련
② 문화적 이념과 그 실현방법
③ 자기 자신에 대한 자아개념의 형성
④ 사회적 지위에 따르는 사회적 역할의 학습
⑤ 실제의 생활에 필요한 기술을 가르치는 것

'Sociology'란 19세기 중엽 불란서의 실증철학자 콩트(A. Comte, 1978-1857)가 인간집단이란 뜻의 'socious'와 연구를 의미하는 'logos'라는 말을 합쳐 사회학이란 말로 사용한 데서 비롯되었다.

사회학은 사회의 구조와 집단이 인간에게 미치는 영향과 그 상호관계를 연구하는 학문이다. 즉, 인간과 인간의 관계, 인간의 사회적 상호작용, 그리고 거기서 형성되는 사회구조와 그 변화과정 등에 관한 경험적인 연구를 하는 학문이다. 교육은 어느 경우에나 사회적 행위이다. 사회학은 사회의 관습, 제도, 전통, 가치 체제들이 어떻게 형성되어 왔으며, 그러한 것들이 집단생활에서 인간행동에 어떤 영향을 미치고 있는가를 밝히려고 하는 학문이다(조영일, 2008). 교육에는 목적을 이루기 위한 과정이나 규칙이 있는데 이 과정을 이해하

고 설명하려는 학문이 교육사회학으로 실제적인 교육문제의 사실을 정확히 진단하기 위해 연구가 필요한 것이다.

2. 교육사회학의 발전

교육사회학은 사회학과 밀접한 관련을 맺으며 발전하였기 때문에 중요한 문제에 봉착할 때마다 사회학 이론을 적용하여 교육현상을 설명하고자 하였다.

1907년 스잘로(H. Suzzallo)가 미국의 콜럼비아대학에 교육사회학 강좌를 개설하였고, 1923년 페인(E. G. Payne)의 제창으로 '미국교육사회학회'가 창립되고 1928년에 전문적 학술지 「교육적 사회학 : Educational Sociology」이 창간되었으며 사회학 연구가 전세계로 확산되었다.

1940년대 들어 '지역사회학교운동', '사회중심교육운동'의 영향으로 실천지향의 교육사회학이 강조되어, 지역사회 문제해결에 학교가 적극적으로 참여하게 되어 학교의 기능을 밝히는 일이 중심과제가 되었다.

1950년대부터 활기를 띤 교육사회학 발전은 스펜서(H. Spencer), 뒤르껭(E. Durkheim), 베버(M. Weber), 파슨스(T. Parsons)를 거치면서 거시적 접근을 통한 사회제도 · 조직 · 구조 등을 체계적으로 연구하면서 기능이론의 토대가 형성되어 왔다. 1963년에도 학술지 「Educational Sociology」를 「Sociology of Educational」으로 이름을 바꿈으로써 사회학 지향의 교육사회학의 위치가 확고해졌다.

1970년대 들어서 갈등이론적 시각에서 연구가 이루어지기 시작하였고, 사회현상에 바탕을 두고 학교사회, 교실사회 등 작은 집단을 분석하여 현상 그 자체를 밝히려는 미시적 접근방법이 성행하기 시작하였다. 미시적 접근은 사회현상을 설명하는 데 있어서 그 현상이 나타나게 된 원인, 즉 내면적 현상을 분석 · 설명하려는 것으로서 체제와 구조의 개념보다는 과정과 상호작용을 강조하고 있다.

20세기 초에 자본주의 경제 발달로 미국에서는 사회변동에 적응할 수 있는 사회적 태도를 가진 교사교육 확충에 역점을 두고, 교육현장에서 부딪치는 문제를 효율적으로 해결할 수 있는 능력을 교사들에게 습득시키기 위해 교육사회학을 주요교과로 하게 되었다.

우리나라의 교육사회학은 다른 나라에 비해 늦은 편이다. 서울대 사범대학에서 강의를 시작(1952.9)으로 1970년대에는 교육사회학이 교직 필수과목으로 '학교와 지역사회'란 명칭으로 변경되었으며, 1985년에 '교육사회학'으로 다시 개칭되었다. 1980년대 민주화와 함께 갈등론적 관점에서 연구가 활발하였고, 1990년대 들어서면서 학교교육 현상에 대한 있는 그대로의 이해를 위해 문화기술법이라는 연구방법을 도입하게 되었다. 2000년대 들어서면서 교육사회학의 관심은 교육의 평등 · 건강 · 정의 · 정상화를 위해 대안을 제시하여 연구가 활발하게 되었다.

3. 교육의 사회적 기능

인간이 태어나면 이미 존재하고 있는 그 사회에 속하게 되며 그 사회의 정치적, 경제적, 문화적 배경의 영향을 받게 된다. 교육은 사회적 현상의 한 형태로 교육의 과정도 사회현상의 제 요소로부터 영향을 받기도 하며 사회현상에 적극적으로 영향을 주기도 한다. 따라서 교육은 사회문화의 존속 · 유지의 기능과 함께 사회문화를 개혁 · 창조하는 기능도 있는 것이다.

교육의 사회적 기능에 대한 수많은 논의를 참조해 보면 크게 세 가지 관점으로 집약된다. 즉, 과거의 문화유산을 더 중요시하는 보수주의적 관점, 현재의 사회적응을 더 중요시하는 진보주의적 관점, 그리고 사회변화를 유도 · 촉진하고 미래를 위한 사회개조를 강조하는 사회개선주의적 관점이다.

학자에 따라 교육의 사회적 기능은 보는 관점과 기준에 따라 여러 가지로 나누어질 수 있다. 앤더슨(C. A. Anderson)은 교육의 사회적 기능을 ① 미래에 대비한 직업의 준비, ② 좁은 문화로부터의 전체문화의 확대 참여, ③ 개인적 성장 · 발달 도모, ④ 사회적 선발, ⑤ 지식의 보존과 개방의 다섯 가지라 하였다. 한편 박용헌(1980)은 ① 문화전승, ② 사회혁신, ③ 사회통합, ④ 사회충원, ⑤ 사회 이동 등으로 제시하였다.

여기에서는 문화유산의 전승 기능, 사회통합의 기능, 사회충원의 기능 그리고 사회적 지위이동의 기능, 사회개혁의 기능을 중심으로 살펴보기로 한다.

1) 문화유산의 전승 기능

학교교육이 갖는 가장 중요한 기능은 문화유산 전승(傳承)기능으로 사람들은 학교교육을 통해 각자가 속해 있는 집단의 문화유산을 습득하고 계승한다. 사회의 존속을 위하여 문화적으로 전승된 지식 · 기술 · 가치 · 태도 · 가치관 · 규범 · 언어 등의 제반 생활양식과 행동양식을 모든 사회구성원이 계승하게 된다. 사회의 질서 · 안정을 위해 사회 구성원의 행동규범의 동질성 유지를 위하여 문화전달 기능은 매우 중요하다. 문화가 제공하는 지적인 유산을 젊은 세대로 하여금 터득하고, 과거로부터 전수받고, 현 사회가 공인하는 제반 행위양식을 습득하여 생활 일반에 적용할 수 있게 하는 교육적 과정이 바로 문화전달 기능을 수행하는 교육이라고 할 수 있다.

따라서 문화전달 기능은 사회화의 기능과 사회적응적 기능, 그리고 사회안전과 유지의 기능과도 같은 의미를 갖는다(박용헌 등, 1980).

이와 같은 문화전달을 위한 사회화는 가정과 학교가 중요한 기관이 된다. 인간은 가정교육을 통하여 사회의 규범, 가치, 예절을 배우며 학교교육을 통하여 지식과 기술 그리고 집단질서와 문화가치를 배우게 된다. 학교교육의 중요한 과제는 시대, 사회계층, 집단 유형, 지역사회에 따라 각기 다른 문화들 중에 어떤 문화를 공인된 문화로 보고 이를 전승하느냐 하는 것이다. 사회화를 통하여 다른 세대로 하여금 사회에 적응하게 하는 것이 바로 사회의 안전과 유지를 위해 필요한 교육의 중요한 기능인 것이다.

한편, 학교에서의 사회화는 크게 두 가지 형태로 나누어진다. 하나는 인지적 사회화인데 이것은 지식이나 기술을 습득시키는 것이고 다른 하나는 규범적 사회화로서 가치관이나 행동양식을 형성시키는 사회화 기능이다.

2) 사회통합의 기능

교육이 갖는 사회통합적 기능이란 사회의 여러 이질적 요소들이 각기 고유의 기능을 유지하면서, 전체적으로는 모순과 갈등이 없이 조화를 이루면서 발전해 가는 기능을 의미한다(박용헌 외, 1980).

이 기능은 문화전승의 이차적 기능이라고도 하는데 사회화를 통하여 그 사회가 요구하는 핵심적 가치관 · 규범 · 태도 등의 생활양식이나 행동양식을 육성하게 하고, 사회의 총의를 형성하게 하는 점에 있어서는 문화전승의 기능과 같은 의미를 갖는 것이다. 이처럼 사회는 학교교육을 통하여 안정과 질서를 유지한다. 이를 토대로 통합의 기능은 점차 전문화되고 특수화되어 분화되는 모든 사회기관들의 관계를 조정하고, 부문문화와 특수문화 간의 모순과 갈등을 해소하여, 조화를 이룰 수 있게 하는 기능이다. 이러한 조화를 이룰 수 있게 하기 위하여, 사회통합적 기능은 보다 강제성을 띠는 사회적 통제(social control)의 기능을 수반하는 의미에서 문화전승 기능과 구분된다.

모든 국가들이 의무교육제도를 통하여 국민의 지적 수준과 문화수준을 향상시킴으로써 새로운 국가목표를 일반화시키고, 국민형성(national building)을 꾀하는 것도 이러한 맥락으로 해석할 수 있다(석태종, 1985).

교육도 어느 정도의 제재와 강제성을 띠면서 개인의 행동을 통제하여 바람직한 방향의 행동을 육성하며, 공통분모에 해당하는 행동을 형성하게 하여 사회적 통합이 이루어지도록 공헌하고 있는 것이다. 학교교육을 통한 사회통합 기능은 학교 수업을 중심으로 공통적 사회의식과 사회의 총의를 형성할 수 있다. 그러나 이러한 사회적 통합을 형성한다는 것은 다양화, 복잡화되는 현대사회에서는 매우 어려운 일이며, 교육의 힘만으로는 불가능하므로 사회질서 유지를 위하여는 법과 공권력을 발동하게 된다.

사회통합(社會統合)의 기능은 사회와 국가의 여러 기관에서 담당하는 것이지만 가정과 학교의 사회화 기능이 일차적으로 중요하다. 그러나 오늘날 가정의 교육적 기능은 전통사회에 비하여 매우 약화되어 가고 있으므로, 교육기관은 미래지향적인 가치관과 태도를 강조하고 칭찬과 상에 의한 적극적이고 능동적인 방법을 통하여, 심층적 인격구조의 변화를 가져오게 하는 노력이 필요하다. 이러한 노력은 학교가 교육을 통하여 학생들에게 공통의 이념과 사상, 그리고 가치관 형성을 통하여 사회적 통합이 이루어지도록 하는데 필요하다.

3) 사회충원의 기능

교육은 사람을 길러 사회의 적재적소에 배치하는 역할을 한다. 학교교육이 수행하는 기능 중 가장 현실적이고 구체적인 기능이 선발 및 충원의 기능으로 인력의 선발 · 분류 · 배치 · 재배치의 기능을 포함한다.

이 세상에는 수많은 직업이 존재하는데 과거와 달리 사회가 복잡해질수록 직업의 종류가 세분화되어 많아짐을 알 수 있다. 직업의 종류에 따라 지위와 역할이 달라지며, 지식과 기술 등의 자질이 다르게 요구된다.

사회가 고도산업사회화되면서 학교교육을 통한 인력양성은 매우 중요한 역할로 부각되었다. 오늘날과 같은 개방사회에서는 학교의 졸업증서가 사회적 선발과 지위의 배분에 결정적인 요인으로 작용하고 있는 예가 일반적인 현상이다.

우리나라의 사회충원(社會充員)은 교육성취와 같은 업적 요인에 의해 이루어지고 직업적 지위나 배분은 교육수준에 따라서 그 부여조건이 제한되는 경우가 일반적이다. 이러한 학력위주의 사회적 선발과 기회 제한의 문제는, 능력사회(meritocracy)의 이념에 배치되는 일인 바 능력이나 업적보다는 졸업장, 학위의 소유 여부가 더 중요시되는 데에서 기인한다.

학교교육의 사회적 선발과 충원의 기능은 보는 시각에 따라 상반된 견해가 제기된다. 기능주의적 관점에서는 고학력자가 더 좋은 사회적 지위를 배분받는 것이 더 정당한 것으로 보는가 하면, 갈등론적 입장은 학교교육은 업적주의적 사회정의 실현보다는, 계층의 재생산 도구로 전락되었다고 보고 있다. 이러한 갈등론적 입장은, 사회적 선발과 배분은 개인의 귀속적 요인, 즉 부모의 사회 · 경제적 지위, 위광, 권위 등에 따라 상당한 정도의 영향을 받고 있다는 것이다.

학교교육의 사회적 충원기능을 보다 충실히 수행하기 위하여 교육기회균등, 학생의 선발 및 분류, 인력 수급, 산업구조와 고용문제 등에 관한 많은 연구와 개선이 수반되어야 한다.

4) 사회적 지위이동의 기능

근대사회에 있어서 어느 지역사회에서든 교육은 사회적 지위이동(地位移動)의 통로로 간주되어 왔다. 우리나라의 경우 오래 전부터 학교교육은 개인의 사회적 지위를 결정해 주는 데 중요한 요인으로 개인과 가문의 사회적 지위, 권위, 위광을 나타내는 기준이라는 것이 일반 사회의 통념으로 되었다.

전문적 지식이나 기술은 주로 학교교육을 통해 이루어지고 학교교육의 성과는 사회에 반영되어 사회적 지위 향상을 위한 조건이 되므로 사회이동을 가능하게 해 주는 것이다. 물론 학교는 학생의 능력과 소질에 따라 학생을 분류, 선발하는 기능도 하지만 또 한편 장래의 직업적 정치, 사회적 지위, 경제적 분배를 예언해 주거나 보장해 주는 역할을 하기도 한다.

사회적 지위이동은 이동방향에 따라 크게 수직적 이동(vertical mobility)과 수평적 이동(horizontal mobility)의 두 가지 형태가 있다. 지금까지의 교육의 기능은 사회계층의 수직적 이동에 공헌하였으며, 수직적 이동 중에서 상승이동에 큰 영향을 주었다고 할 수 있다.

인간은 누구나 사회적 지위나 계층의 상승을 원한다. 지위 내지 계층의 상승이란 권한, 권위, 재산, 대우 등에서 남보다 유리한 위치에 놓이게 됨을 뜻한다. 이러한 동기로 인하여 사회 상승의 기회를 얻고자 노력하며, 그 상승의 기회는 교육수준과 학업성취의 수준과 비례하게 되는 것이 일반적인 사례이다.

현재 많은 부모들이 자신의 사회적 상승을 위한 노력도 하지만, 자녀에게 사회적 상승의 기회를 주려고 높은 수준과 교육을 강요하며 과도한 교육열을 보이는 것도 사회적 상승이동의 가능성이 높기 때문이다.

농민이나 노동자의 자녀가 사무직, 전문직에 종사하게 되면 이것은 세대간 지위이동이며, 상승이동에 해당된다. 반대로 전문직 종사자의 자녀가 사무직이나 근로직에 종사하면 이는 전 세대보다 사회적 지위가 낮아지게 되어 흔히 하강이동(downward mobility)이라고 지칭한다. 이렇게 사회적 지위이동의 변화는 교육적 요인이 가장 큰 변수로 작용하게 된다.

5) 사회개혁의 기능

사회는 교육을 통해서 기존 사회를 계승 · 유지하기도 하지만 현존 사회를 개혁 · 혁신하여 새로운 문화를 창조하는 기능도 함께 수행하여야 한다. 특히, 미래사회에서 주인공이 될 학생을 교육하는 학교교육은 변화와 혁신에 대한 가치와 신념을 그들에게 길러 주어야 한다.

교육의 사회변화와 개혁(改革)의 주도적 역할에 대한 주장은 미국의 교육학자인 브라멜드에 의하여 잘 제시되고 있다. 그는 말하기를 "우리는 전 세대로부터 물려받은 그대로의 문화적 과정을 다만 물려주는 것이 아니라 옛 생활방식을 개선하고, 새로운 문제와 혼란을 해결할 수 있는 능력을 통하여 항상 우리의 문화를 변용하고 있다. 한편으로는 문화를 보존시키고 전달하고 유지하며, 이를 보충하는 과정인 동시에 다른 한편으로는 전 세대로부터 물려받은 제 특성을 시정하고 개선하고 교환하는 과정인 것이다."라고 하였다. 이것은 사회를 어떤 방향으로 변화 · 개혁시킬 수 있는 학교교육의 진보적인 기능을 강조하는 것이다.

교육의 사회개혁의 기능은, 학교가 중심이 되어 교육의 사회변화를 유도하고, 어떤 방향으로 변화를 촉진하고, 보다 적극적이고 능동적인 역할을 의미한다. 이러한 교육의 능동적 기능도 창의력과 태도의 개방을 비롯하여 새로운 문화의 창조와 문화의 분화를 통해서 이루어질 수 있다.

교육은 문화와 사회현상으로부터 영향을 받을 뿐만 아니라, 새로운 문화를 창조하는 능동적인 힘을 갖는다. 사회변동 내지 문화 변화가 이루어지는 직접적인 요소는 과학 · 기술의 발달이 사회 및 경제기관의 생성을 가져오고, 이것이 사회가치의 변화 또는 창조를 초래하는 과정을 거쳐 결과적으로 사회현상의 전 영역에 변화를 유발하고 촉진하게 된다. 문화의 변화과정에 작용하는 문화전파와 문화접변(acculturation)도 교육의 과정을 통하여 이루어지는 현상이기 때문에, 교육은 문화변화와 문화창조에 적극적이고 능동적으로 작용하는 요소인 것이다.

사회개조를 위한 교육의 당면과제는 문화를 어떤 방향으로, 어느 영역의 문화를 중심으로 창조할 것인가 하는 것과 또 어떤 방법으로 수행할 것이냐 하는 것 등의 계획에 관한 것이다. 학교가 중심이 되어 성인교육을 실시하는 일, 학교의 시설과 설비를 개방하여 지역사회 주민에게 이용하도록 하여 그들의 여러 활동을 돕는 일, 학생과 교사들이 향토개발사업에 직접적으로 참여하여 봉사활동을 하는 일들이 이에 속한다(김준권 외, 2006).

제2절 교육사회학의 이론

1. 교육사회학 이론의 발달

교육사회학의 연구는 크게 두 차원에서 형성되어 왔다. 연구의 대상 및 범위에 초점을 두어 거시적 접근과 미시적 접근으로 나눌 수 있다. 거시적 수준에서는 투입-산출 모형에 따라 학교체제와 사회체제와의 관련 속에서 학교교육을 파악하려 했으며, 미시적 수준에서는 학교에서 가르치는 교육 내용이나 교사와 학생의 구체적인 경험 등 주로 학교 및 교실에서 일어나고 있는 교육의 내적인 측면에 초점을 두고 교육현상을 파악하려 했다. 거시적 관점으로 기능이론과 갈등이론이 있으며 미시적 관점으로는 해석학적 관점과 신교육사회학적 관점에서 교육을 보는 이론이 있다.

다음은 패러다임의 문제로 교육사회학은 사회학과 밀접한 관련을 맺으며 발전하였기 때문에 중요한 문제에 봉착할 때마다 사회학 이론을 적용하여 교육현상을 설명하고자 하였다. 1950년대부터 활기를 띤 교육사회학 발전은 스펜서-뒤르껭-베버-파슨스를 거치면서 거시적 접근을 통한 사회제도 · 조직-구조 등을 체계적으로 연구하면서 기능이론의 토대가 형성되어 왔다. 그 후 기능이론에 대한 비판이 제기되면서 갈등이론과 신교육사회학 관련 이론들이 나타나기 시작했다. 1970년대에 들어서 사회현상에 바탕을 두고 교육의 사회에 대한 전체적 현상에 관점을 두는 거시적 접근 이론체계보다는 인간의 자유의지를 중요시하고, 참여자의 해석이나 '주관적인 의미'에 중점을 두고, 연구대상은 학교사회, 교실사회 등 작은 집단을 분석하여 현상 그 자체를 밝히려는 미시적 접근방법이 성행하기 시작하였다.

1970년대에 접어들면서 갈등이론의 출현과 거의 같은 시기에 영국에서 시작된 하나의 학문적 관점이 신교육사회학(new sociology of education)이다. 이는 학교에서 다루고 있는 교육내용을 재검토하여 지식자체에 대한 연구에 초점을 둔 것이다. 등장 배경은 1970년대 영국의 교육개혁의 실패와 해석학과 지식사회학의 영향이라 할 수 있다. 신교육사회학의 기본입장은 교육과정이나 교사와 학생간의 관계는 사회적 산물이며, 인간의식과 지식적 또는 문화적 분석을 중요시하였다. 신교육사회학자들은 지식이 역사적 · 사회적 산물이며 지식의 선택 및 제도화 과정도 어떤 집단의 신념이나 관점을 반영하고 있는 사회적 산물 중에서 선택되어진 것으로 보고 있다.

규범적 패러다임은 19세기부터 지배적으로 강조되어 온 실증주의에 크게 영향을 입었다고 할 수 있다. 실증주의는 콩트에 의해 체계화되었으며, 그에 의하면 지식이란 감각적 관찰에 의하여 발전된다는 것이다. 이 새로운 관점은 자연적 세계와 사회적 세계가 본질적으로 다르다는 점을 강조하고 일상생활을 이해하고자 하는 데 일차적인 관심을 두고 있다. 이러한 관점을 채택하고 있는 이론으로 현상학, 상징적 상호작용론, 그리고 민속방법론 등이 있다.

해석학적 관점에 의한 교육연구는 기능주의에 의한 선행연구에 대하여 단순히 비판적이라기보다는 오히려 보완적인 성격을 지니고 있다. 즉, 기능주의와 갈등이론 중심의 교육사회학 논의에 상징적 상호작용론적인 관점을 부가함으로써 학교 내의 상호작용 분석, 조직분석 그리고 역학연구 등으로 수행하게 되어 교육과 사회관계의 거시적인 문제뿐만 아니라 미시적인 문제까지도 연구할 수 있는 기회를 제공할 가능성을 내포하고 있다.

2. 교육사회학의 거시적 이론

오늘날 교육사회학의 연구에서 중심과제로 부각된 교육의 사회적 기능, 교육의 기회균등, 사회변동, 계층이동, 교육계층, 직업의 배분 등에 관한 학자들의 시각은 매우 대립적이다. 기능주의와 갈등주의는 그 강조점에 따라 크게 다르게 나타난다. 물론 기능주의 관점이 주된 흐름이라면 갈등주의 관점은 기능주의 시각에 대한 비판, 도전으로 전개되어 온 것이다.

사회는 생물 유기체와 같이 부분(parts 또는 segments)이나 기관(organs)으로 구성되어 있는 바, 이러한 부분과 부분의 상호관계를 어떠한 시각에서 보는지와 교육이 사회유지에 기여하는지에 대한 연구가 두 이론의 쟁점이다.

1) 기능이론(functionalism)

기능이론은 구조기능주의이론(structural-functional theory)을 간략하게 명명한

꽁트

뒤르껭

파슨스

것으로서, 학자의 취향에 따라서는 합의이론(consensus theory) 또는 균형이론(equilibrium model) 등으로 불리고 있다. 이 이론은 교육사회학의 아버지로 불리는 꽁트(A. Comte, 1798~1857)나 사회유기체설을 제시한 스펜서(H. Spencer) 등에서 그 이론적 기초를 찾을 수 있으며 이론적 근거를 발전시킨 사람은 뒤르껭(E. Durkheim, 1857~1917)이었으며, 파슨스(T. Parsons, 1902~1979)는 체계적인 이론으로 정립하였다.

기능이론자들은 사회를 유기체로 보고 유기체가 가지는 특성을 사회가 가지며, 상호의존적인 여러 기관이나 부분이, 전체의 생존과 존립에 공헌하고 있는 관계로 보고 있다. 즉, 사회를 이루고 있는 정치, 경제, 교육 등 여러 가지 구성요소들이 각각 맡은 바 역할과 기능을 잘 수행할 때 사회가 안정적인 체제를 유지할 수 있다는 이론이다. 때문에 기능론자들은, 한 사회를 구조와 기능이라는 측면에서 분석하고 이해하고 그 지속과 번영을 위하여 질서 · 균형 · 안정을 추구하며, 더 나아가 사회 구성원 또는 구성요인간의 합의(consensus)와 통합을 이루며 교육과 사회관계를 긍정적으로 파악하고 순기능을 강조한다.

예컨대, 우리 사회의 직업이 갈수록 세분화되어 늘어나고 있으나, 그 각 부분은 전체 직업체제의 안정과 질서를 위하여 각 분야, 각 직종에서 담당하는 기능은 다르지만 서로 조절되고 보충되어, 전체 직업구조가 통합되어 유지 · 발전되어진다. 또 연령, 능력, 성별, 사회계층 등 사회의 수많은 사회적 구조의 하위요인도 마찬가지로 상호의존적으로 조정되고 보완되어 전체 생존의 유지에 공헌하며 모든 구성요소들은 다른 요소들과 관련을 갖는다고 보았다.

뒤르껭은 모든 사회가 해체되지 않고 응결, 지속되고 있는 이유는 사회질서 때문이라고 생각하고, 이 사회질서의 기초는 사회 구성원간의 상호의존성과 합의에 있다고 하였다. 또한 사회화과정을 통해 사회의 문화적 가치와 신념을 내면화하는 과정을 도덕교육이라 하고, 이같은 사회화기능은 학교의 주된 임무이며, 이를 통해서 결국 사회통합을 이룰 수 있다고 하였다. 즉, 사회화기능은 사회질서유지에 필요한 지식이나 행동을 전수하는 것이므로, 아동들은 타인과의 접촉을 통해 사회적 존재가 됨을 배우고 적절한 사회적 가치를 발전시키기 때문에 학교는 중요한 훈련장소라는 것이다.

이러한 기능론점 관점에서 학교의 기능을 보면, 학교교육이 모든 사람에게 균등하게 배분됨으로써 경제적인 양극화를 막을 수 있고 빈곤을 퇴치시킬 수 있다고 본다. 또한 교육은 생산성을 높이고 사회계층 상승을 도모하는 사회이동을 촉진하는 기능과 인재를 선발 · 훈련 · 배치하는 기능을 수행한다고 설명할 수 있다.

그러나 기능이론의 문제점은 이론이 객관적 · 과학적이지 못하고 분화와 갈등을 유발하는 여러 요인들을 무시하고 사회적 응집력을 강조하는 요인들만 강조하였다는 점이다.

2) 갈등이론(conflict theory)

마르크스

갈등이론은 마르크스(K. Marx)나 베버(M. Weber) 등의 이론과 사상에 그 지적 뿌리를 두고 있으나, 기능이론에 대한 도전과 비판적 관점은 신마르크스주의자들에 의하여 활발하게 전개되었다. 그 이론적 발전은 다렌도르프(R. Dahrendorf), 밀즈(C. W. Mills), 코저(L. A. Coser) 등에 의하였다. 1960년대 이후 기능론에 대한 반발로 본격화되어 1970년대에 들어오면서, 미국 사회에서의 갈등이론은 고도의 사회적 · 인종적 갈등과 관료주의화 · 산업화 · 도시화를 통한 억압에 회의를 느끼면서 유럽 사회학적 사고방식에 친숙한 지식인들의 반응으로 그 출발점을 찾았다. 이는 현존 사회구조의 현상 유지를 합리화하는 데 주력하는 기능주의를 비판하면서, 그 동안 등한시해 온 '사회변화'와 '집단갈등'이라는 중요한 사회현상을 교육문제와 관련시키려는 노력이다. 갈등이론은 그러한 부분이나 구성요소들이 서로 갈등 · 경쟁 · 와해의 관계를 가지고, 계속적인 변화나 새로운 질서를 찾는 데 강조점을 두고 있다.

앤더슨(Anderson, 1961)은 미국, 영국, 스웨덴 등의 국가를 분석하여 교육수준을 높이는 것이 더 높은 사회적 지위에 도달하지 못한다는 결론을 내렸으며, 보울스(Bowles)와 진티스(Gintis)는 개인의 지위는 학교교육보다 가정배경에 의해 결정된다는 것을 밝혀 냈다(1976). 갈등이론의 핵심은 교육기회의 확대가 사회불평등을 감소시킨 것이 아니고 오히려 학교가 불평등한 사회적 관계를 재생산하며 이것을 정당화한다는 점이다. 모든 사회집단은 그 구성요인의 각기 다른 목적과 이해관계를 가지고, 상호관계를 유지하는 것으로 보고 있다. 즉, 사회를 개인이나 집단간의 끊임없는 경쟁과 갈등의 연속체로 규정하며 갈등 · 변동 · 강압은 사회의 본질로서 인간간의 경쟁이나 갈등은 인간사회에서 당연히 일어날 수 있는 현실이라 보았다.

갈등이론주의자들은 기능이론이 변화를 제대로 설명하지 못하고, 권력투쟁 · 계층갈등 · 일탈행위 등을 소홀히 다루고 있다고 비판하면서, 사회의 강제적인 속성과 사회변동의 확산성에 그 초점을 둔다. 그리고 한 집단의 목표는 다른 집단의 목적에 일치되지 않는다고 믿으며, 이러한 갈등현상은 외면적으로는 조용하게 보일런지 모르나, 내면적으로 활기차게 움직임을 가지며, 때로는 표면화하거나 폭력화되기도 한다고 보고 있다. 사회는 권력투쟁에서 승리한 자, 강한 힘을 가진 집단에 의해 운영되는 것이 일반적인 사례이지만 한편으로 계속적으로 변동하고 급격한 혁신도 가능하다고 본다. 갈등이론은 사회제도를 지배집단과 피지배집단으로 나누고, 지배집단이 모든 사회가치의 중심체 역할을 하여 현 상태를 계속 유지하기를 바라며, 반대로 피지배집단은 언제나 그 체제의 안정을 위협하고 있다는 것이다. 따라서 지배집단은 설득, 교화, 선전 등의 방법으로, 피지배집단에게 자신들의 입장을 정당화한다.

학교교육의 교육과정은 특정계층에서 알아야 할 언어, 규칙, 인간관계 등의 지식과 가치의 내용을 주입시키므로 경제적 기회나 분배의 불평등을 만들어 내고 이미 서열화된 사회적 지위를 세습시키고 있으며, 지배집단의 가치나 이데올로기를 재생산한다고 보고 불평등을 심화시키는 곳으로 보았다.

갈등이론가들은 교화, 억압 등에 의한 잘못된 사회적 불평등이 학교교육을 통하여 어떻게 강화·유지되는지를 밝히고 잘못된 사회화를 교정할 수 있는 인간성 회복에 그 강조점을 두고 있다. 그들은 평등사회 실현은 하나의 이상에 불과하다는 것이다. 그러므로 갈등이론은 통합된 이론이기보다는 사회현상에 대해 갈등과 비판의 중요성을 강조하는 여러 가지 시각들을 묶어서 통칭하는 것이라 볼 수 있다.

제3절 사회계층과 사회변동

1. 사회계층과 교육

교육사회학 분야에서 사회계층은 비중이 큰 영역으로 계층이 교육에 영향을 주기도 하지만, 교육이 계층형성에 커다란 영향을 주기 때문에 계층과 교육을 집중적으로 연구하고 있음은 당연한 일이라 할 수 있다.

1) 사회계층의 개념

교육학 용어사전에 따르면, 사회계층(social class)이란 위계적인 사회체제 속에서 직업, 정치적 위치, 가족적 배경, 인종, 개인의 능력, 기술 등에 의하여 사회적 특권, 위신, 이익 등이 서로 비슷한 위치에 있는 인구집단을 말한다. 이러한 서로 비슷한 사회적 지위에 있는 사람들이 비슷한 태도나 가치, 또는 행동을 가진 사람들은 서로 다른 이질적 요소들은 다른 요소들과 관계를 맺으면서 질서 있는 체제를 이루고 있다. 이들은 자신의 지위와 역할에 따라 여러 가치들을 배분받게 되므로 필연적으로 상하의 위계체제가 형성되며 이를 사회계층이라 한다.

사회이동의 기준은 주로 부모가 소속했던 계층이 되지만 직업 외에 가옥의 크기나 형태, 사교대상과 범위, 주거 지역, 가문, 수입원, 수입 정도, 취미, 명성, 권력, 성, 인종, 연령, 종교 등 사회계층을 결정하는 요인은 다양하다. 사회계층의 결정하는 요인은 학자들마다 자신의 입장에 따라 다양하게 강조하고 있지만 워너(Warner)는 직업, 가옥형태, 거주지역, 수입의 양, 수입원, 교육연한 등의 6가지 요인을 들고 있다.

2) 사회이동의 유형

사회이동이란 사회적 위계체제 속에서 한 개인이나 집단이 한 사회적 지위로부터 다른 사회적 지위로 이동하는 현상을 말한다. 근대사회 이후 사회적 지위나 계층 이동에 가장 중요하고 결정적인 역할을 해 온 것은 교육이다.

이동방향에 따른 유형에는 수직적 이동과 수평적 이동이 있으며, 시간주기에 따른 유형에는 세대 간 이동과 세대 내 이동으로 나눌 수 있다.

수직적 이동이란 개인 및 사회계층 조직 내에서 어떤 사람의 지위가 상하로 변하는 것을 말하는데, 승진을 하거나 좋은 가문사람과 결혼 등으로 지위가 상승되는 승진과 반대로 문제가 생기거나 책임여하로 강등되는 이동도 있다. 상승이동에는 교육의 영향이 크며, 부나 수입도 간접적인 영향을 주며 개인의 능력으로도 상승될 수 있다. 수평적 이동은 사회적 지위나 계층의 이동 없이 직종이나 지역적으로 이동하는 것을 말한다.

세대 간 이동이란 아버지와 아들간의 사회이동을 비교하는 것이며 교육연한이 중요 요인이라 할 수 있으며, 세대 내 이동이란 본인의 전 생애에 따라 직업적, 사회적 지위가 변하게 되는 것을 말한다.

이 외에 구조적 이동과 순환 이동이 있다. 구조적 이동은 산업구조의 변화로 파생되는 사회이동을 말하며, 순환이동이란 구조적인 변화 없이도 일어나는 사회이동이다.

2. 사회변동과 교육

1) 사회변동의 원인과 과정

현대는 산업화와 정보화의 사회로 교육은 사회변동과 더욱 긴밀한 관계를 갖고 있다. 사회변동은 사회구조(social structure)와 사회관계(social relationship)가 변화해 가는 것을 말한다. 사회관계 혹은 사회구조는 사회를 이루고 있는 여러 가지의 요소들이 서로 결합하여 있는 유형이다. 계급구조, 권력구조, 경제구조, 인구구조, 가족구조 등은 그 예들이다. 일정한 연령층의 분포, 출산율의 변화, 노동조합의 출현으로 노동자와 고용자의 관계 변화, 핵가족의 출현에 따른 남편과 아내의 지위 및 역할의 변화 등은 사회의 구조 및 관계의 변화를 나타내는 사회변동의 모습들이다.

사회변동은 발명, 발견 및 이들의 전파에 의해 일어난다. 발견은 이미 존재하고 있는 사실이나 관계의 인지이다. 발명은 기존의 문화적 관념을 새롭게 이용하거나 새로이 종합하는 것이다. 20세기에 발명된 것이라도 관념적으로는 이미 오래 전부터 인류사회에 존재하였던 것으로 보아 새로운 발명이라 할지라도 완전히 독창적인 것은 아니다.

발명이나 발견이 한 사람의 개인에서 다른 개인으로 또는 하나의 사회에서 다른 사회로 전달되어 가는 것을 전파(diffusion)라고 한다. 여러 가지의 새로운 것을 모두 받아들일 수는 없고 자기들에게 필요한 몇 가지를 받아들이기 때문에 선택적이다. 이와 같이 타문화가 전파되면 서로 다른 문화가 접촉함으로써 본래의 문화 유형이 달라지게 되는 문화접변 현상이 일어나게 되고 문화접변(acculturation) 현상이 나타나면 그 사회의 문화는 해체되거나 재구조화된다.

사회변동이 어느 하나의 요인에 의하여 일어난다고 보기보다는 복합적인 몇 개의 요인들이 서로 얽혀서 나타나는 현상으로 보는 점이다. 이러한 몇 개의 요인들을 분석하면 다음과 같다.

첫째, 외국 문명과의 빈번한 접촉은 사회변동을 가지고 온다. 교통의 요지에 위치하고 있어서 다른 사회와 빈번한 접촉을 했던 지중해와 중앙아시아의 여러 나라들은 찬란한 문명의 꽃을 피웠다.

둘째, 현존하는 문명의 수준, 즉 과거로부터 내려오는 지식이나 기술의 축적이 변동을 가지고 오는 원동력이 된다. 이 이론은 특히 오거번(Ogburn)의 연구에 의해 널리 알려졌다. 옛날 희랍의 아리스토텔레스가 풀지 못했던 수학문제를 오늘날에는 평균 수준의 학생들이 척척 풀어 나가지만 그것은 그들이 아리스토텔레스보다 우수해서라기보다 그 동안 축적된 지식 덕분일 것이다. 예를 들어 유선전화기가 스마트폰으로 발전하여 텔레비전 시청은 물론 인터넷 등 많은 기능들이 있음은 과거 축적되어 온 과학이나 문화의 수준이 앞으로의 계속적인 변동의 원인이 된다는 것을 시사하고 있다.

셋째, 사회구조와 사회구성원의 태도 및 가치관도 사회변동의 속도에 많은 영향을 준다. 정치, 경제, 종교, 학문 등 사회의 여러 부분이 구조적으로 서로 얽혀 있는 경우에는 덜 얽혀 있는 사회보다 변화가 느리다. 예를 들면, 종교, 결혼, 직장, 학교, 가족 등이 서로 밀접하게 얽혀 있는 사회에서는 종교나 학교 등이 변하려고 하여도 다른 요소들이 저항하기 때문에 변하기가 어려우며 사회구성원의 태도나 가치관에 따라 영향을 끼친다.

넷째, 사회변동은 사회가 새로운 변동을 얼마나 절실하게 인지하느냐에 달려 있다. 사회가 필요를 심각하게 느끼면 느낄수록 주의를 집중하며 사회변동은 촉진된다. 제2차 세계대전 중 맨하탄 프로젝트(Manhattan Project)에 의해 원자탄의 발명이나, 1973년부터 시작된 석유파동, 산업화로 인한 환경오염과 대기오염 문제 등으로 지구변화가 일어나므로 지구보호를 위해 노력하는 것 등을 예로 들 수 있다.

이상과 같이 외부 문화와의 접촉, 현재의 문화 수준, 사회 구성원의 가치관이나 태도 및 특수한 문제해결을 위한 사회 구성원들의 집중적인 노력 이외에도 자연환경의 변화, 인구의 증가, 새로운 자원의 공급 등이 사회변동을 초래한다.

2) 사회변동의 효과와 영향

사회변동은 사회의 구조와 사회관계가 변화해 가는 것을 말한다. 사회변동과 같이 복잡한 문제는 몇 가지 요인들이 한데 얽혀져 일어나는 다변인적인 현상이다.

사회변동을 고찰하는 주요한 이유의 하나는 급격한 변동이 우리의 생활에 어떤 영향을 줄 것인가 하는 문제이다. 사회변동이 부분적으로 나타나는 경우 문화적 지체 때문에 사회에 긴장과 갈등을 초래하고 사회적 및 개인적 해체를 가져오기 쉽다. 또 이미 가지고 있는 지식과 기술을 무용하게 만들어 청소년 문화를 발생시키는 요인이 된다. 모든 사회변동은 다음과 같은 몇 개의 특징을 가지고 있다.

첫째, 사회변동은 사회의 모든 구성 부분에 똑같이 일어날 수는 없다. 외부 문화의 접촉이 과학기술의 영향을 많이 받는 부분이 먼저 변하고, 그렇지 못한 부분이 나중에 변한다. 농촌, 노인, 인간의 정신적인 면 등은 잘 변하지 않고, 도시인, 젊은이 등은 빨리 변한다. 이것을 사회변동의 부분성이라고 한다.

둘째, 사회변동은 부분적으로 찾아오면서도 일부분에 변동이 나타나면 그것은 반드시 다른 면에 영향을 미친다. 경제 부분의 변화는 경제에만 영향을 미치는 것에 그치지 않고 예술, 문화, 도덕, 정치 등 여러 부분에 영향을 미친다. 이것을 사회변동의 역동성이라고 한다.

셋째, 변화의 속도이다. 변화의 속도가 빠를수록 변화로 인한 갈등과 긴장은 커진다. 변화는 가치관이나 행동양식이나 의견이 달라진다는 것을 의미하기 때문에 변화가 빠를수록 의견의 차이도 커지기 마련이다.

급격히 변하는 사회에서 새로운 이론과 기술의 출현 때문에 구성원이 직업과 관련하여 과거에 배웠던 기술이 무용하게 됨으로써 신기술을 재빨리 습득하지 못하는 사람은 무능한 인간이 되어 버리기 쉽다. 급격히 변화하는 사회에서는 어렸을 때 배운 것들이 머지않아 낡은 것이 되어 버리는 경우를 흔히 본다. 우리가 어렸을 때 배운 가치관이나 행동과 관련된 사고방식 등 정신적인 면도 새로이 변화하는 사회에서는 유용한 것이 되지 못하는 경우가 많다. 복종을 높이 평가하는 교육자가 자율성을 존중하는 시대의 학생들과 대화할 때 긴장과 갈등이 발생하는 경우를 주위에서 가끔 볼 수 있다.

문화의 여러 가지 측면들은 서로 밀접한 관련을 가지고 얽혀 있기 때문에 그 중 한 부분이 변하면 문화의 유대 관계가 약하게 된다. 이것을 사회적 해체(social disorganization)라고 한다. 사회적 해체 상태에서는 사람들은 사회가 나아가야 할 방향의식과 인생의 일관성 있는 목적의식을 상실한다. 또한 사회의 규범이 약화되어 통제력을 잃고, 보통 때 억제하고 있는 욕망을 비정상적인 방법을 통해서 달성하는 등 도덕적 의식이 희박해진다. 이러한 상태를 아노미(anomie)현상이라고 말한다.

3) 사회변동과 교육의 역할

사회변동은 사회적 해체를 가져오기 쉬우며, 사회적 해체는 전통적 통제의 약화, 가치관의 변동, 역할갈등, 문화적 지체 등으로 안정적인 사회생활을 방해한다. 변화가 가하는 충격을 되도록 적게 받으면서 단기간에 적응할 수 있는 교육을 실시함으로써 변화가 미치는 바람직하지 못한 영향을 어느 정도 극복할 수 있을 것이다.

교육은 변화의 충격을 줄이기 위하여 되도록 전통적인 것과 새로운 것의 균형을 취해 가르칠 필요가 있다. 급격히 변동하는 사회에서 학교가 너무 전통적인 가치관만 고집하는 경우 혁신이 말살되어 변화에 적응하지 못하게 되고,

사회 구성원들은 갈등을 느끼게 되어 사회는 불안과 긴장에 휩싸이게 된다. 한편 변화에 적응하지 못한 사회가 외부의 압력으로 문화가 개방되었을 때 붕괴되기 쉽다. 조선왕조가 망한 것은 이러한 예로 볼 수 있다. 그러나 반대로 사회가 갑자기 새로운 것만 강조하는 경우에도 사회화의 결핍이 발생하여 사회조직이 붕괴할 위험성이 있다.

학교는 기본적인 사회화의 역할이 흔들리지 않을 만큼 전통적인 문화유산을 전달하고, 한편으로는 문화적 지체가 나타나지 않도록 혁신적인 것을 가르침으로써 변화의 충격을 줄일 수 있다. 부분적으로 일어나는 변화가 되도록 사회 전반에 걸쳐 일어나도록 전파시킴으로써 변화에서 오는 갈등을 최소화시킬 수 있다.

변화를 전 사회에 전파시키기 위해서는 신문, 라디오, 텔레비전 그리고 인터넷의 발달 등 매스컴의 역할이 크다. 이러한 매스컴을 통해 전체 구성원에게 알려 줌으로써 부분적인 변화를 사회 전체의 변화가 되도록 해 주므로 긴장과 갈등의 해소에 도움이 된다.

교육은 변화에 적응할 수 있는 능력을 기르는 데 힘써야 한다. 지식의 본질은 과거에 경험한 것을 그대로 재생하는 것이므로 지식의 활용은 그 지식이 필요했던 환경이 그대로 나타나지 않을 경우 활용할 수 없고 또 망각하기도 쉽다. 따라서 구체적인 사실에 대한 지식보다는 생각하는 힘을 길러 주어야 한다.

변동하는 사회는 새로운 학교의 출현을 요청하고 있다. 하나는 학교 안에서의 개혁이요, 또 하나는 정규 학교를 도외시하려는 개혁이다. 학교 안에서의 개혁은 다시 개념학습, 모방학습 및 일반적 원칙의 교수, 공개학교 및 초학과 조직의 개편을 들 수 있다. 전통적인 학교교육을 떠난 교육개혁 운동으로 탈학교운동(deschooling movement)과 사회교육(community education)을 들 수 있다. 정규 학교교육을 보충하거나 정규 학교교육에서 하지 못한 부분을 위하여 가정교육, 직장의 재교육, 매스컴, 노동자 교육, 청소년 교육, 부녀 교육 등을 내용으로 하는 사회교육 또는 평생교육의 중요성이 커지고 있다.

제6장 교육과정

제1절 교육과정의 의미와 유형

1. 교육과정의 개념

교육과정(教育課程)이란 단어는 교과과정 또는 학습과정이라고 한다. 교육과정은 학교의 정규의 수업만을 의미하는 좁은 뜻으로 사용되어 왔으나, 제2차 세계대전 이후 커리큘럼(curriculum)을 번역한 교과활동과 교과 외의 활동을 모두 포함하는 넓은 뜻의 단어로 사용하게 되었다.

교육에서 교육과정이라는 용어는 1820년경부터 미국에서 사용되기 시작하였다. 교육과정이라는 의미의 curriculum은 라틴어의 'currere', 즉 '달린다', '뛴다'라고 하는 동사에서 유래한 것으로 경마장의 경기코스를 의미하며, 교육적으로는 학생들이 일정한 교육목표를 향해 달리는 코스(course of study)를 의미하게 되었다. 따라서 어원적으로 curriculum이란 학생들이 '교육을 받는 과정', '학습을 하는 과정'(course of study)을 의미하게 되었고 그것은 다시 학생들의 학습의 과정에서 필요한 교육내용의 전체 구조를 의미하게 되었다. 즉, 교육목적을 달성하기 위해 선택한 교육내용을 편성하고 조직한 교육의 전체조직이라 할 수 있다.

보빗(F. Bobbit)은 이를 교육에 적용하여 "청소년들이 성인생활을 영위할 때 있게 될 여러 일들을 보다 잘 처리할 능력을 개발시킬 그런 방법하에서 경험하지 않으면 안 될 일련의 일들이다"라고 하였다.

이와 같은 뜻을 지닌 커리큘럼이라는 용어를 교육용어로서 써 오게 되자 이 뜻은 학습 또는 학습하는 그 자체의 뜻으로 전의(轉義)되었고 이것은 다시 교과과정 또는 교육과정이라는 말로 그 뜻이 옮겨지게 되었다.

세일러(J. G. Saylor)와 알렉산더(W. A. Alexander, 1974)는 수많은 교육과정의

정의를 ① 교과로서의 교육과정, ② 경험으로서의 교육과정, ③ 목표로서의 교육과정, ④ 계획으로서의 교육과정의 4군으로 분류하였고, 호스포드(Hosford)는 ① 교육과정을 일어난 경험의 총체로 보는 정의군, ② 교육과정을 제공한 경험의 총체로 보는 정의군, ③ 교육과정을 목표와 방법(수단)의 계획으로 보는 정의군, ④ 교육과정을 목표의 계획으로만 보는 정의군으로 분류하고 있다.

이렇듯 교육과정을 정의하는 방식이나 교육과정을 보는 견해가 시대적으로 논자의 견해, 시대적 상황이나 교육목적에 따라 다양하게 표현되고 해석되어 왔다. 이러한 교육과정에 대한 정의는 역사적인 발전의 흐름에 따라 다음과 같이 발전되어 왔다.

첫째, 20세기 초 이전까지만 해도 교육과정이라고 하면 곧 교수요목(course of study)을 의미하였다. 교육에서 처음 교육과정이라는 용어를 사용하기 시작하였을 때는 교육과정을 내용(content)으로 규정하였다. 이 때의 교육과정은 학생들이 배워야 할 교수-학습내용으로 정의된다. 교육 목표를 달성하기 위해서 어떤 교과목들을 제공하며 어떤 지식이나 내용을 포함할 것인가를 결정하는 문제이다. 이 입장의 허친스는 교육과정은 영구불변의 교과로 구성하되, 초 · 중등학교에서는 문법 · 읽기 · 수사학 · 논리학 및 수학을 가르치고, 중등교육 이후의 단계에서는 서양세계의 위대한 고전을 가르쳐야 한다고 주장하였다.

둘째, 교육과정은 학교에서 교사의 지도 아래 학생들이 갖게 되는 모든 경험(experience)으로 구성되어야 한다는 개념이다. 학습자 자신의 경험이 교육과정 계획의 출발점이 되어야 한다고 보았다. 1930년대를 전후해서 듀이(J. Dewey)의 진보주의 교육사조에 근거하여 실생활에서의 요구에 맞는 교육과정이 요청되어 급변하는 세계 속에서 부딪치는 문제를 잘 해결하기 위해서는 '학교의 계획과 지도하에서 학생들이 가지는 모든 경험'을 정의로 받아들이는 경향이 1950년대까지 지속되었다. 캐스웰(H. L. Casewell)과 캠벨(D. S. Cambell)은 1935년에 간행한

「교육과정의 발전」이라는 책에서 교육과정을 교사의 지도 아래 학생들이 갖게 되는 모든 경험이라고 정의하였다. 이들의 교육과정이란 학교 내의 교실 안과 밖 어디에서든지 학교가 주도하여 학교에서 사고와 행동의 집단과정을 통하여 학생들을 가르칠 목적으로 설정해 놓은 일련의 경험이라는 것이다.

셋째, 교육과정을 학습을 위한 하나의 계획(plan)이라는 입장으로 1950년대 후반부터 나타나기 시작하였다. 바람직한 교수-학습결과를 얻기 위해서는 학교에서 학생들이 겪게 되는 모든 경험을 사전에 보다 철저하게 계획하는 일이 무엇보다도 중요한 것이다. 교육내용의 선정, 수업 시수 및 시간 배정 등 교육의 전체적인 계획과 내용을 편성하고 조직하는 일과 구체적인 교수-학습활동까지 계획으로 보는 것이다. 타일러는 교육과정이란 교육목적을 달성하기 위하여 학교에 의하여 계획되는 모든 학습이라고 하였고, 타바(H. Taba)는 모든 학습을 위한 하나의 계획이라고 간단하게 정의하였다.

넷째, 교육과정을 교수-학습활동의 결과로 보는 입장으로 수업을 통해 도달해야 할 학습 성과를 의미한다. 교육과정에서 계획으로서의 교육과정에 결과로서의 측면을 추가한 것이다. 이러한 입장은 1960년대 및 1970년대 초에 교육 프로그램의 성과에 대한 관심의 증대와 함께 나타났다. 포팸(W. J. Popham)과 베이커(E. L. Baker)는 교육과정을 학교가 책임져야 하는 모든 계획된 교수-학습 결과라고 정의하였다. 이들은 교육과정을 계획된 결과로 봄으로써 결과를 더 강조하고 있으며, 계획은 그 결과를 가져오기 위한 수단적 절차로 보고 있는 것이다.

이상으로 교육과정의 개념이 지니고 있는 뜻을 밝혀 보기 위하여 교육과정의 역사적인 흐름 속에서 크게 네 가지의 정의를 살펴보았다. 즉, 교육과정은 가르치고 배워야 하는 교과내용의 프로그램으로서, 경험의 프로그램으로써, 프로그램의 계획으로서, 그리고 계획적으로 의도된 교육의 결과로서 발전되어 왔다.

2. 교육과정의 유형

교육과정의 유형은 교육과정의 개념을 정의하는 입장과 교육과정 개혁에 접근하는 방식에 따른 변천과정을 역사적으로 살펴보면 교과중심 교육과정, 경험중심 교육과정, 학문중심 교육과정, 인간중심 교육과정의 네 가지로 나누어 볼 수 있다.

1) 교과중심 교육과정(subject-centered curriculum)

가장 오래되고 보편화된 전통적인 교육과정 형태인 교과중심 교육과정은 1920년경부터 교육학자들의 관심의 대상이 되어 왔다. 희랍시대의 7개교과목(문법 · 수사학 · 변증법 · 산술 · 기하 · 천문 · 음악)이 시초라 할 수 있다. 미국의 철학자 해리스(W. T. Harris)에 의해 구체화되었으며, 그 후 허친스, 아들러(M. Adler) 등에 의해 계승되었다.

인류문화 유산이 체계화되고 조직화된 교과를 학습케 함으로써 앞으로의 여러 문제를 해결할 수 있는 능력을 기르는 데 주안을 둔 것이 교과중심 교육과정으로 궁극적 목적은 이성(reason)을 개발하려는데 있었다. 교육내용은 문화재 전달을 최저 요구수준으로 삼고 교과를 학습케 함으로써 새로운 문제를 해결할 수 있는 능력을 기르려는데 있으며 그 특징은 다음과 같다.

첫째, 교육이란 문화유산을 전달하는 것이며, 문화유산의 전달이 곧 교육의 내용이 된다. 교과란 인류의 문화유산을 체계적으로 조직해 놓은 것이며 교과중심 교육과정에서는 문화유산을 전달하는 것을 교육의 내용으로 삼기 때문에 교과중심 교육과정이란 곧 문화유산 중심 교육과정이라고 할 수가 있다.

둘째, 교사중심의 교육과정이며 설명위주의 교수법을 요구한다. 교과중심 교육과정에서의 교사는 학생보다 월등히 많은 지식과 기술이 있어야 하며 이 지식과 기술을 학생들에게 전달하여야 한다. 따라서 교사는 이러한 지식과 기술을 학생들에게 상세히 설명할 수 있도록 교사의 자질 중 '설명력'이 요구가 된다.

셋째, 각 교과는 그 자체의 논리를 가지고 있으며 교과의 난이도를 중시하고 있다.

넷째, 한정된 교과 영역 안에서만 학습활동이 이루어진다. 교과중심의 교육과정에서는 교과의 선을 중시하기 때문에 모든 학습활동은 이런 선 내에서 이루어지며 선을 넘어서 다른 교과에까지 침범하는 것을 싫어한다.

그러나 교과중심 교육과정은 교사의 일방적인 강의법으로 창의적, 능동적, 사고력 함양이 어려우며, 교과내용이 어려우므로 학생들의 흥미 부족을 초래할 수 있으며, 교육과정이 분과중심으로 구성되어 통합적 교과운영이 어렵다는 단점이 있다.

2) 경험중심 교육과정(experience-centered curriculum)

1930년대의 전후를 맞아 미국의 교육계에서 진보주의 교육사조가 나타났다. 교과중심 교육과정에 대한 회의와 비판이 일어나고 생활중심 또는 경험중심 교육과정 운동이 대두되었다. 경험중심 교육과정은 19세기 로크(J. Locke), 루소, 페스탈로치에 의해 발전하였다.

이 때 듀이는 시카고대학에 실험학교를 세워(1896) 처음으로 경험주의 교육과정을 적용하여 어린이의 자기활동의 원리를 학습동기 유발수단으로 이용하려 했다. 교과중심 교육과정으로는 학생들이 급변하는 사회에 적응할 수 없으며 그 교육내용 자체가 현실생활과는 거리가 너무 멀다는 것이었다. 그러므로 아동의 기본적 욕구나 흥미를 중심으로, 또한 아동이 스스로 학습에 참여할 수 있는 교과를 구성해야 한다고 보았다. 이 입장에서는 교과보다는 활동을 중요시하는 경험 교육을 강조하는 방향과 교과를 학습자의 발달단계에 적합하게 재조직하고 재구성하여 가르쳐야 한다는 방향이 있다.

이러한 교과중심 교육과정의 회의는 그 당시의 미국사회의 경제대공황으로 인해 더욱 심화되었으며 교육계에서는 '교육과정 개정(curriculum revision)' 작업을 추진하게 되었다. 이러한 교육과정 개정 작업에서는 교육과정을 '학교의 지도하에 학생들이 가지게 되는 모든 경험'으로 정의하게 되었다.

따라서 교과중심 교육과정에서는 한 학급 아동이 50명인 경우나 20명인 경우를 막론하고 획일적인 하나의 교육과정이 있을 뿐인데 비하여 경험중심 교육과정에서는 경험의 개별성을 존중하기 때문에 학급 아동 수만큼의 교육과정이 존재한다.

그러나 경험중심 교육과정이 교과중심 교육과정을 배격하는 것은 아니다. 김종서 외 3인(1985)은 경험형 교육과정에 있어서 교과와 아동의 경험 사이의 간격을 없애야 한다는 것과 교육과정의 조직에 있어 인간생활의 제영역에서의 문제점들을 중심으로 조직하는 방식을 채택하여야 한다는 것을 강조하고 있다. 그 특징을 들면 다음과 같다.

첫째, 교육활동을 못지않게 과외활동을 중시한다. 교과중심 교육과정에서는 교실학습을 중요시하지만 경험중심 교육과정에서는 소풍, 여행, 전시화, 자치활동, 클럽활동 등 다양한 학습활동을 전개한다.

둘째, 생활인의 육성을 목표로 하고 있다. 미국이 경제대공황으로 시련을 겪던 시기로 교과중심 교육과정에 큰 회의를 느끼게 하였으며 교육은 자아실현, 인간관계, 경제적 능률, 공민적 핵심이라는 점에서, 잘 사는 사람을 육성하는데 역점을 두어야 할 필요를 절감하게 되었다.

셋째, 아동중심 교육과정을 강조한다. 교육은 아동의 필요, 흥미, 노력에 그 바탕을 두어야 한다고 믿고 있다.

넷째, 사회의 급격한 변화에 적응하는 인간을 육성코자 한다. 오늘날의 사회는 급격히 변하고 있으므로 장래생활을 예측하기 어렵게 되었으므로 급변하는 사회에 보다 잘 적응하는 인간육성을 강조한다.

다섯째, 문제해결력의 함양을 강조한다. 사회가 급속히 변하고 지식과 기술이 폭발적으로 증가하므로 계속 새로운 문제가 나타나므로 이러한 문제들을 현명하게 해결할 줄 아는 능력을 배양코자 한다.

여섯째, 전인교육을 강조한다. 지덕체의 조화적인 발달을 이룩한 인간이 생활을 올바르게 영위할 수 있기 때문에 전인교육을 강조하고 있다.

그러나 경험중심 교육과정은 학습자의 흥미위주로 하다 보니 꼭 배워야 할 법칙이나 원리 또는 기본교과를 소홀히 하게 되어 기본학력이 저하될 수 있으며, 학습 시간을 많이 사용하게 되는 단점이 있다. 또한 초보 교사의 경우 비능률적인 결과를 초래할 수 있으며 행정적인 통제가 쉽지 않다는 것도 문제점이라 할 수 있다.

3) 학문중심 교육과정(discipline-centered curriculum)

경험중심 교육과정은 1950년대에 이르러 상당히 확고하게 확립된 듯하였으나 1960년대에 접어들면서 본질주의학파 학자들이 경험주의 교육과정에 반기를 들고 교육의 지적 수준을 높이는 방향으로 교육과정 개혁을 주장하였다. 1959년 9월 과학자, 학자, 교육자 등이 모여 과학교육 개선에 대해 논의한 우즈홀회의(Woods Hole Conference)의 결과를 브루너(Bruner)가 「교육의 과정」(The Process of Education)이라는 종합보고서를 작성하여 반영된 관점이 학문중심 교육과정이다. 이와 같은 변천에는 다음과 같은 몇 가지의 동기가 있었다.

첫째, 1950년대 이후의 사회적 · 경제적 · 인구적인 변동과 과학기술의 혁신적인 발전과 지식량의 폭발적인 증가는 새로운 교육과정을 요구하게 되었다. 오늘날 지식과 급격한 기술의 발달은 한정된 학교교육 기간 동안에 가르쳐야 할 전이가가 높은 지식과 기술을 선정하는 것이 심각한 문제로 제기되어 날로 팽창하는 지식들 중에서 가장 '핵심적인 지식', '기본적인 지식'을 선정할 수밖에 없으며 이에 따라 학문중심 교육과정이 등장하게 되었다.

둘째, 경험중심 교육과정에서는 지식의 체계성이 너무 소홀히 되고 학문적이고 체계적인 사고와 연구를 하는 데 필요한 능력이 소홀히 되는 폐단이 나타나므로 이를 극복하기 위한 새로운 교육과정의 움직임이 나타나게 되었다.

셋째, 지식의 폭발적인 증가의 현상도 있지만 보다 더 교과를 잘 가르치는 방법이 없느냐에 대한 교육학계의 모색은 '지식의 구조화'란 적극적인 방법으로 나타나게 되었다.

넷째, 소련의 인공위성 스푸트니크 발사(1957)로 인해 미국은 국가 안보에 위협을 받게 되었으며 과학교육을 진흥시켜야 한다는 자극을 받음에 따라 학문중심 교육과정은 급속도로 발달하게 되었다.

학문중심 교육과정의 특징은 다음과 같다

첫째, 학문중심 교육과정에서는 교육내용을 '지식의 구조'에다가 핵심을 둔다. 학문중심 교육과정은 '교육과정은 각 학문에 내재해 있는 지식의 탐구과정의 조직'으로 정의되며, 각 교과의 전문가들이 각 교과가 나타내고 있는 지식의 본질(즉, 구조 : 기본 개념, 기본 원리)을 가장 명백히 표현할 수 있도록 그 지식을 체계적으로 조직해 놓은 것을 가리키는 것이다.

둘째, 나선형 교육과정(spiral curriculum)이 되어야 한다. 학문에 내재해 있는 지식의 구조, 즉 기본적 개념, 일반 아이디어, 핵심개념은 각 학문 분야에 따라 그렇게 많지 않을 것 같지는 않다. 이와 같은 교과내용은 학년이나 발달의 정도와 관계없이 가르칠 수 있다는 가정이 성립되어야 한다. 즉, 초등학교 아동부터 고등학생에 이르기까지 동일 내용을 가르치되 다만 그 수준을 달리해야 한다는 입장이다. 즉, 어린이들로 그들의 사고방식에 맞게 그들이 알아듣는 말과 자료를 써서 가르치면 어떤 교과 내용도 이해할 수 있다는 것이다.

셋째, 탐구과정을 중시한다. 교과를 가르칠 때 그 교과에 내재해 있는 '기본원리', '핵심개념'을 교사가 찾아 내어 이것을 학생들에게 제시하고 주입하는 것이 아니라 해당 분야의 학자가 한 것과 같이 '눈'과 '방식'으로 이를 찾아내도록 한다.

브루너는 '지식의 구조'의 중요성을 다음과 같이 설명하고 있다.

① 기본적인 원리를 이해하면 훨씬 쉽게 교과를 이해하게 된다.

② 인간의 기억에 관련된 것이다. 연구에 의하면 오늘날 인간의 기억에 관하여 우리가 알고 있는 기본적인 것은 잡다한 사실은 그것이 전체적으로 구조화된 형태 안에 위치하지 않는 한 곧 잊어버려진다는 것이다.

③ 기본적인 원리나 개념을 이해한다는 것은 적절한 '훈련의 전이(transfer of training)'를 나타내게 하는 가장 좋은 방법이다.

④ 교수(teaching)에서 구조와 원리를 강조하는 것은 초등학교와 중등학교에서 가르치는 학습자료가 어떤 기본적인 성격을 나타내는가를 쉬임 없이 재조사함으로써 우리는 고등지식과 기초지식과의 간격을 좁히자는 데 있다.

결국 브루너는 지식의 구조는 학습의 전이를 용이하게 하여 결과를 쉽게 이해하게 하고, 또한 학습된 내용에 대한 기억을 오래하게 하며 고등지식과 기초지식 사이의 간격을 좁혀 준다는 것을 강조하고 있다.

그러나 학문중심 교육과정은 학습능력이 상위권 학생에 적합하지만 보통 이하의 수준 학습자들에게 비인간화 현상이 나타나며, 전인적 발달에 부정적 영향을 미쳤다. 또한 학문의 구조라는 순수 지식만을 강조하여 실용성이 적다는 것과 지식을 너무 단순화 · 구획화시키므로 문제해결 능력을 기르지 못한다는 단점이 있다.

4) 인간중심 교육과정(humanistic curriculum)

1980년대에 접어들면서 오늘날의 고도산업화를 촉진하는 과학기술의 발달은 인간성의 상실, 인간 소외현상과 비인간화 현상 등으로 학문중심 교육과정에 대한 비판이 시작되었다. 이와 같은 인간중심 교육과정은 "학생이 학교생활을 하는 동안에 가지는 모든 경험"이라고 정의 내려진다. 학교교육의 기능에 대한 관점이 1970년대 들어 인본주의 인간성에 대한 인식의 변화가 교육의 인간화를 강조하면서 사회문제가 되었다. 학생들이 학교생활을 하는 동안에 가지게 되는 경험은 둘로 나누어서 생각할 수 있는데 그 하나는 학교의 지도 · 계획 · 의도에 의하여 가지게 되는 경험(현재적 교육과정)이며, 다른 하나는 학교의 지도 · 계획, 의도가 없는데도 가지게 되는 경험(잠재적 교육과정)이다. 학생이 학교생활을 하는 동안에 사람의 됨됨이에 영향을 주는 모든 경험을 인간중심 교육과정에서는 중시한다. 이 교육과정은 자아실현에 목표를 두고 잠재적 교육과정을 중시하여 학교의 제도와 조직 및 인간관계를 포함하는 환경의 인간화에 노력하게 되었다.

인간중심 교육과정의 특징 몇 가지를 들면 다음과 같다.

첫째, 잠재적 교육과정을 표면적 교육과정과 똑같이, 경우에 따라서는 더 중시한다. 표면적 교육과정은 학생들의 지식, 기능의 신장에 영향을 미치며 잠재적 교육과정은 학생들의 사회적 발달, 정의적 발달에 영향을 미친다. 오늘날의 학교교육에서 문제되는 것이 지식, 기술의 발달보다 가치관, 도덕성 발달의 소홀임을 생각할 때 잠재적 교육과정이 인간중심 교육과정에서 차지하는 비중을 짐작할 수 있을 것이다

둘째, 학교환경의 인간화를 위하여 노력한다. 학교환경 전체를 인간중심적으로 조성하지 못한 대규모 학교, 체위에 맞지 않는 책상과 걸상 등은 인간소외 현상, 반항심, 정서적 불안과 같은 문제를 야기하게 된다. 또한 금지, 체벌, 강요와 같은 학교의 풍토는 자아실현에 결정적인 악영향을 미친다.

셋째, 자아실현을 목표로 설정한다. 교육의 목표는 인성적 성장, 통합, 자율성을 꾀하고 자아 및 타인, 학습에 대한 건전한 태도를 형성하는 과정으로서 자아실현에로 나아가는 것이다.

넷째, 인간중심 교육과정에서는 인간주의적인 교사를 가장 필요로 한다. 교육과정의 결정자인 교사는 아동에게 결정적인 역할을 한다. 인간중심 교육과정에서는 '가르친다는 것은 하나의 인간적인 관계'로 보기 때문에 교사의 인간

적인 영향은 매우 중요하다. 패터슨은 인간주의적인 교사는 “진실된 교사, 한 개인으로서 아동에 대한 존중, 공감적 이해, 애정”을 그 특성으로 들고 있다.

인간중심 교육과정은 교육내용의 통합을 강조하고 있다는 점과 전통적 교육과정과는 달리 결과보다는 과정을 중요시한다. 이 교육과정은 전인교육을 통하여 인간의 성장 가능성을 조화롭게 발전시킬 수 있으며, 학습자의 자기성장과 자아실현의 목표가 중요시되는 장점이 있다. 그러나 명확한 경험이나 일관된 원리를 바탕으로 이루어지지 않았다는 점과 개인차에 관심을 두었지만 각 개인에게 알맞은 경험에 대한 구체적인 대안이 없다는 점이 문제점이라 할 수 있다. 또한 교사들의 투철한 교육관과 학교의 행정적인 조건이 선행되지 않으면 실현하기 어렵다는 단점이 있다.

5) 구성주의 교육과정(constructivism curriculun)

구성주의(構成主義)에 대한 논의는 1991년 「Educational Technology」지에서 특집으로 다루면서 본격적으로 시작되었다고 할 수 있다. 구성주의는 행동주의에 이어 등장한 인지주의를 비판하면서 매우 빠르게 연구의 중심이 되어갔다. 구성주의에서 지식의 습득과 형성은 개인의 인지적 작용과 개인이 속한 사회에의 참여라는 두 요소의 상호작용에 의해 지속적으로 변화, 수정, 보완을 통해 구성되는 것이라고 본다. 그러므로 모든 학습자는 학습내용을 개별 학습자의 내재적 이해 과정에 따라 다르게 지식을 형성하는 것이다. 교수와 학습의 개념 및 그 과정에 있어 상대주의 인식론에 근거한 구성주의는 단순한 지식의 획득과 재생산 과정에서 탈피하여 학습자에게 의미 있는, 다양한 관점의 지식 구성을 중요시한다. 객관적 지식(혹은 절대적 진리)이란 존재하지 않으며, 오히려 지식이란 사회적, 역사적, 문화적 상황 속에 놓인 개인의 사회적 경험에 의거하여 구축되어지는 개별적인 인지적 작용의 결과이며, 이것은 개인이 사회적 참여를 통하여 지속적으로 구성과 재구성을 반복해 나간다고 본다.

행동주의, 인지주의에 이어 새로운 패러다임으로써 관심을 끌기 시작한 구성주의는 '학습자가 그들 자신의 지식을 끊임없이 구성하며 교사, 또래집단, 학습환경과의 교류를 통하여 지식을 만들어 나가는 데 자발적이고도 능동적으로 참여함으로써 교수-학습의 유의미한 교육환경을 만들어 나감'(Bruner, 1986)에는 근본적으로 동의한다.

구성주의 교육과정의 특징은 다음과 같다.

첫째, 학생들의 주체적 지식의 구성과 학습참여를 강조한다. 학습자의 주도와 참여를 통해 학습자중심 교육 환경에서 학생들을 지속적인 학습자로서 체질화하는데 궁극적 목표를 두고 있다(강인애, 1997).

둘째, 학생들이 실제 생활에서 당면한 문제를 대상으로 삼고 있다. 학습은 구체적 상황에서 일어나는 실생활의 과제를 대상으로 한다.

셋째, 교사는 학생들과 상호작용하며 도와주는 동반적인 관계를 유지하도록 요구한다. 교사들은 수업에서 학생들의 지식추구 과정과 의미추구 과정을 강조한다.

넷째, 학습자중심 평가와 학습과정 평가를 강조한다. 평가방법은 학습자 스스로의 자신의 학습에 대한 정리, 학습과정과 수업과정을 자아 성찰적으로 기록하는 반성노트의 활용 등과 같은 다양한 수행평가 방법을 이용한 종합평가를 실시한다(권정숙 외, 2008).

6) 잠재적 교육과정(hidden or latent curriculum)

잠재적 교육과정의 개념은 학교의 의도나 계획과는 아무런 상관이 없이 학생들은 여러 가지의 행동특징을 배우거나 행동이 변화되는 경우가 많이 나타난다. 이리하여 종전의 교육과정을 현재적 또는 표면적 교육과정이라 부르고 학교의 계획과 의도와는 아무런 관련이 없이 학습하게 되는 교육과정으로 교육과정에 내재해 있는 숨은 교육과정이라 볼 수 있다.

현대사회의 폭발적인 지식의 양과 기술의 급진적인 증가로 인해 인간성의 발달은 지연되어 있거나 역행되는 현상이 나타나고 있다. 그러나 인류의 행복에 기여하기 위하여 만들어진 지식과 기술이 오히려 인간을 불행하게 만들거나 인류를 멸망시킬 우려마저 나타나게 되었다. 학교교육이 이러한 인간의 지식발달과 기술발달에 공헌한 바가 크지만 오늘날의 교육의 과제는 인간성 회복을 위한 인간교육에 있다는 것이다. 인간교육의 실천이라는 관점에서 등장한 것이 바로 잠재적 교육과정이다.

원래 잠재적 교육과정이란 개념은 사회학자인 머톤(R. Merton)의 '사회의 잠재적 기능'이라는 개념에서 비롯되었다. 머톤(1968)은 사회제도나 행동에 관련하여 의도된 결과를 표면적 기능이라고 하고 의도하지 않았던 결과를 잠재적 기능이라고 하면서 다음과 같은 예를 들고 있다.

> 미국 남서부의 애리조나 주의 원주민인 Hopi 인디언족은 심한 가뭄으로 인해 기우제를 지내는 풍습을 가지고 있다. 근대 과학의 상식에서 보면 이 기우제는 일종의 미신이나 습관에 불과하다. 표면적 기능의 관점에서 보면 기우제 그 자체가 미신에 불과할지 모르나 잠재적 기능의 관점에서는 오랜 가뭄으로 인해 삭막해진 사람들의 마음을 가라앉히고 부족원 사이의 집단의식과 단결을 강화해 주는 역할을 한다.

이와 같이 잠재적 교육과정은 학교 및 교사가 가르치려고 의식적으로 계획을 세운 바가 없는데도 불구하고 학생들이 가지게 되는 경험을 뜻하는데 그 용어 역시 표면적 교육과정과 대비되어 규정되고 있다. 즉, 표면적 교육과정의 경우 표면적(manifest), 계획된(planned), 공식적(official), 외현적(over), 가시적(visible), 외적(external), 구조화된(structured), 조직화된(organized), 기대된(expected), 형식적이란 용어로 규정되는데 반해 잠재적 교육과정은 잠재적(latent), 비구조적(unstructured), 숨은(hidden), 내현적(covert), 비가시적(invisible), 비공식적(unofficial), 내적(internal), 비조직적(unorganized), 기대되지 않은(unexpected), 비형식적이란 용어로 규정되고 있다.

김종서(1980)는 '잠재적 교육과정은 학교의 물리적 조건, 제도 및 행정 조직,

사회 · 심리적 상황을 통하여 학생들이 은연중에 가지는 경험'이라고 정의하고 있다. 잠재적 교육과정을 운영할 때는 상호 보완적이고 학교의 문화적 풍토에 주의해야 하며, 교사는 학생의 모방 대상이므로 이러한 점에 유의해야 한다.

제2절 교육과정의 개발

1. 교육과정 계획의 기초

교육의 3요소인 교사, 학생, 학습내용은 교육과정에서 중요한 3가지 기초를 제시해 주고 있다. 첫째, 교사의 가치관에 따라 교육의 내용과 방법이 영향을 받으므로 이들의 가치관에 관한 철학적 기초, 둘째, 학습자의 조건에 따라 교육의 방향과 효과성이 좌우되므로 학습자의 능력과 조건에 관한 학습자적 기초, 학습내용은 모두 사회에 존재하고 있으므로 학습내용과 관련된 사회적 기초가 그것이다. 따라서 교육과정은 사회에 내재하고 있는 학습내용을 교사와 학생의 가치관에 따라 선택하고 그 선택된 내용을 학습자의 조건에 맞게 제시하는 것이라고 볼 수 있다.

1) 철학적 기초

교육의 철학적 기초는 학생에게 어떠한 내용을 선정하여 가르칠 것인가 하는 문제와 관련된다. 교육과정을 개발하는 사람이 어떠한 가치관과 신념을 가지고 있느냐에 따라 선택되는 학습내용과 방법이 달라지며 개발 프로그램의 성공여부를 알 수 있다.

다양하고 급변하는 현대사회는 가치관의 위기사회 또는 철학의 혼란 시대라 한다. 그러므로 이러한 시대에서는 교육과정을 계획할 때 반드시 철학적 신념이 필요하며, 민주사회에서 요구되는 이상적인 인간을 길러 내기 위해서도 철학적인 기초를 염두에 두고 교육과정을 만들어야 한다. 교육의 근본적인 문제에 대한 해답을 제공하는 것은 교육과정 조직, 교육목표, 교육내용 등을 선정하는데 결정적인 영향을 미치므로 교육철학은 교육과정 구성하는데 중요한 기초가 된다. 그러므로 학습의 과정에 무엇을 포함하고 제외하느냐를 현명하게 결정하여 학습자의 전인적인 목표에 부합되어 그 지역사회가 내세우는 원칙에 따라야 한다.

2) 사회적 기초

학교는 인간이 만들어 낸 사회기관이며 사회제도이다. 교육은 인간의 사회적 과정으로 사회와 불가분의 관계를 맺고 있으므로, 속해 있는 그 시대의 사회가 지니고 있는 문화나 시대성을 반영하고 있음을 알 수 있다.

인간은 사회 속에서 태어나 살아가면서 교육받은 내용과 정도에 따라 행동이나 태도가 달라진다. 인간은 태어날 때는 어떠한 생활양식도 갖지 않지만 사회 속에서 생활양식을 학습하게 된다. 교육과정의 기반은 사회에 내재하고 있으므로 사회의 현상과 변화를 무시하고 교육과정을 개발한다는 것은 생각하기 어렵다. 그러므로 교육과정을 결정할 때는 사회가 요청하는 규범이나 사회생활을 유지하는데 유용하고 실생활에 필요한 문제를 해결하기 위한 가치, 지식, 기능, 또한 민주주의 가치를 고려해야 한다. 그러므로 국가수준이나 교사들이 교육과정이나 수업안을 계획할 때도 사회적 요구를 고려하여 그 내용이 학습자가 사회 구성원으로 살아가는데 꼭 필요한 것인지 고려하여야 한다.

현대사회의 특성은 정보의 홍수, 과학의 발달, 인구의 팽창, 공해의 만연, 대중매체의 발달, 경제체제의 변화, 가정기능의 약화, 가치관의 혼란, 이념의 분화 등을 들 수 있다. 그러므로 급변하는 오늘날의 사회적 변화를 고려하여 교육과정을 계획하여야 한다.

3) 학습자적 기초

교육의 목적체는 아동이므로 교육과정에서 학습자를 도외시할 수는 없다. 아동은 각자 복잡한 개성을 가지고 감정 활동을 하는 유기체이다. 그러므로 교육자는 아동의 성장과 발달에 대한 이해가 있어야 하며, 학습자의 가치와 능력 수준에 따라 학습내용이 선정되고, 학습자의 이해 수준을 고려하여 수업이 이루어져야 한다. 그러므로 학습자의 인지발달, 선행지식 수준, 정의적 특성은 교육과정과 깊은 관련이 있다. 학습자 기초에서 고려할 것은 학습자의 개인차와 존엄성이다. 아동이 최대한 능력을 발휘할 수 있도록 학습자의 지능 발달과 심리적 특성에 관한 내용을 충분히 알고 교육과정을 구성해야 한다.

2. 교육과정 개발과정

교육과정 개발과정도 학자에 따라 다르게 제시한다. 타일러(R. W. Tyler, 1902~1944)는 그의 저서 「교육과정과 수업의 기본원리」(Basic Principles of Curriculum and Instruction)에서 교육과정을 개발하거나 학습지도계획을 세울 때 고려해야 할 기본요소를 교육목표 설정, 학습경험 선정, 학습경험 조직, 평가 등의 네 가지를 제시하였다. 이 책은 20세기 후반기의 교육과정 논의와 개발에 지대한 영향을 미쳤다.

교육과정 개발과정을 보면 [그림 6-1]과 같다. 교육과정 개발은 인간을 변화시키기 위해서이다. 변화되기 전의 모습을 초기 모습이라고 한다면 교육을 받고 난 뒤의 모습은 변화된 모습이다. 이 변화된 모습을 진술한 것이 교육목적이다. 교육목적을 설정하면 이 목적 달성을 위해 교육과정을 설계하며, 그 설계에 따라 교육과정을 실행하고, 실행된 결과로서 평가를 하게 된다. 이 절차에 따라 교육과정 개발과정은 다음 그림과 같다.

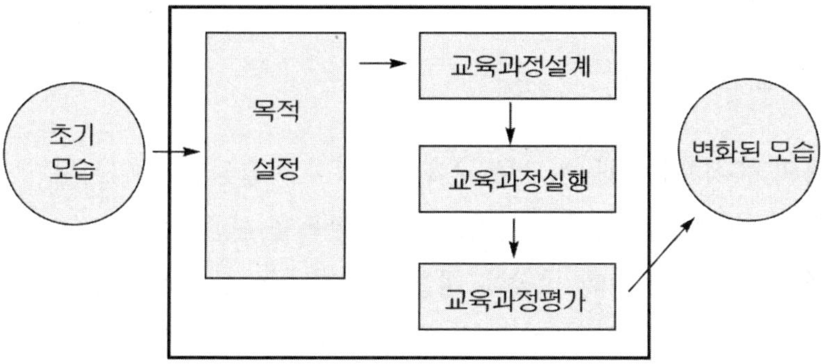

[그림 6-1] 교육과정의 개발모형

1) 교육목적 설정

교육과정을 개발할 때 가장 기본이 되는 것이 목적과 목표를 설정하는 일이다. 교육목적은 변화시키려는 행동의 방향을 결정해 주는 것이므로 가장 먼저 설정되어야 하며 가장 기본적이면서 중요한 단계이다. 그러므로 학습자의 특성, 사회의 특성, 교과의 특성 등을 연구하여 목표설정의 자원으로 이용하여야 한다. 교육목적 설정은 교육적 의도성의 표현으로 교육적 의도성이 어떠하냐에 따라 학교 교육과정은 아주 다른 모습으로 경험되고 그 의미 또한 다르게 사용하게 된다.

교육적 의도성은 교육부, 교육청, 학교, 교사, 학생 모두에게 있을 것이다. 교육적 의도성은 크게 사회의 의도성과 학습자의 의도성으로 나누어 볼 수 있다. 사회적 의도성은 국가기관인 교육부의 의도성으로 나타난다. 교육부의 의도성은 사회의 질서 유지와, 발전적 사회 창조에 있을 것이고, 교육청, 학교, 교사는 이의 구현을 위한 의도성을 가지고 있다.

이에 비해 학생의 의도성은 자아실현에 있다. 수업을 위한 교육과정 개발에서 교사의 의도성은 교육목적 달성에 큰 영향을 끼친다. 교사는 학습자의 자아실현과 사회의 질서 유지와 창조적 발전을 위한 의도성을 가지고 단위수업을 위한 교육목적 설정에 관심을 기울여야 할 것이다.

지금까지의 교육과정 편성은 교육부의 의도성에 따른 국가중심의 교육과정 편성이었다고 볼 수 있다. 이에 비해 6차, 7차의 교육과정 편성은 학생의 의도성을 강조하는 학습자 중심의 교육과정 편성으로 지향하는 모습을 보이고 있다. 특히 교육개혁에서 빈번히 사용하고 있는 수요자 중심의 교육이라는 용어는 이러한 경향성을 뚜렷이 보여주고 있다.

교육목적을 설정할 때는 크게 교육이념, 교육목적, 교육목표 등의 용어가 사용된다. 교육이념이 추상적이고, 개념적이고, 포괄적이고, 장기적이라고 한다면 교육목표는 구체적이고, 행동적이고, 특수적이고 단기적이다. 교육목표는 그 중간 정도에 위치한다고 볼 수 있다.

교육목적은 ① 수업의 방향 제시, ② 수업내용의 선정 조직 배열의 근거, ③ 학습촉진 기능, ④ 학습성과 평가 등의 기능을 가지고 있으므로 교육목적을 어떻게 진술할 것인가도 중요한 문제이다. 일반적으로 교육목적을 진술하는 방법으로 ① 구체성과 명료성, ② 포괄성, ③ 철학적 일관성, ④ 실현 가능성, ⑤ 내면화, ⑥ 변화성 등이 제시되고 있다.

교육목적의 내용을 무엇을 담느냐에 따라 블룸(Bloom)은 인지적 영역, 정의적 영역, 심리운동 영역 등으로 구분하고 있으며, 가네는 지적 기능, 인지전략, 언어정보, 운동기능, 태도 등으로 구분하고 있다. 타일러는 학습자에 대한 연구결과, 사회의 요구, 교과전문가의 조언, 철학의 적용, 학습심리학 분야에서 발견된 원리의 적용 등 다섯 가지를 교육목적 설정의 기본 자원으로 구분하였다.

2) 교육과정의 설계

교육과정의 목적이 설정되면 교육과정 설계가 이루어져야 한다. 현대사회는 배워야 할 것이 많아졌으나 학교교육에서 정해진 시간에 모든 지식을 가르칠 수 없으므로 교육과정 설계는 더욱 중요하다고 할 수 있다. 교육내용의 선정과 조직은 교육과정 설계에서 핵심적인 부분이다. 설정된 교육내용들을 설계할 때 고려해야 할 핵심요소는 범위와 계열이다. 계열은 교육 내용들의 수직적 조직이고, 범위는 수평적 조직이다.

교육과정의 설계는 학습자에게 제공되는 일련의 학습기회(교육과정)의 특정한 유형 선택을 말한다. 교육적 의도성은 무엇을 배울 것인가와 함께 어떻게 가르칠 것인가와 관련된 교육과정 설계에도 바로 관련된다. 현재 학교교육에서 사용되고 있는 교육과정을 설계할 때 교육목표와의 일관성, 기본 개념의 중시, 탐구학습의 강조, 지도가능성의 검토, 일경험 다목표 달성 과정, 경험의 비중복성, 지역성에 대한 고려를 원칙으로 해야 한다. 교육과정의 설계는 교육내용의 선정 조직뿐 아니라 수업방법, 집단 구성, 평가, 공간 등 교육의 효과와 관련된 모든 요소가 내포됨을 알 수 있다.

일반적으로 학습기회를 설계함에 있어 계열성, 연속성, 통합성을 고려하여야 한다. 계열성은 관련된 학습경험을 수직적이고 계열적으로 배열하는 것이다. 한 경험으로부터 얻은 학습이 다음 학습을 위한 기반으로서 필요할 때 학습기회를 계열적으로 계획해야 한다. 계열성이란 동일한 내용의 반복으로서가 아니라, 더 진보적인 수준의 개념이나 아이디어로 돌아가는 학습경험의 반복이다. 예를 들어, 대학의 작문 수업도 단락을 쓰지만, 고등학교 작문 수업보다 더 높은 수준이다. 나선형 교육과정이란 말은 이런 계열성에 적용된다.

연속성은 계열성과 밀접하게 관련되어 있다. 그러나 시간이 지나면서, 개인이 일련의 학습경험을 수직적으로 나아갈 때 연속성이 나타난다. 계열성은 교육과정 계획자와 교사들에 의해 배열되므로 학습자에게는 외적이지만, 연속성은 학습자에게 내적이다. 그러나 학습자를 위해서는 학습의 연속성을 촉진할 수 있다.

통합성은 학습경험의 수평적인 관계로 개인이 어떤 수업에서 학습한 것과 다른 수업에서 학습한 것을 관련지을 때 통합이 일어난다. 그래서 학생들이 영어 수업에서 학습한 개념이나 기능을 사회과 보고서를 준비할 때 이용할 수도 있다. 학습자가 그들의 학습을 통합할 수 있을 때 교육경험의 수준은 높아진다. 연속성과 마찬가지로 통합성은 학습자에게만 일어난다. 교육과정 계획자들이 통합을 촉진하는 방식으로 학습기회를 조직한다 해도, 여러 가지 교육경험을 통해서 학습한 것을 통합하는 사람은 학습자이다.

3) 교육과정의 실행

교육과정 실행은 설계된 교육과정을 실현하는 것이며 수업으로 나타난다. 수업은 교사가 직접 학생들과 대면하여 가르치는 과정이므로 교육 목표와 내용을 잘 전달해야 하며, 교수 조건이나 학습 분위기 등을 중요하게 다루어야 한다. 수업에서 특히 고려하여야 할 것은 수업의 효과성, 효율성, 매력성이다. 효과성은 교육목적을 달성하는 정도이며, 효율성은 목적을 달성함에 있어 단축되는 시간의 정도이다. 매력성은 한 수업을 실시하고 난 뒤 느끼는 학습자의 만족도이다. 이 세 요인은 상호 관련되어 있어 완전히 독립적이지는 못하다. 그러나 교육과정 운영에서 특히 고려해야 할 요소는 효율성이다. 지나치게 효과성을 강조하여 학생들의 시간을 모두 주어진 학습에 투자하도록 만듦으로써 학생들의 다른 욕구를 충족할 수 있는 기회를 박탈한다든지, 지나치게 매력성을 강조하여 재미에만 치중한다면 문제가 될 것이다. 효율성은 보다 짧은 시간에 목적을 달성하도록 해 줌으로써 학생들로 하여금 여유를 갖도록 만들어 줄 수 있다. 효율성의 강조는 학습의 개별화와 깊은 관련이 있다.

4) 교육과정의 평가

교육과정의 마지막 단계인 평가는 계획된 교육목표와 실행의 결과 나타난 변화의 성취도를 확인하는 과정이다. 평가는 설정한 교육목표와 이를 선정 · 조직한 학습경험의 결과를 확인하는 과정이며, 해당 교육과정의 장단점에 대한 정보를 제공하는 과정이다. 교육과정의 운영은 결국 평가의 방향대로 실시되므로 교육과정에서 평가는 매우 중요한 역할을 한다. 효과적인 교육과정을 구성하는 평가는 두 가지 측면에서 이루어져야 한다. 교육과정 구성요소에 대한 평가(교육목적 설정, 교육과정 설계, 교수-학습과정 및 평가 자체에 대한 평가)와 학업성취에 대한 평가(진단평가, 형성평가, 총괄평가와 평가도구의 타당도, 신뢰도, 객관도 등)이다. 이러한 평가는 계속성과 교육목표와의 일관성을 기본 준거로 실시하여야 한다.

제3절 우리나라의 교육과정

1. 우리나라의 교육과정 변화

우리나라는 1945년 해방 이후 미국의 영향을 받아 신교육이 들어오게 되고, 종래의 교사중심이었던 교과중심 교육과정에 변화를 가져오게 되었다.

우리나라의 교육과정은 교육부의 교육과정령의 변천에 맞추어 교수요목 강조의 시기, 교과교육과정 강조의 시기, 생활중심 교육과정 강조의 시기, 학문중심 교육과정 강조의 시기, 인간중심 교육과정 강조의 시기로 구분되고 있다. 이렇게 보면 우리나라의 교육과정 개념은 10년을 주기로 변천해 왔으나 이와 같은 시대구분은 어디까지나 그러한 개념이 주류를 이룬 것을 의미하며 결코 상호 배타적인 것은 아니다.

1) 교수요목기(1945~1954)

해방 이후 1차 교육과정이 시행되기 전 1954년 4월 20일 문교부령 제35호로 공포된 「교육과정 시간배당 기준령」이 나타나기까지의 시기를 교수요목시기라고 한다. 교수요목이란 교과의 지도내용을 상세히 기술한 문서를 말한다.

1945년 9월 24일에 국민학교, 10월 1일에는 중등학교의 문을 열게 되자 군정청 학무국에서는 국민학교와 중등학교의 「교과목편제와 시간배당표」를 발표하였다. 내용은 국민학교에서는 공민 · 국어 · 지리 · 역사 · 산술 · 이과 · 음악 · 체육을 가르치도록 되어 있었고, 중등학교에서는 공민 · 국어 · 지리 · 역사 · 수학 · 물리 · 화학 · 생물 · 가사(여) · 재봉(여) · 영어 · 체육 · 음악 · 습자 · 도서 · 수예(여) · 실업을 가르치도록 되어 있었다. 이와 같은 교과편제는 그 후 여러 번 개정된 바 있다. 초 · 중등학교 교과편제와 시간배당을 정한 다음에는 각 교과별로 가르칠 내용을 정하는 일이었다.

1946년 교수요목 제정위원회가 교수요목을 제정하고 교과서를 편찬하는 일에 착수하였고, 1948년 8월 15일에 교육법을 제정하여 홍익인간의 교육이념과 제도에 대한 기본 틀을 마련하였다. 교수요목기의 특징은 교과의 지도내용을 상세히 표시하고 기초능력을 기르는 것, 교과는 분과주의를 선택하여 체계적인 지도와 지력을 기르는 것에 중점을 두었고, 사회생활과가 신설되었으며, 홍익인간 정신에 입각한 애국애족 교육을 강조하였다.

2) 1차 교육과정기(교과중심 교육과정의 강조의 시기 : 1954~1963)

1차 교육과정기라 함은 1954년 4월 20일 문교부령 제35호로 제정 · 공포된 초 · 중 · 고 · 사범학교 「교육과정 시간배당 기준령」이 나타나면서부터 1963년 2월 15일 문교부령 제119호로 개정된 「교육과정령」이 공포된 제2차 교육과정이 적용될 때까지를 말한다. 이 시기는 우리 손으로 만든 최초의 체계적인 교육과정이라는 점에서 의의가 크다고 할 수 있다.

교육과정의 개념상 '교육요목'과 '교과교육과정'을 구분지을 수는 없을 것이다. 교과내용 자체가 학생들이 학습해 나갈 코스이며, 전자는 교과교육과정의 초기현상이며 후자는 체제를 갖춘 교과교육과정이다.

무엇을 가르칠지를 정함에 있어서 처음에는 교사 단독으로, 다음에는 학교단위 또는 지역단위로 정하였으며 후에 국가적 수준에서 교수요목을 정하기는 하였으나 졸속을 면치 못하였다. 그 후 6 · 25사변이 일어나 교과로서의 체제를 갖추게 하는 작업을 할 수 있는 여건이 마련되지 못하였다.

1954년의 「교육과정 시간배당 기준령」 제2조에서 보면 교육과정이라 함은 각 학교의 교과목 및 기타 교육활동의 편제를 말한다고 규정하고 있다. 그 후 1년여의 시일에 걸쳐 각급 학교의 교육과정을 연구한 끝에 1955년 8월 1일에 문교부령 제44, 45, 46호로 국민학교 · 중학교 · 고등학교 및 사범학교 '교과과정'을 각각 공포하였다. 교과과정에 따라 교과서가 새로이 마련되었으며 국정 · 검정 · 인정교과서의 종별을 명백히 하였다. 이 시대의 교육과정은 교과중심이었으나, 교육과정을 기준으로 편찬한 교과서는 생활중심 교육과정의 개념이 침투되어 있었다. 생활중심과 대단원제의 단원학습으로 배열하여 학생의 생활과 경험을 토대로 작업단원을 많이 설정하여 능동적으로 경험을 심화시켜 학습의 효과를 가져오게 개선하였다.

1차 교육과정기의 특징은 교육과정에는 최소한 필수적인 교육내용만을 표시하여 국가 기준으로서의 교육과정임을 명확히 하고, 교육법 정신을 구현하고 난이도가 높은 교육내용을 제거하였으며, 반공교육 · 도의교육 · 실업교육을 강조하며 특별활동 시간을 배당하여 전인교육을 지향하고 있다.

3) 2차 교육과정기(생활중심 교육과정 강조의 시기 : 1963~1973)

1963년 2월 5일에 문교부령 제119호로 개정된 교육과정에서 특히 생활교육을 강조한 때부터 1973년 2월 14일 문교부령 제310호로 개정된 국민학교 교육과정에서 학문중심 교육과정을 강조하기까지의 기간을 경험중심 교육과정 또는 생활중심 교육과정 강조의 시기라 할 수 있다. 이는 미국의 진보주의 교육을 체계적으로 받아들인 결과 교육과정을 '학교의 지도하에 학생들이 가지는 경험의 총제'로 보고, 교육과정의 내용, 교육과정의 조직, 교육과정의 운영면에서 각각 강조점을 두어 생활중심 교육과정의 성격을 더욱 분명히 하고 있다.

6 · 25사변 이후 생활교육의 필요성을 절감하고 생활교육과정에 대한 시범

적 연구가 고조되었다. 특히 중핵교육과정에 관한 연구는 많은 교육자들의 관심의 대상이 되고 실천에 대한 붐이 일었으나 곧 소멸되고 말았다. 그 까닭은 중핵교육과정을 위한 막대한 교육적 노력이 문제였고, 또 저조한 교사들의 실력으로 인해 학생들의 기초학력 저하를 가져 왔으며, 전통적인 교과교육과정에 익숙한 교사나 학부모의 강력한 반대에 부딪혔기 때문이었다. 따라서 생활경험을 중심으로 하는 교과경영을 지향하여 관련성 있는 교과의 종합지도를 강조하게 되었다.

2차 교육과정기의 특징은 기교육과정 내용에 자주성 · 생산성 · 유용성 · 합리성을 강조하여 교육과정에는 일반적인 기준만 제시하고 구체적인 운영은 지역사회의 실정에 맞게 구성하도록 하였다. 또한 '교육과정 개정의 요점'에서는 기초 학력을 충실히 할 것을 제안하고, 학교급간의 연계성 뿐 아니라 교과간의 통합성도 강조하면서 교육과정의 계열화를 통해 계통 학습을 할 수 있도록 하였다.

4) 3차 교육과정기(학문중심 교육과정 강조의 시기 : 1973~1981)

1973년 2월 14일 문교부령 제310호로 국민학교 교육과정, 1973년 8월 31일 문교부령 제325호로 중학교 교육과정, 1974년 12월 31일 문교부령 제350호로 고등학교의 교육과정이 개정되었다.

우리나라 처음으로 교육과정심의회에서 시안을 확정하고 2년간의 실험평가를 거쳐 확정한 이 개정의 방향은 종래의 생활교육과정을 지양하고, 학문중심 교육과정을 강조한 시기라 할 수 있다. 1968년 선포된 국민교육헌장의 이념과 1960년대 미국교육계를 주도한 학문중심 교육과정이론에 바탕을 두고 이루어진 교육과정의 방향은 급변하는 사회에 학문적 지식을 효과적으로 습득하기 위해 지식의 구조를 가르쳤고 학생 스스로 그 구조를 발견하고 탐구할 수 있도록 하였다.

3차 교육과정기의 특징은 국민적 자질의 함양 및 인간교육의 강화, 지식 · 기술교육의 쇄신이라는 항목과 기본 개념의 파악이라는 항목(지식의 구조화, 탐구학습 강조)들을 교육목표로 하였다.

5) 4차 교육과정기(인간중심 교육과정 강조의 시기 : 1981~1987)

1973년과 1974년에 문교부령으로 개정되었던 교육과정은 1981년 12월 31일에 문교부 고시 제422호로 유치원 · 국민학교 · 중학교 · 고등학교의 교육과정이 전인교육을 중시하는 내용으로 다시 개정되었다. 즉, 종래의 교육과정은 학문중심 교육과정을 강조하였으나 개정된 교육과정에서는 지식의 구조, 연구과정 등을 종래와 같이 강조하기는 하였으나 보다 역점을 둔 것은 인간중심 교육과정이라 할 수 있을 것이다.

1981년 공포된 제4차 교육과정은 문교부에서 한국교육개발원에 위탁하여 기초 연구와 총론, 각론, 시안을 개발하도록 하였다. 운영 체계를 개선하고 국가수준 · 지역수준 · 학교수준 교육과정을 명백히 구별하고, 기초교육의 강화, 정보화 사회에 대응하는 교육의 강화, 교육과정의 효율화를 중시하였다. 교육정상화를 위해 교육내용의 양과 수준을 적정화하고 과열 과외 잠재요인을 제거하는 교육개혁을 추진하였고, 국민 정신교육을 강화하였다.

개정의 방침은 첫째, 이전 교육과정이 지닌 학습내용의 과다, 학습하기 어려운 교육내용, 교과목위주의 분과 교육, 일반 교육의 소홀, 전인교육과 인간교육이 미흡한 문제점들을 보완하였으며, 둘째, 교육정상화를 위한 교육개혁의 추진(교육내용의 양과 수준의 적정화, 과열 과외 잠재요인 제거), 셋째, 국민 정신교육의 강화(초등학교 교육목표 내용을 체계화 등 각 급 학교 교육과정에의 체계적 반영) 등 특히 지금까지 소홀히 해 온 인간중심 교육과정의 성격도 반영되어 개인적 · 사회적 · 학문적 · 적합성을 고루 갖춘 교육과정이 되게 하였다.

6) 5차 교육과정기(인간중심 교육과정 강조의 시기 : 1987~1992)

1987~1988년까지의 문교부 고시 87-9호, 87-7호, 88-7호로 공포된 초 ·

중 · 고등학교의 교육과정을 말한다. 특히 교육과정 및 교과용 도서 중 개선이 필요한 부분만을 개정하는 것을 기본원칙으로 건강한 사람, 자주적인 사람, 창조적인 사람, 도덕적인 사람을 기르는데 목적을 두었다. 개정의 방침을 적정화 · 내실화 · 지역화에 두고 개정의 전략으로 지속성(4차 교육과정의 기본 골격 유지), 점진성(혁명적이고 총체적인 개혁보다 현실여건을 감안한 점진적인 개선), 효율성(교육과정이 의도한대로 기피하는 교육적 성취를 가져오도록 하는 제반 조치의 실행)을 제시하였다. 특히, 중앙집권적 교육과정 체제를 지방화하기 위해 교육과정의 지역화를 강조하고, 기초교육을 강화하였으며, 정보화 사회에 대응하는 교육을 강화하여 교육과정이 실제 교육 현장에서 제대로 실현될 수 있도록 교육과정의 효율화를 중시하였다.

7) 6차 교육과정기(인간중심 교육과정 강조의 시기 : 1992~1997)

교육부가 1992년 말에 유치원, 초등학교, 중 · 고등학교 교육과정 개정을 확정하였고, 초등학교 1, 2학년과 중학교는 1995년부터, 초등학교 3, 4학년과 고등학교는 1996년부터, 그리고 초등학교 5, 6학년은 1997년부터 적용한 교육과정이다. 교육과정은 ① 건강한 사람(몸과 마음이), ② 자주적인 사람(개성있고 자율적인), ③ 창의적인 사람(창의성을 갖고 실천하는 사람), ④ 도덕적인 사람(옳고 그름을 판단하고 선한 일을 실천하는 사람)을 기르는데 목적을 두었다.

6차 교육과정기의 개정 중심 사항은 ① 교육과정 결정의 분권화, ② 교육과정 구조의 다양화, ③ 교육과정 내용의 적정화, ④ 교육과정 운영의 효율화 등이다. 이때 특기할 사항은 편성 운영 체계의 개선으로 국가수준 · 지역수준 · 학교수준 교육과정을 명백히 구별하고, 교육부 ↔ 시 · 도 교육청 ↔ 학교로 이어지는 교육과정 편성 운영체제를 강조하였다.

국가수준 교육과정은 초 · 중등학교의 교육내용에 관한 전국 공통적 일반적 기준이며, 지역수준 교육과정은 일선 학교가 학교교육과정을 효율적으로 운영할 수 있도록 지원하기 위해 작성한 교육과정 편성 운영지침을 말한다.

2. 제7차 교육과정(1997~현재까지)

7차 교육과정은 1997년 12월 30일에 교육부 고시 제1997-15호로 고시된 교육과정으로 21세기 정보화 · 세계화 사회를 염두에 두고 이 시대에 세계를 주도할 경쟁력 있는 인간을 효과적으로 양성해 내는 것을 목적으로 하였다. 개정중점은 ① 국민공통기본 교육과정의 편성과 학생선택 중심 교육과정 도입, ② 수준별 교육과정 도입, ③ 재량활동을 신설 확대, ④ 학습량 최적화의 수준 조절, ⑤ 교육과정 평가 체제를 확립, ⑥ 창의력, 정보능력 배양 강조 등이다. 특히 수준별 수업의 도입과 학생 선택권 확대, 재량활동 시간 도입이 골자이다.

사회의 변화에 따라 종전의 교육과정과는 달리 7차 교육과정의 성격은 "국가수준의 공통성과 지역, 학교, 개인수준의 다양성을 동시에 추구하는 교육과정", "학습자의 자율성과 창의성을 신장하기 위한 학생중심의 교육과정", "교육청과 학교, 교원, 학생, 학부모가 함께 실현해 가는 교육과정", "학교교육체제를 교육과정 중심으로 개선하기 위한 교육과정", "교육의 과정과 결과의 질적 수준을 유지, 관리하기 위한 교육과정" 등의 성격을 가진다.

제7차 교육과정이 추구하는 인간상, 교육과정의 특성을 살펴보면 다음과 같다.

1) 추구하는 인간상(목적)

제7차 교육과정에서 추구하는 인간상은 공동체의 유지와 개인의 발전이라는 두 마리의 토끼를 모두 추구하고 있다. 이러한 교육목적을 제시하면 다음과 같으며 이를 그림으로 표현하면 [그림 6-2]와 같다.

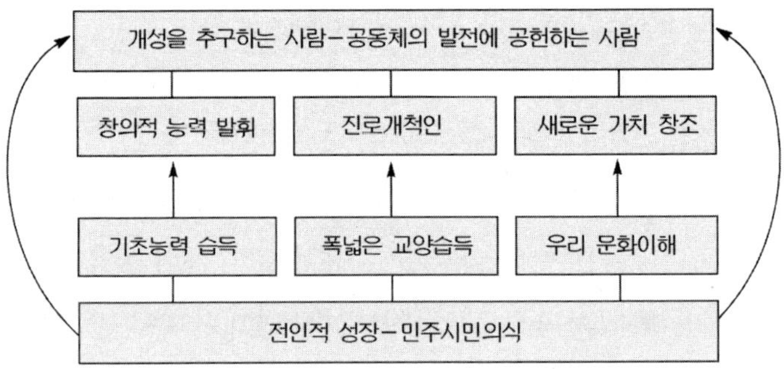

[그림 6-2] 제7차 교육과정의 교육목표

7차 교육과정에서 중시하는 인간상은 다음과 같다.

① 전인적 성장의 기반 위에 개성을 추구하는 사람
② 기초능력을 토대로 창의적인 능력을 발휘하는 사람
③ 폭넓은 교양을 바탕으로 진로를 개척하는 사람
④ 우리 문화에 대한 이해의 토대 위에 새로운 가치를 창조하는 사람
⑤ 민주시민 의식을 기초로 공동체의 발전에 공헌하는 사람

2) 교육과정의 특성

7차 교육과정이 추구하는 인간상을 실현하기 위한 구성의 방침은 다음과 같다.

첫째, 사회적 변화의 흐름을 주도할 수 있는 기본 능력을 길러 줄 수 있도록 교육과정을 구성한다.

둘째, 국민공통 기본 교육과정과 고등학교의 선택중심 교육과정 체제를 도입한다. 국민공통 기본 교육과정은 교과, 재량활동, 특별활동으로 편성하며, 교과는 국어, 도덕, 사회, 수학, 과학, 실과(기술 · 가정), 체육, 음악, 외국어(영어)로 한다. 재량활동은 교과재량활동과 창의적 재량활동으로 구분하며, 교과재량활동은 중등학교의 선택과목 학습과 국민공통 기본 교과의 심화 보충학습을

위한 것이며, 창의적 재량활동은 학교의 독특한 교육적 필요, 학생의 요구 등에 따른 범교과학습과 자기주도적 학습을 위한 것이다. 특별활동은 자치활동, 적응활동, 계발활동, 봉사활동, 행사활동으로 한다.

셋째, 교육내용의 양과 수준을 적정화하고 심도 있는 학습이 이루어지도록 수준별 교육과정을 도입했다. 수준별 교육과정은 단계형 수준별 교육과정과 심화 보충형 수준별 교육과정으로 구분한다. 단계형 수준별 교육과정은 수학과 영어 교과에 적용되며, 심화 보충형 수준별 교육과정은 국어, 사회, 과학 교과에 적용된다.

넷째, 학생의 능력, 적성, 진로를 고려하여 교육내용과 방법을 다양화한다. 민주적 절차와 과정으로 학교교육 활동 전반을 통하여 인성교육이 통합적, 체계적으로 이루어지도록 하며, 학습결손 보충을 위한 특별보충과정을 학교별로 자율적으로 운영한다. 학습방법에 있어 개별학습과 소집단학습 활동을 권장하고, 학습의 개별화에 유의한다. 또 지역사회의 인적, 물적 자원을 계획적으로 활용하며, 학생과 학부모의 요구에 따른 방과 후 또는 방학 중 프로그램을 개설 · 운영한다.

다섯째, 교육과정 편성과 운영에 있어서 현장의 자율성을 확대한다. 이를 위해 시교육청은 각급 학교의 교육과정 편성운영지침을 작성하고, 지역교육청은 실천중심의 장학자료를 작성하며 각급 학교에서 자신의 학교에 적합한 학교교육과정 편성운영계획을 작성한다.

여섯째, 교육과정 평가체제를 확립하여 교육에 대한 질 관리를 강화한다. 국가수준에서 주기적으로 학생 학력을 평가하고, 교육과정 편성운영도 평가를 실시한다. 또 국가수준의 교과별 절대평가 기준을 개발하고, 평가문항을 개발하여 보급한다.

7차 교육과정은 2004년 11월 26일에 첫 번째 부분 개정이 있었고, 2005년 12월 28일에 고시된 두 번째 부분 개정된 교육과정은 고등학교 국사 교육과정을 개정한 교육과정이다. 2006년 8월 29일에 고시된 세 번째 부분 개정은 초등학교, 중학교, 고등학교의 수학과, 영어과 교육과정에 대한 교육과정이고, 2007년 2월 28일에 고시된 4번째 부분 개정에서는 이전의 개정과 달리 많은 면이 개정되었다. 이 교육과정은 다양한 면에서 개정이 있었던 만큼, 그 과정에서 많은 논란이 제기되었다. 특징을 열거하면, 체육 교과군의 독립으로 체육 과목을 필수 과목으로 지정하고 10학년 과학, 역사 과목의 시수를 주당 한 시간 늘리고, 역사 과목을 독립하여 사회과와 분리해 시수를 매김으로써 과목의 시수 보장(7학년에서 10학년까지)하고, 일반선택교과와 심화선택교과를 통합하고, 다양한 선택교과(매체언어, 동아시아사 등)를 신설하였다. 다섯 번째 부분 개정은 '교육과학기술부 고시 제2009-10호'로 고시된 교육과정이다. 기존 '교육인적자원부 고시 제2007-79호(2007. 2. 28.)의 사회과 교육과정'을 개정한 것이다. 2009년 고시된 여섯 번째 부분 개정은 교육과정은 초등학교는 '창의적 체험활동'과 '진로교육'에 대한 것이며 중학교 진로교육은 선택과목의 하나로 '진로와 직업' 과목을 개설하고, 신설된 '창의적 체험활동' 중에 '진로활동'을 명시하였다.

7차 교육과정 개정안은 발족 이후 7번째로 개편된 교육과정을 의미하는 것으로 8차 교육과정으로 볼 수 있다. 7차 교육과정의 가장 큰 특징은 초등학교 1학년부터 고교 1학년까지 10년간은 '국민공통 기본 교육과정'으로 정해 10개 과목을 가르치되, 학생별로 '수준별' 교육과정을 운영하고 고교 2 · 3학년은 '선택중심 교육과정'으로 정해 학생들이 학업수준과 적성에 맞게 배울 과목을 선택해 심화학습하게 하는 것이다.

7차 교육과정 개정안(8차 교육과정)은 초등학교 2009년 초에 1, 2학년, 2010년 초에 3, 4학년, 2011년 초에 5, 6학년에게 적용되며, 중학교는 2010년에 중1, 2011년에 중2, 2012년에 중3에게 적용, 고등학교는 2011년에 고1, 2012년에 고2, 2013년에 고3에게 적용하며, 단, 수학, 영어 과목은 초 · 중 · 고교 모두 2009년부터 적용하기로 개정하였다.

제7장
교육공학의 이해

제1절 교육공학

오늘날 교육인구와 지식의 증가로 교육을 통해 무엇을 가르쳐야 하는 문제가 대두되어 교육의 효율성 증대와 이론 및 방법을 모색하게 되었고, 이로 인해 교육공학이 생겨나고 발전하게 되었다. 현대사회의 변화는 공학에 의해 주도되고 있으며 사회를 급속히 변화시키는 데는 공학의 힘이 크게 작용하고 있다. 공학은 최적의 생산물을 산출하기 위하여 체계적으로 사고하는 과정이라 할 수 있다. '교육공학'(Educational Technology)은 '교육'(education)에 '공학'(technology)을 접목시킨 개념으로 인간 행동의 변화를 위해 체계적인 지식과 기술을 교육 실제에 적용하는 학문이라고 말할 수 있다. 즉, 교육을 보다 효율적으로 증진시키기 위해 공학적 기술과 지식을 교육의 개선을 위해 체계적으로 활용하는 학문이다.

1. 교육공학의 중요성

교육공학은 미국의 시청각교육국(Department of Audio-Visual Instruction : DAVI)의 회장이었던 핀(J. D. Finn)이 1960년 그의 논문 「공학과 교수과정」'에서 처음 사용하면서 학문으로서 정립되기 시작하였다. 교육공학은 시청각을 비롯한 다양한 매체를 활용하는 방법과 전략 그 이상의 것을 포함하는 학문이다(유승우 외, 2010).

학습환경은 학습자의 학습 효과성, 효율성, 매력성을 제고하는 중요한 요소로써 오늘날 학습환경의 변화에 따라 교육공학이 부각되고 매우 강조되고 있다. 학습이란 새로운 정보의 습득에 영향을 주는 외적 요인들의 총합이라고 볼 수 있다. 그러므로 우리가 어떠한 학습환경에 처하느냐에 따라 습득되는 정보나 습득하는 방법이 달라질 것이다.

오늘날 과학의 발달은 매체의 지속적인 발달을 조성하고 있다. 이러한 매체의 변화는 수업매체의 변화를 초래하고 있고, 이러한 수업매체(카세트 녹음기에서부터, 비디오(video), 카세트(cassette), 슬라이드(slide), 컴퓨터, 라디오, 텔레비전 등)는 학교 내외, 가정 및 작업장, 남녀노소 모두에게 학습의 이점을 즐기게 하고 있다. 보르크(A. Bork)는 "우리는 교육의 대혁명, 즉 인쇄술의 발명 이후 그 어느 것과도 비교할 수 없는 대혁명의 출발점에 서 있다. 바로 컴퓨터가 이 대혁명의 도구가 될 것이다(박승배, 1994)."라고 하였다. 기업에서의 위성을 이용한 석사과정, 시골 지역의 원격교육, 학교 현장의 LAN시설, 대학강좌의 가상교육, PC통신을 이용한 학습자료 배부 등은 우리에게 컴퓨터를 이용한 학습환경의 변화를 실제적으로 느끼게 만들고 있다.

나아가 컴퓨터 기능의 발달로 인해 홍수처럼 쏟아지고 있는 다양한 전자매체, 정보화 시대에 부응한 초고속 정보통신망, 사람의 눈을 현혹시키는 컴퓨터를 이용한 멀티미디어 등의 위력은 대단하다. 멀티미디어는 단순히 복합적인 정보의 표상매체가 아니라 학교교육의 핵심적 요소로 부상되고 있다.

이러한 학습환경의 변화는 컴퓨터를 중심으로 이루어진 정보사회로의 변화에 연유하고 있다. 정보사회는 이른바 3탈 현상(탈학교, 탈교사, 탈학습)을 보여준다. 이전의 교육은 학교에서 교사중심으로 인쇄된 교과서를 이용하여 보다 많은 내용을 학생들에게 학습시킴으로써 산업사회가 요구하는 표준화된 능력자를 대량으로 생산하는 것이 주 목적이었다. 그러나 정보화 사회에서의 교육은 가상공간이라는 새로운 학습공간에서 학습자 중심으로 수정과 변화가 용이한 디지털 교과서를 이용하여 보다 필요한 내용을 스스로 학습함으로써 정보화 사회가 요구하는 지식 생성자(knowledge worker)를 양성하는 것이 주 목적이다.

이러한 변화는 결국 교과지도에서의 변화를 요구하고 있다. 결론적으로 말하면 분필과 말에 의한 수업이 아니라 컴퓨터를 수업매체로 활용하는 수업으로의 변화를 강력히 요구하고 있다. 분필과 말에 의한 수업은 그 탁월한 효용성에도 불구하고 많은 교사들은 풀기 어려운 불만을 가지고 있었다. 이른바 학생의 이해 수준에 따라 지식의 표현양식(작동적 표현, 영상적 표현, 상징적 표현 등)을 다양하게 할 수 없고, 수업의 과정에서 필요한 순간에 필요한 자료(특히 영상자료)를 제공하기 어려웠다. 이러한 변화의 결과로 교육방법상에 큰 변화를 야기하고 있다. 핀은 현대사회의 제 특성, 즉 지식과 인구의 팽창, 컴퓨터 산업을 위시한 제2차 산업혁명의 발전, 공공철학의 필요성, 공학기술의 대규모 적용, 현대 산업사회를 이끌어 가는 과학자들의 대량양성, 시민교육에 대량으로 적용되고 있는 공학기술의 발달, 자동화로 되어 가는 사회에서 필요한 전문직업인의 재훈련, 교수과정에 공학기술의 대규모 적용 필요성 등의 요인들이 오늘날 교육에 교육공학의 도입을 요구하고 있다면서(AECT, 1977), 교육의 미래는 교육공학과 교수공학의 중요성을 이해할 수 있는 사람들에게 속할 것으로(Finn, 1964) 내다 보았다.

2. 교육공학의 의미와 발달

교육공학이란 현대사회에서 교육의 과학화 현상과 맞추어 나타났으므로 일률적으로 무엇이라고 정의하기는 어렵다. 럼스다인(A. A. Lumsdaine, 1964)은 교육공학의 개념을 기계적 차원(영화, 녹음, 슬라이드, TV, 티칭머신, 컴퓨터 등 물리적 기기를 적용하는 하드웨어 중심)과 내용적 차원(학습내용이나 프로그램 등의 소프트웨어 중심)으로 다루면서 교육공학은 단순한 기계, 기술, 장치, 즉 하드웨어만을 지칭하는 것이 아니고 교육활동 속에 포함되는 여러 요소(자료, 인원, 조직, 운영방안, 교육환경 사이의 통합적 체제인 소프트웨어)를 더 강조한다고 하였다. 가네(Gagné, 1968)는 교육공학은 하드웨어와 동일시되어서는 안 되며, 교육체제로서의 학교교육을 설계, 평가, 운용하기 위한 일련의 체제적 기술과 실제적 지식을 수반하는 것이라고 하였으며, 실버(K. Silver, 1970)는 교육공학이란 교수상의 문제를 해결하는 데 수업체제의 구성 요소(메시지, 인간, 자원, 장치, 기술, 환경)의 개발(연구, 고안, 제작, 평가, 활용) 및 운영(조직, 관리)을 의미한다고 하였다. 미국교육공학회(AECT)에서는 교육공학이란 모든 인간학습에 포함된 문제점들을 분석하고 이에 대한 해결책을 고안하고, 실행하며, 평가 · 관리하기 위하여 사람, 절차, 아이디어, 기기 및 조직을 포함하는 복합적이고 통합된 과정이라고 정의하였다(김신자 역, 1982, 재인용).

이상과 같은 정의들을 고려해 볼 때 교육공학이란 단순히 공학적 기기만을 활용하는 것이 아니라 인간학습에 관련된 제 문제를 해결하기 위해 공학적 기술과 지식을 모두 활용하는 것이다. 즉, 하드웨어의 활용과 아울러 소프트웨어의 제작, 활용까지 모두 포함되는 것이다.

교육공학은 시대에 따라 많은 변화를 거쳐 왔다. 교육공학의 모체적 역할을 하는 시청각 교육의 발전과 관련하여 보면 중세사회에서의 인쇄술 발달과 17세기의 실증주의 교육, 18~19세기의 아동중심주의 교육사상이 교육공학의 발달에 중요한 역할을 했다고 볼 수 있다. 핀은 시각교육 운동이 본격적으로 시작된 1920년대를 교육공학의 출발시기로 보고 있다. 1839년의 프랑스에서의 사진기, 1871년의 영국의 사진용 유리판의 발명, 1888년 이스트만 코닥(Eastman Kodak) 회사의 필름 발명, 1894년 토마스 에디슨(T. Edison)의 사진용 유리판의 발명 등은 시각교육 운동을 활발하게 만들었다.

시각교육이란 1900년 이후 인쇄물에만 의존하던 수업에서 사진, 모형, 사물, 무성 영화 등의 시각자료를 활용하여 행해진 수업을 말한다. 1930년대 말부터 등장한 음향 녹음, 축음기의 보급, 유성영화 등은 시청각교육으로 발전하게 되었다. 1932년의 색채 영화제작, 1949년 코닥회사의 천연색 필름의 보급, 1936년 영국방송협회의 텔레비전 방송국 개국, 라디오, 레코드 등의 출현 등과 1939년 제2차 세계대전으로 인한 많은 군인의 동시적 교육의 필요성 등은 시청각 교육을 활성화시켰다. 시청각 교육은 영화, 슬라이드, 녹음, 라디오, 텔레비전 등의 시청각 교재와 교구를 활용하고 시각과 청각을 동시에 사용하여 교수내용을 전달함으로써 학습활동을 효과적으로 유도하는 교육방법이다.

이 시청각 교육은 커뮤니케이션(통신학), 심리학(특히, 행동과학), 경영학 등 학문 분야의 도움으로 시청각 통신으로 나아가고, 스키너의 학습이론을 적용하여 교수공학으로 발전하였다. 교수공학은 교수목표를 토대로 학습이론과 커뮤니케이션이론을 적용하여 교수-학습의 전체 과정을 계획하고 실행하고 평가하는 체계적인 방법을 의미한다고 하며 교수 목표의 설정, 이에 따른 교재선택 개발, 교수방법의 선택, 평가자료 개발 등 계획, 실행, 평가의 과정을 중시하고 있다. 이러한 교수공학은 교육의 전반적인 영역으로 확대되면서 교육공학으로 나아가게 되었다. 특히 지식기반사회, 열린교육사회, 평생교육사회가 활성화되면서 사이버교육, e-러닝과 원격교육 등이 더욱 교육의 역할을 많이 하게 되었고, 정보화시대로 들어오면서 컴퓨터의 보급과 발전으로 인터넷의 발달은 학습과정이나 학교 운영의 현장에 큰 변화를 주며 교육공학의 발전에도 큰 영향을 주고 있다. 교육공학의 역사적 발전과정은 〈표 7-1〉과 같다.

표 7-1 교육공학의 역사적 발전과정(유승우 외, 재인용)

발전과정	주요내용	시기
시각교육	· 시각교육운동 · 호반에 의한 시각 자료와 교과과정의 통합 · DVI 조직 (시각교육국)	1920년대 1930년대
시청각 교육	· 시청각교육운동 · 데일의 경험의 원추 · 올센의 시청각 교육이론 · DAVI로 변경 (시청각교육국)	1940년대
시청각 교육통신	· 커뮤니케이션 이론 · 초기의 체제 개념 · 시청각 교육통신 · 핀의 교육공학 용어 최초 사용	1950년대 1960년대
교수공학	· 행동주의 심리학 · 체제 접근과 교수개발 · AECT로 변경 · 프로그램 학습과 교수기계 · 다양한 교수체제 모형 등장	1970년대

발전과정	주요내용	시기
교육공학	· 컴퓨터의 교육적 활용 · 인지심리학의 영향	1980년대
	· 교수공학의 정의와 영역 · 인터넷의 확산, 가상교육	1990년대
	· 테크놀로지의 눈부신 발전 · 구성주의의 영향	2000년대

3. 교육공학의 연구 영역

1944년 미국교육공학회의 정의에 따르면, 교육공학은 설계, 개발, 활용, 관리 및 평가의 다섯 가지 영역으로 나눌 수 있고, 다시 몇 개의 하위 요소들로 구성된다. 각 영역은 상호 보완적이며 서로 영향을 주고받지만 반드시 연속적인 관계는 아니다. 이 다섯 영역의 내용은 다음과 같이 교육공학 분야의 다양성을 확인할 수 있다.

1) 설계 영역

설계(design)는 학습조건을 분석하여 학습목표 달성을 위한 조건들을 구체화하는 과정이라고 할 수 있다. 체제이론이 도입되면서 교수행위는 여러 요소들이 연결되어 서로 영향을 주고받는 입장으로 보고 교수심리학을 모체로 하는 영역이다. 설계의 목적은 교수프로그램 혹은 커리큘럼과 같은 수업의 전 과정을 기획하는 거시적 수준의 전략뿐만 아니라 산물들, 단위 수업 및 모듈과 같은 미시적 수준의 수업을 기획하는 것이다. 설계 영역은 이론과 실제의 측면에서 교수체제 설계, 메시지 디자인, 교수전략, 학습자 특성의 네 가지이다.

2) 개발 영역

개발(development) 영역은 설계과정을 통하여 계획된 세부 사항들을 실제 물리적인 형태로 변화시키는 과정으로서, 주로 매체 제작 분야에서 시작되었고, 최근 공학 발달이 이 영역의 변화를 주도하고 있다. 개발은 단순히 매체를 제작한다는 것 이외에 내용이 중심이 되는 메시지를 담고 있어야 하며, 이론에 기반한 교수전략이 포함되고, 하드웨어, 소프트웨어, 교수자료 등 테크놀로지의 물리적 실재가 있어야 한다. 교수에 적용되는 다양한 매체(슬라이드, OHP, TV, 컴퓨터, 영화, 멀티미디어 등)에 활용할 교육 프로그램을 개발하는 영역으로 인쇄 공학, 시각 공학, 컴퓨터 기반 공학, 그리고 통합 공학의 네 가지 하위 영역으로 구성된다.

3) 활용 영역

활용(utilization) 영역은 학습을 위해 절차나 자원을 사용하는 행위에 관한 영역으로 실물화상기, 영화, 컴퓨터, 인터넷 등을 어떠한 방식으로 사용할 것인가를 다루는 것이다. 이 영역은 체계적인 설계나 제작이 이루어지기 전부터 학교에서 시청각매체를 이용해 왔으므로 교육공학 영역 중 가장 오랜 전통을 가지고 있다고 할 수 있다. 활용의 영역에는 매체 활용, 혁신의 보급, 실행과 제도화, 정책과 규제의 네 가지 하위 영역으로 구성된다.

4) 관리 영역

관리(management) 영역은 교수개발 프로젝트의 관리나 학교미디어센터를 관리하는 것이다. 관리란 계획, 조직, 조정, 감독 등을 통해 교육공학을 통제하는 것을 말한다. 관리 기능은 미디어센터와 프로그램 행정가들이 실제로 사용하고 있는 조직 관리와 인사 관리로 나눌 수 있다. 관리 영역은 프로젝트 관리, 자원 관리, 전달체제 관리, 정보 관리의 네 가지 하위 영역으로 구성된다. 아무리 훌륭한 프로그램이 연구 · 개발된다고 하더라도 그 프로그램을 효과적으로 운영 · 관리하지 못한다면 성공적인 프로그램이 될 수 없다.

5) 평가 영역

평가(evaluation)는 교수와 학습의 적절성을 결정하는 과정으로 활동 과정이나 결과에 대한 장점이나 가치 등을 확인하는 절차이다. 평가연구는 프로젝트, 프로그램, 제품의 개선, 확장, 중단에 따른 의사결정을 하기 위한 자료를 얻는 것을 목적으로 확고한 가치판단을 하기 위한 것이다. 평가 영역은 문제 분석, 준거지향 평가, 형성평가, 총괄평가의 네 가지 하위 영역이 있다.

제2절 수업공학

공학이란 각 학문 분야에서 체계화된 지식을 인간 실제생활의 효율성과 개선을 도모하기 위해 사용하는 것을 말한다. 따라서 종래에 수업공학을 수업매체의 적용이라고 보던 협의의 의미를 벗어나, 수업 분야에서 탐구된 모든 이론들을 수업실제에 효과적으로 적용하는 방안에 관한 탐구 및 그 실천을 수업공학 또는 교수공학이라고 하는 것이 마땅하다. 실제로 1960년대 이후 기반이 닦여진 수업이론 분야는 최근 수업공학 분야로 통합되어 탐구되고 있다 (Saettler, 1990).

여기서는 수업이론 또는 수업공학의 발전을 지원하고 있는 심리학들이 어떠한지, 그리고 이들 심리학적 기반을 토대로 발전되고 있는 수업공학이 어떤 방향으로 향하고 있는지를 간략히 설명하고자 한다.

1. 수업공학의 심리학적 기반

수업 분야의 이론 및 실제의 발전을 지원해 온 심리학 견해는 크게 행동주의,

인지주의, 구성주의의 세 가지를 들 수 있다.

행동주의는 인간의 학습을 행동성향의 변화라고 보고 학습행동은 선택적 강화에 의해 조형될 수 있다고 생각하는 견해이다. 행동주의에서는 정신작용 또는 사고과정과 같은 외적 관찰이 불가능하다고 보고 내면적 정신과정을 배제한 채 외현적 행동에 대한 강화법칙에 의거하여 학습 현상을 설명해 왔다. 바로 이점에 대한 반동으로 인지주의에 대한 선호도가 커졌다고 볼 수 있다.

인지주의는 학습자가 알게 되는 것이 무엇이며 이를 습득하는 방법이 어떤 것인지와 같은 학습의 내면적 과정에 관심의 초점을 둔 견해이다. 인지주의 초기 견해들은 내면적 학습과정에 대해 부분적 관심을 가져왔으나, 그 후 종합적인 인간 학습과정을 설명하는 이론들로 발전하면서, 학습자의 내면에서 어떠한 내용이 어떻게 학습되고 저장되었다가 학습이나 문제해결을 위해 어떻게 인출되어 사용되는지 등을 밝혀 줌으로써 보다 정교한 수업공학의 발전을 가능케 하였다.

최근 등장한 구성주의는 행동주의 및 인지주의의 기본 전제가 객관적 지식의 존재를 인정한다는 데 공통적이라고 비판하면서, 지식은 객관적으로 존재하기보다는 개인 학습자가 각기 구성해 가는 것이라고 주장하는 견해이다 (Lebow, 1993). 구성주의는 개개 학습자가 환경과 상호작용하면서 지식의 기초가 되는 의미를 어떻게 구성해 가며 이를 최적의 수준으로 조직할 수 있는 학습환경이 무엇인지에 관심의 초점을 둔다. 이런 점에서 구성주의는 최근 학교 현장에서 강조되고 있는 학습자의 자기주도적 학습과 동일한 맥락에서 논의되고 있다.

2. 수업체제

수업이론 또는 수업공학은 전술된 세 심리학의 영향을 받으면서 발전하고 있다고 볼 수 있지만, 기술적 방법론에 있어서 가장 명료한 지침을 제시해 준 행동주의에 의해 가장 영향을 많이 받아왔다. 최초의 수업공학 사례로 널리 알려진 프로그램 수업에서부터 과제분석, 행동목표, 준거지향 평가 등은 모두 행동주의 전통을 반영하는 수업방안들이다.

그러나 가네(1965)가 제안한 9가지 수업사태를 비롯해 학습자의 인지과정에 토대를 둔 수업전략들이 상당히 제시되고 있어 인지주의적 영향도 수업 분야에서 무시할 수가 없다. 또한 구성주의 관점에 입각하여 상황인지, 인지적 도제 등과 같이 관련 맥락을 중시하는 수업처방 또는 학습환경의 제공도 최근 수업 분야에서 강조되고 있다.

수업 준비 및 각종 교수-학습 자료 제작의 구체적인 이론적 기초를 제공한다는 점에서 수업공학의 소프트웨어로 간주되는 수업설계는 대표적인 수업공학의 사례이다. 왜냐하면 수업설계는 수업관련 변인들에 관해 연구된 이론들을 종합적으로 적용하는 과정이기 때문이다.

제3절 교수-학습 과정의 설계

여기에서는 수업의 이론적 기초와 기법들이 실제로 수업을 수행하기 위한 계획서를 작성하는 데 어떻게 적용될 수 있는지 살펴본다. 먼저 수업설계의 원리, 체제적 수업설계의 과정, 그리고 설계된 수업의 실행과 평가에 대해서 논의한다.

1. 수업설계의 원리

교육목표는 한 시간 한 시간의 수업을 통해서 달성될 수 있으므로 수업은 고도로 치밀하게 계획되어야 한다. 이 계획은 배우는 원리와 가르치는 원리가

정교하게 조합되도록 준비하는 과정이다. 그러나 여전히 수업은 가르치는 교사보다는 배우는 학습자에게 달려 있다는 고착된 생각 때문에 수업을 계획하는 과정에서 학습이론과 수업원리들이 무시되고 있다. 수업성과는 교사의 수업과정에 대한 이해와 계획의 정교성에 달려 있다고 할 수 있다.

수업은 학습자를 학습목표에 도달시키기 위해서 학습자의 내외적 환경을 통제하는 과정이다. 내적 환경에는 학습자의 일반적 능력, 학습적성, 선행지식, 학습동기, 학습기능, 학습양식 등이 대표적인 요소로 포함되고, 외적 환경에는 학습내용, 교사, 전달매체, 학습시간, 학습집단, 학습여건 등이 전형적인 요소로 포함될 수 있다. 수업은 이러한 요소들로 형성된 학습자의 환경을 체계적으로 분석하여 이 요소들이 유기적으로 상호작용할 수 있도록 조정하는 활동이다.

이와 같은 방법으로 수업을 계획하고 조직하는 과정을 수업의 체제적 접근(systems approach)이라고 한다. 여기서 체제(system)는 어떤 목표의 달성을 위해서 구성되어 있는 하위요소들의 집합체로 정의되고, 수업체제(instructional system)는 학습을 유발하기 위해서 수업을 구성하는 여러 가지 요소들로 구성되어 있는 집합체를 말한다.

수업을 체제적으로 접근하여 설계하는 이유를 가네 등(1992)은 다음과 같이 지적하고 있다. 첫째 수업은 집단을 대상으로 하기보다는 개별 학습자에게 초점을 두고 있기 때문이다. 둘째 수업은 한 시간의 계획과 함께 단원, 학기, 학년 간의 계획 가운데서 이루어지도록 설계되어야 한다. 셋째 수업은 학습이 우연이 아닌 필연적으로 일어나도록 해야 한다. 넷째 수업을 구성하는 모든 요소들은 지적으로 상호작용하도록 계획되어야 한다. 다섯째 수업은 인간이 학습하는 원리에 따라 전개될 수 있도록 해야 한다.

체제적 접근을 활용한 수업설계의 효과는 전통적인 방법으로 수업을 계획하는 효과보다 높은 것으로 확인되었다. 이러한 이유로 체제적으로 수업을 설계하기 위한 다양한 설계모형들이 개발되어 왔다. 그 중에서 딕(Dick)과 카레이(Carey)의 수업설계 모형이 대표적으로 이 모형을 활용한 수업설계 과정과 기법들을 간단히 소개하면 다음과 같다.

2. 체제적 설계의 과정

딕과 카레이가 개발한 수업설계 모형에 포함되는 일반적인 요소는 수업목표, 학습자 특성, 성취목표, 평가문항, 수업전략, 형성평가, 수업수정, 그리고 총괄평가와 같은 단계로 구성되어 있다. 수업설계를 위해서 이들 단계별로 수행하는 주요한 내용과 활동은 다음과 같다.

첫째 단계는 수업목표가 진술되면 이 목표에 대한 분석이 이루어진다. 이것을 목표분석(goal analysis)이라고 한다. 목표분석에서 이루어지는 활동 중 하나는 학습자가 도달할 이 목표는 어떤 유형의 학습내용이며, 다른 하나는 이 목표에 도달하기 위해서 학습자가 알고 있어야 하는 지식이 무엇인가를 분석하는 일이다.

둘째 단계는 학습자의 특성을 분석한다. 이 목표를 배울 학습자의 현재 능력과 상태가 어떠한지 구체적 능력과 일반적 능력으로 구별한다. 구체적인 능력은 학습자의 출발점 행동(entry behaviors)과 필수적 선수지식(prerequisite knowledge)이다. 이 출발점 행동은 어떤 목표를 학습하기 전에 학습자가 지닌 지식이나 태도를 말하고, 필수적 선수지식은 이 목표의 학습을 위해서 반드시 알고 있어야 하는 지식이다. 그리고 학습자의 일반적 능력은 지능, 학습적성, 학습기술과 같은 인지적 측면과 동기수준, 개인적 경험, 학습태도 등과 같은 정의적 측면이 포함된다.

셋째 단계는 구체적인 성취목표의 진술과 평가문항의 작성이다. 수업목표와 학습자에 대한 분석이 되면 이 양자를 고려해서 구체적인 성취 목표를 진술하고 이 목표의 도달을 확인하기 위한 평가문항을 작성한다. 성취목표(performance objectives)는 수행목표라고도 하며, 수행목표가 진술되면 이 목표의 도달을 실제로 검사하기 위한 문항을 작성한다. 이 문항은 성취목표에 나타난 도달준거와 행동동사를 그대로 검사문항에 나타나도록 제시해야 한다. 이와 같이 성취목표에 제시된 학습내용을 그대로 평가하도록 작성된 검사를 준거지향검사(criterion-referenced test)라고 한다. 이 검사의 문항수나 문항형식은 목표의 도달 정도를 가장 정확하게 평가하도록 결정되어야 한다.

넷째 단계는 수업전략(instructional strategy)의 수립이다. 수업전략은 설정된 수업목표를 실제로 가르치는 기법과 수단이다. 수업전략의 수립에 포함되는 일반적인 요소는 수업 전 활동, 학습안내 활동, 학습자 참여활동, 학습평가 및 평가 후 활동으로 구분되어 있다. 수업 전 활동은 이번 시간의 학습목표를 학습하기 전에 학습동기의 유발, 수업목표의 제시, 선행학습의 복습 등의 활동이 이루어진다. 학습안내 활동에서는 이번 시간에 학습내용의 순서에 따라 정보와 지식을 제시하는 방법과 매체를 결정한다. 학습자 참여에는 학습내용을 제시한 후에 학습자들에게 학습한 내용의 이해와 문제점을 확인하기 위해서 연습이나 발표의 기회를 주는 계획이다. 평가 후 활동은 목표의 도달 정도를 확인하기 위해서 시험이나 검사를 실시하고, 그 결과에 따라서 보충학습이나 심화학습의 방안을 결정한다.

다섯째 단계는 형성평가의 실시와 수업의 수정 단계이다. 이 단계는 수업전략을 수립해서 수업을 실시한 후에 수업의 전반적인 효과를 확인하고, 그 결과로서 나타난 비효과적인 부분을 찾아 내어 수업을 고치는 단계이다. 형성평가는 수업의 효과를 높이기 위해서 수업의 수정을 위한 자료를 수집하고 분석해서 잘못된 부분을 고치기 위한 목적으로 실시되는 평가이다. 형성평가의 객관성을 높이기 위해서 수업 후에 학습자의 의견을 수집할 질문지를 배포하여 실시한다. 이렇게 수집된 평가의 결과는 개인별, 문항별, 성취목표별로 각각 분석하여 수업의 전반적 및 각 단계별 문제점을 도출하여 수업의 개선안을 마련한다.

3. 수업의 실행

수업설계를 통해서 수업자료가 개발되면 이 자료를 통해서 실제로 수업을 전개한다. 수업은 교사가 지식이나 정보를 학습자에게 단순히 전달하는 과정보다는 학생의 사고과정과 기능습득을 효과적으로 수행할 수 있도록 도와주는 활동이다. 그러므로 수업은 학생에게서 일어나고 있는 학습의 과정과 행위에 접근된 활동으로 이루어져야 한다. 학습이 일어나는 원리의 탐구에서부터 효과적인 수업활동을 전개할 수 있는 원리와 기법을 찾아낼 수 있다. 현재 우리가 일반적으로 적용하고 있는 수업의 단계도 학습이 일어나는 원리와 과정을 기초로 하여 도출되어 나온 것이다.

인지학습이론은 인간의 정보처리 과정에 대한 연구의 결과에서 학습을 효과적으로 유도할 수 있는 수업의 단계를 도출하는데 주요한 단서를 제공하였다. 이 이론에 따르면, 인간이 외부에서 들어오는 정보를 처리하는 기본적인 과정은 감각기관을 통해서 들어온 정보가 주의를 받음으로써 단기기억에 저장되고, 여기서 다시 시연을 받은 정보가 장기기억으로 정착되며, 필요할 때 작용기억으로 인출되어서 새로운 정보와 결합됨으로써 일어난다고 주장하였다. 이러한 학습과정은 외부의 환경이나 조건에 크게 영향을 받을 수 있으며, 수업은 이들 환경이나 조건을 체계적 및 의도적으로 계획하고 지원하는 활동이다.

가네(1985)는 인지이론에서 관찰될 수 있는 학습과정에 따라 수업활동의 단계를 구분하였다. 감각기관으로부터 외부의 정보를 수용하는 과정에서는 학습자의 주의를 환기하여 집중시킬 수 있는 수업기법이 요구된다. 주의집중을 통해서 학습자의 기대감이 형성되도록 하기 위해서는 수업목표를 학습자에게 효과적으로 알리는 수업기법이 요구된다. 다음에는 새로운 정보를 학습하기 위한 준비로서 수업목표와 관련된 선행학습 정보나 내용을 장기기억에서 인출을 촉진할 수 있는 자극을 제시해야 한다. 이 자극은 선행정보나 내용이 회상되면 이를 바탕으로 학습자가 새로운 정보를 선택적으로 지각할 수 있도록 학습 정보를 특징있게 제시한다. 이렇게 제시된 정보는 필요할 때에 인출을 용이하게 하는 의미적 약호화를 통하여 학습이 일어나도록 수업을 전개한다. 제시한 학습정보에 대한 학습자의 반응을 유도하고 학습자에게 연습의 기회를 제공하며, 이 연습의 결과에 대한 피드백을 적절하게 해 주어야 한다. 학습된 내용의 인출을 활성화하기 위해서 학습수행의 결과를 확인하고, 그 결과를 기초로 해서 심화학습이나 보충학습이 될 수 있는 과제를 다양하게 제시하여 학습에 대한 파지와 전이를 높이도록 한다.

이러한 수업의 단계는 모든 수업에서 정확한 순서로 일어나지는 않지만, 대부분의 수업은 이러한 순서대로 진행되어야 학습이 효과적으로 일어난다. 물론 모든 수업에서 이러한 단계가 반드시 그대로 적용되지는 않는다. 수업단계의 역할은 학습자의 내적 정보처리 과정을 자극하고 지원하는 수단에 불과하다. 어떤 학습자는 이러한 수업단계 중의 일부를 스스로 지원하고 개발하기도 한다. 이러한 경우에는 자율학습 또는 자기주도적 학습 수행이 가능하게 된다. 그러나 이런 경우에도 학습이 효과적으로 수행되기 위해서는 학습자료나 프로그램을 수업단계에 맞추어 개발하는 것이 학습에 보다 효과적인 것으로 입증되고 있다.

4. 수업의 평가

지금까지 설계하고 실행한 수업 과정이 설정된 수업목표에 어느 정도 도달되었는지를 평가함으로써 수업의 효율성과 적절성을 확인할 수 있다. 이를 위한 수업의 평가는 두 측면(형성평가와 총괄평가)으로 수행될 수 있다. 하나는 수업의 계획과 실행의 전과정에 이르는 문제점을 찾아서 수업을 보완하고 개선하기 위한 측면이고, 다른 하나는 수업목표에 도달 정도를 확인하기 위한 측면이다.

제4절 수업매체

전술한 바와 같이 학습환경의 변화를 주도하는 것은 수업매체의 발달이므로 교육공학에서는 매체의 성격을 이해하는 것이 필요하다.

1. 매체(media)의 성격

20세기 이래 다양한 매체가 활용되고 있다. 매체는 'medius'라는 라틴어에서 유래된 말로서 '~사이'의 뜻으로 정보를 전달하는 것을 가리키며, 컴퓨터에서는 텍스트 또는 화상과 같은 정보 형태를 말한다. 즉, 정보를 전달하는 과정에서 사용되는 모든 형태의 채널을 의미한다. 공학의 발달은 매체의 활용을 더욱 확대하고 있다. 교육 현장과 학교교육 이외의 현장에서도 매체는 적극적으로 활용되고 있다. 학교의 교육과정은 매우 획일적이나 훈련 프로그램은 흔히 산업에 따라 특수적이며, 학교의 교육 대상은 주로 아동이나 청소년임에 비해 훈련 프로그램은 성인이라는 관점에서 교육과 훈련에서 사용되는 매체는 차이가 있다는 견해도 있다. 그러나 수업 또는 정보의 전달이라는 관점에서 보면 매체의 활용은 학교와 산업 현장에서 차이가 없다고 보아야 할 것이다. 매체가 수업목적의 달성을 위하여 내용을 전달할 때 수업매체(instructional media)라고 한다. 수업매체의 성격을 알아보면 다음과 같다.

첫째, 매체의 기본적 속성이 학습에 있다. 매체란 정보의 원천과 수신자간의 정보를 전달하는 매개체, 의사소통의 채널을 의미한다. 학습이란 새로운 정보의 습득을 말하므로 정보의 전달은 학습을 야기할 수밖에 없다. 그러므로 매체를 접하는 개인은 의식적으로 또는 무의식적으로 새로운 정보를 접하게 되고 이를 통하여 학습이 이루어지고 있다. 또 새로운 정보를 전달하는 사람도 의식적이든 무의식적이든 전부 매체를 활용하고 있다.

둘째, 매체의 기본적 목적이 의사소통을 촉진하는 데 있다. 의사소통이란 정보를 가지고 있는 사람으로부터 정보가 필요한 사람에게 전달되는 과정을 말한다. 매체란 바로 이러한 의사소통을 촉진하는 것을 기본 목적으로 하고 있으므로 정보 습득과 깊은 관련성을 가지고 있다. 최근 게시물, 광고 등에서 증대하고 있는 시각적 메시지는 의사소통을 촉진하기 위한 것이다. 모든 정보를 시각적 메시지로 전달 가능하도록 만들고 있는 것은 바로 매체인 것이다.

셋째, 매체의 활용을 통하여 수업방법에 관한 기법이 개발된다. 매체가 학습효과를 직접적으로 재고하는가에 관하여 논란이 있다. 슈람(Schramm)은 "학습은 매체 유형에 의하기보다 매체에서의 수업 전략과 내용에 의해 더 영향을 받는다"고 했다. 또 클라크(Clark)도 "매체는 어떤 조건하에서 학습에 영향을 주지 않는다. 오히려 매체는 수업을 전달하는 단순한 매체이다. 식료품을 전달하는 트럭이 우리의 영양분을 변화시키는 원인이 될 수 없듯이 매체는 학생의 성취도에 영향을 주지 못한다"고 하면서 매체의 직접적인 학습 효과를 부정하고 있다. 그러나 식료품이 어떠한 트럭에 실리느냐에 따라 그 신선도가 달라질 것이고 달라진 신선도는 우리의 건강에 큰 영향을 주게 될 것이다. 따라서 매체의 활용은 정보의 효율적인 전달 수단과 전달 방법을 강구하게 될 것이고 이를 통하여 더 다양한 수업기법이 개발될 것이다.

매체의 속성은 학습하게 될 정보의 특징과 결합하여 매체 선택의 기준이 된다. 매체가 가진 속성은 상징적 속성, 내용적 속성, 기술적 속성, 상황적 속성 등이다(권성호, 1995).

상징적 속성(symbolic attribute)이란 내용을 구성하고 있는 문자, 음성, 기호 및 언어 등을 말하며 이러한 다양한 상징체계는 발전하는 테크놀로지와의 상호작용을 통해서 나타난다.

내용적 속성(content attribute)이란 매체 속에 담겨져 있는 전달하고자 하는 내용이다. 내용과 매체는 동일한 것은 아니다. 동일한 내용일지라도 전달매체에 따라 영향력이 달라진다. 내용은 흔히 교과 내용이나 학습지침일 수 있고, 내용에 대한 질문, 반응의 적절성에 대한 피드백, 또는 다른 정보일 수도 있다.

기술적 속성(technological attribute)이란 내용을 전달하는 장치 및 시스템을 말한다. 이러한 기술적 속성을 어떻게 사용하는가에 따라 매체에 담겨 있는 내용을 풍부하게 얻을 수 있느냐 없느냐의 영향을 받는다.

상황적 속성(contextual attribute)이란 메시지가 전달되는 사회적 환경을 말한다. 매체가 어떤 상황에서 사용되느냐 하는 것도 내용의 습득에 영향을 준다.

2. 매체의 유형

수업매체는 다양하게 분류되고 있다(표 7-2). 자료의 투사성 여부에 따라 비투사매체와 투사매체로 구분할 수 있고, 자료의 상징체계에 따라 시각매체, 청각매체, 시청각매체로 나눌 수 있으며, 학습자와의 상호작용성 여부에 따라 상호작용 매체, 비상호작용 매체로 나눌 수 있다. 탐색의 방법에 따라 계열적 탐색매체, 비계열적 탐색매체로 나눌 수 있다.

표 7-2

수업매체의 유형 분류

분류		종류
투사성 여부	비투사매체	사진, 도표, 전시, 모형, 실물, 그래프, 만화
	투사매체	filmstrips, OHP, 슬라이드
자료의 상징체계	시각매체	괘도, 실물, 도형, 칠판, 그림 사진, 슬라이드, filmstrips, OHP
	청각매체	녹음기, 라디오, 음반
	시청각매체	녹음기가 있는 슬라이드, 유성영화, 비디오
상호성 여부	상호작용매체	상호작용 비디오, hyper-text, 멀티미디어, 쌍방향 TV
	비상호작용매체	괘도, OHP, 비디오

분류		종류
탐색방법	계열적 탐색매체	video, slide
	비계열적 탐색매체	hypermedia

또 매체가 수업에서 어떻게 활용될 수 있는가에 따라 교사의존매체와 교사독립매체로 나누어 볼 수 있다. 교사의존매체는 교사의 의도에 전적으로 활용되는 방법이다. 이른바 교사의존(instructor-based)수업에서의 활용이다. 교사의존수업에서는 수업내용의 전달이 주로 교사의 언어에 의해 이루어지고 있으나 다양한 형태로 학습 내용을 표상하려는 교사의 필요성에 의해 매체가 사용된다. 이 때 매체의 학습효과성은 수업매체의 특성에도 영향을 받지만, 그 효과성은 주로 교사에 의존한다. 교사독립매체는 교사독립(instructor independent)수업에서의 활용이다. 교사독립수업은 수업내용의 전달이 교사에 의해 직접적으로 이루어지지 않고 주로 매체를 통하여 이루어진다. 이 경우 흔히 학습자 중심 수업이라고 불린다. 이 때, 수업은 매체를 고안한 사람에 의해 인도된다. 매체는 교사가 없거나 학생들끼리 공부하는 형식적 교육상황에서 효과적으로 사용될 수 있다. 또한 비형식적 교육에서도 널리 활용될 수 있다.

3. 매체의 발달

일반적으로 매체의 발달은 교육공학의 발달과정과 맥을 같이 하고 있다. 처음으로 교육에 큰 영향을 준 매체는 중세시대 활판 인쇄술의 발명으로 나타난 인쇄매체로 학습자료가 대량으로 인쇄되어 주 수업매체가 되었다. 17세기에 이르러 코메니우스에 의하여 매체의 변화가 시도되었다. 그는 지식의 시초는 감각으로부터 이루어진다고 하면서 실물에 의한 교육을 강조하면서 이것이 어려우면 그림과 영상을 보여주는 것이 좋다고 하였다. 이에 따라 단순히 문자에 의한 전달보다 그림에 의한 전달이 강조되었다. 그러나 그림을 효과적으로 전달할 수 있는 매체는 개발되지 못하고 여전히 종이에 기록된 매체(인쇄된 그림이나 괘도 등)로서 그림을 나타내었다. 실물자료의 중요성이 19세기 아동중심주의 교육자에 의하여 더욱 강조되었고, 20세기 발달된 과학의 힘을 입어 그림과 같은 시각적 자료의 제시가 보다 용이해졌다. 즉, 사진기와 무성영화의 등장은 시각자료의 제시를 보다 용이하게 만들었고, 과학은 더욱 발전되어 청각자료의 제시를 용이하게 만들었다. 녹음기의 발명과 유성영화의 등장은 매체의 성격을 더욱 변화시켰다. 여기에 컴퓨터의 등장은 매체의 속성을 크게 변화시켰는데 컴퓨터는 자체적 기능의 발달은 물론 멀티미디어, 통신공학과 결합함으로써 수업매체로서의 중요성이 더욱 강조되었다. 따라서 매체의 발달은 컴퓨터와 독립하여 논할 수 없게 되었다. 여기서는 컴퓨터의 등장을 중심으로 매체의 발달을 세 가지 방향에서 살펴볼 수 있다.

첫째, 컴퓨터의 발달을 통하여 매체는 교사에 의존하는 매체에서 교사로부터 독립한 매체로 발달하고 있다. 교사에 의존하는 매체란 교사의 의도적 조작과 활용 없이는 교과내용을 효율적으로 전달할 수 없는 매체를 말한다. 이에는 칠판, 괘도, slide, OHP, opaque, video 등이 포함된다. 이에 비해 교사로부터 독립한 매체란 교사의 의도적 조작이 없더라도 학습자와의 상호작용을 통하여 스스로 교과내용을 효율적으로 전달할 수 있는 매체를 말한다. 이에는 컴퓨터를 이용한 프로그램 등이 내포된다.

둘째, 단일 매체에서 멀티미디어로 발달하고 있다. 브루너는 수업이론에서 학습자에게 주어지는 수업은 직접경험(활동적)에서 시작하여 경험의 영상적 제시(그림, 필름 등)를 거쳐 상징적 또는 디지털적 표상(단어로서)으로 진행되어야 한다고 제안했다. 자료의 표현형태는 과제숙달의 성취도에 직접적인 영향을 준다. 즉 구체적 경험은 추상적 상징의 유용성, 획득, 파지를 용이하게 한다. 따라서 바람직한 수업을 위해서는 보다 구체적이거나 현실적인 자료를 제시하는 것이 바람직하다. 수업매체는 필요한 구체적 경험을 제공할 뿐만 아니라 학생이 이전 경험을 통합하는 것을 도와 준다. OHP, 녹음기, 슬라이드, 비디오 등의 매체가 수업 현장에서는 크게 활용되지 못한 이유는 경제적인 면, 자료제작의 어려움, 사용의 불편성 등을 들 수 있지만 그보다 더 큰 이유는 이러한 매체로서는 다양한 형태의 정보표상이 불편하였기 때문이다. 그러나 컴퓨터는 바로 이러한 다양한 형태의 정보제공을 무척 용이하게 만들었다. 이른바 멀티미디어의 등장이다.

셋째, 시간과 공간의 제약을 받는 매체에서 제약을 벗어난 매체로 발달하고 있다. 컴퓨터와 결합된 통신매체의 발달은 매체의 속성을 더욱 자유롭게 만들고 있다.

4. 수업을 위한 주요 매체

1) 칠판과 전자칠판

사실 칠판에 의한 수업은 지금까지 가장 많이 활용되었고 학습 효과성도 높은 것으로 인식되어 왔다. 칠판은 지식을 전달하는 중간 매개체로 가격도 저렴하고 누구나 손쉽고 편리하게 사용할 수 있기 때문에 널리 활용되고 있다. 교사의 분필과 말에 의한 수업은 가히 그 효과가 기적적이라고 볼 수 있다. 말을 사용하는 것은 바로 교사의 지식을 허공 중에 무궁하게 표현할 수 있어 지식의 표현공간에 제약을 받지 않는다. 교사의 지식을 즉시적으로 학생들에게 청각적으로 전달해 줄 수 있을 뿐만 아니라 학생과의 직접적인 상호작용이 가능하므로 상호간에 적합한 피드백이 오고 간다. 분필을 사용하는 것은 교사의 지식을 칠판이라는 공간에 시각적, 체계적으로 제시할 수 있어 학습내용을 구조화할 수 있다. 또 내용을 표상하는 데 소요되는 시간과 표현된 학습 내용을 지우기 전까지의 지속 시간은 개별 학습자의 인지 수준의 차에 따른 이해속도의 차이를 감안할 수 있다. 따라서 분필과 말은 시각적 통로와 청각적 통로, 즉각적 대화와 지속적 대화, 다양한 설명과 구조화 등 상호 보완적 기능을 발휘하면서 수업 효과를 극대화하고 있다.

전자칠판은 컴퓨터와 연결된 보드 위에 특별히 제작된 펜으로 수업 내용을 판서하고 이를 대형 스크린을 통하여 학습자들에게 보여주는 시스템이다. 이것을 이용하면 판서한 내용을 저장할 수 있으며 프린트도 가능하고 언제든지 재사용이 가능하며 학습자들의 필기부담을 줄일 수 있다.

2) 컴퓨터를 이용한 매체

(1) 컴퓨터의 발달과 새로운 수업매체의 등장

컴퓨터는 학습자의 반응에 즉각적인 반응을 하며, 학습자와 역동적인 상호작용이 가능하고, 정보를 조작하고 저장하는 뛰어난 능력 외에 다른 교수매체보다 많은 학습자를 동시에 교수-학습할 수 있다는 면에서 탁월하여 수업매체로서 중요성이 더욱 강조되어 왔다(유승우 외, 2010). 1945년 세계 최초의 전자식 컴퓨터인 ENIAC(Electronic Numerical Integrator and Calculator)이 나타난 이래로, 지금까지 컴퓨터의 기능은 크게 발전하였다. CPU와 보조기억장치의 발달, 프로그램의 개발은 컴퓨터로 하여금 정보의 저장, 재생, 융통성, 상호작용성 등의 교사의 수업능력을 모방할 수 있도록 하였다. 종전의 시청각매체들은 아무리 발전하더라도 상호작용성을 구비할 수 없으므로 교사에 의한 수업을 요구할 수밖에 없었으나 컴퓨터의 등장은 상호작용 능력을 구비함으로써 교사 없이도 수업을 가능하게 만들었다. 이에 따라 컴퓨터 보조수업(CAI), 하이퍼텍스트, 하이퍼미디어, 멀티미디어, 가상현실 등이 부각되었다.

(2) 하이퍼텍스트와 하이퍼미디어(hypertext & hypermedia)

오늘날 컴퓨터를 이용한 학습 또는 인터넷을 통한 학습을 보면 페이지 단위로 학습 내용이 넘어가는 것이 아니라 특정 내용에서 바로 관련 내용으로 넘어간다. 이것은 바로 하이퍼텍스트 기법을 적용한 것이다. 하이퍼텍스트란 학습 정보가 네트워크 형태로 제시되는 다차원적 컴퓨터 기초 텍스트(computer-based text)(박승배, 1994)이며, 종이에 인쇄된 엄격한 계열적 매체를 극복하기 위해 컴퓨터의 무작위 접근 가능성의 장점을 취하는 전자적 교재(Marchioni, 1988)이다. 하이퍼텍스트는 방대한 문자정보를 컴퓨터를 이용하여 신속 정확히 구조화하여 제시하고, 학습자의 인지구조에 따른 비순차적 탐색이 가능하다.

다시 말하면 사용자에게 문자, 그래픽, 오디오/비디오 파일 등을 자유롭게 항해(navigation)하면서 필요한 정보를 얻도록 하는 소프트웨어 프로그램의 한 부류(조은순, 1994)이다. 하이퍼텍스트와 하이퍼미디어 간에는 포함되는 정보 유형의 차를 제외하면 원리상의 차이는 없다.

유사용어와 그 의미를 비교해 보면 뉴미디어는 전화회선을 이용하여 문자, 도형, 정보 서비스를 하는 하드웨어 중심인데 비하여 하이퍼미디어는 어떻게 사람의 지적 활동을 도와 주느냐 하는 소프트웨어 중심이다(김희진 역, 1994).

하이퍼미디어는 컴퓨터가 지원하는 상호작용적인 학습환경을 포괄하는 개념으로 text에서 더 나아가 여러 매체를 이용한 것이다. 서로 연관된 정보에 대해 효과적이면서도 비순차적인 검색을 가능하게 해 주는 하이퍼텍스트의 장점과 다양한 매체를 통해서 효율적인 정보를 제공할 수 있는 멀티미디어의 장점을 갖춘 새로운 매체 환경이다. 또한 데이터의 종류에 관계없이 모든 정보를 작은 정보조각으로 단위화하여 관리하므로 정보의 구성형식에 제약을 받지 않는다(유승우 외, 2010). 하이퍼미디어가 학습에서 중요한 의미를 가지는 것은 학습자가 자신의 인지구조에 따라 학습 내용을 탐색할 수 있다는 것이다. 즉 학습을 조정하고 통제하는 선택의 자유를 가지며 그 결과 각 학습자는 개인별로 적합한 학습을 할 수 있다.

(3) 멀티미디어(multimedia)

초기의 컴퓨터에서는 문자만 처리할 수 있었으나 정보인식(입력) 및 표현(출력) 기술이 발전함으로써, 두 가지 이상의 미디어가 결합된 것으로 문자 이외에도 음성, 도형, 영상 등으로 이루어진 다양한 매체를 다양한 형태로 학습내용을 표상할 수 있도록 한 것이 바로 멀티미디어이다. 요즘 개발되고 있는 학습용 CD를 보면 그림, 소리, 문자, 동영상 등이 함께 제시되고 있어서 학습자들은 학습에 보다 흥미를 가지게 된다.

이는 단순히 두 가지 이상의 매체를 결합하는 것이 아니고 컴퓨터를 이용하여 매체들을 통합한 형태이다. 다시 말하면 멀티미디어란 문자, 음성, 화상 등을 모두 디지털 정보로 전환하여 융합한 것이다. 이 디지털로 인해 쌍방향간의 대화가 가능하다.

멀티미디어는 자료를 크게 시각적 형태와 청각적 형태로 표현해 준다. 시각적 형태는 문자, 그래프, 정지화상, 동화상 등으로 나타나고, 청각적 형태는 보통 언어, 음악, 음향효과 등으로 나타난다. 그러므로 멀티미디어의 구현을 위해서는 자료를 시각적 형태와 청각적 형태로 표현할 수 있는 장치와 이를 동시에 구현해 주는 프로그램이 필요하다. 오늘날 멀티미디어는 음향, 영상을 구현할 수 있도록 사운드 카드, 비디오 카드와 저작도구 등이 발달되어 있다. 멀티미디어는 영상회의 · 전자출판 · 가상현실, 각종 오락 · 의료 · 교육 · 방송 등 사회 전 분야에 걸쳐 매우 다양하게 응용되기 때문에, 멀티미디어를 취급하기 위한 응용 소프트웨어가 더욱 중요한 분야가 되고 있다.

멀티미디어가 학습에서 중요한 의미를 가지는 것은 두 가지이다. 하나는 학습자의 인지 수준에 적합하도록 학습내용을 표상할 수 있도록 해 준다는 것이고, 다른 하나는 학습자와 학습내용 간에 상호작용이 가능하도록 해 주는 것이다.

(4) 가상현실(virtual reality)

가상현실이란 컴퓨터 기술을 통해 만들어 낸 가공의 상황이나 환경을 인간의 감각기관을 통해 사용자가 몰입감을 느끼고 상호작용하게 하는 기술을 말한다. 가상현실은 데이터 글로브, 헬멧, 조이스틱 등과 같은 주변기기를 통해 사용자의 움직임을 감지하도록 컴퓨터와 연결시켜 가상적인 실제상황을 제공해 주는 시스템(조은순, 1994)이다. 항공기의 조종법 훈련, 가구의 배치 설계, 수술 실습, 게임 등 다양하다. 요즘 영화를 보면 무슨 야구 헬멧 비슷한 것을 쓰고 현실이 아닌 세계에서 현실처럼 행동하고 있는 장면이 많다. 이것이 가상현실이다. 이를 통해 사용자는 입체영상을 즐기고 더 나아가 실제로 그 상황에 참여하는 것이 가능하게 된다. 가상현실은 교육에서보다 오락에서 더 현실화되고 있다.

가상현실이 학습에서 중요한 의미를 가지는 것은 학습자로 하여금 실생활과 유사한 학습경험을 가능하게 해 준다는 것이다. 실제 경험이 과도한 경비를 요구한다거나 위험을 동반하는 경우에 가상현실은 적은 경비로 위험 없이 경험하도록 만들어 준다.

제8장 교육평가

제1절 교육평가의 개념

1. 교육평가의 정의

교육평가는 교육목적의 달성도를 평가하는 과정으로 학습의 결과 학습자의 행동변화가 어느 정도인가를 확인하는 것이다. 이 행동변화는 외현적인 행동뿐만 아니라 내면적 행동(사고 · 가치관 · 자아개념 등)까지를 포함하는 개념이다. 유사한 용어에는 시험, 검사, 측정 등이 있다. 교육은 일정한 목표를 가진 계획적인 과정이기 때문에 교육의 성과와 목표가 어느 정도 달성되었는가를 알기 위하여서는 교수-학습지도의 결과인 학습자의 행동을 일정한 기준의 교육목표에 따라 목적 달성의 성취 정도를 밝히려는 가치 판단의 과정이 뒤따라야 한다.

영어로 평가를 뜻하는 'evaluation'의 어원은 'value'(가치, 평가)에서 유래한 것으로, '교육활동이 지닌 내재적 가치를 겉으로 드러내어 판단하는 활동'을 의미한다.

아흐만(J. S. Ahmann)과 글럭(M. D. Glock)은 교육평가를 '교육활동의 능률을 증거에 의하여 따져 보고 판별하는 체계적 과정'이라 하였다. 그리고 해리스는 교육평가를 '어떤 특성에 비추어 무엇을 기술하고 그것이 어느 정도 수용될 수 있으며, 어느 정도 적합하냐를 판단하는 과정'이라고 하였다. 한편 크론백(L. J. Cronback)과 블룸(B. S. Bloom)은 교육평가를 '교수-학습을 개선하고 학습에 도움을 주는 관점'에서 보았다. 스크리븐(1967)은 '평가는 다양한 교육적 수단들이 갖는 장점, 진가, 가치 등에 대한 질문에 해답을 추구하는 일이며, 평가는 그 자체가 이러한 가치판단의 결정을 위한 방법론적인 활동'임을 정의하였다. 교육평가라는 이름으로 불려지는 여러 가지 활동이나 도구는 다양하지만 그 모든 것을 총괄적으로 규정지어 주는 정의로는 현대 학교교육에 있어서 교육평가의 이론 정립과 실천에 지대한 영향을 끼친 타일러(Tyler)의 경우를 들 수 있다. 그는 평가의 과정이란 '본질적으로 교육과정 및 수업의 프로그램에 의하여 교육목표가 어느 정도나 실현되었는지를 밝히는 과정이다'라고 하였다.

교육평가의 목적은 학생의 성취도를 파악하고 학습의 증진, 진로지도에 대한 정보 제공, 총괄적인 정보 제공, 프로그램 개선, 교육정책 수립을 위한 자료 제공 등으로 요약할 수 있다. 즉, 교육의 목표가 교육과정이나 수업프로그램으로써 시행될 때 원래 기대되었던 목표치가 실제로 어느 정도나 실시되었고 달성되었는지를 재어 보고 판단하는 작용이 교육평가이다.

2. 교육평가의 기능

교육평가는 학습자의 특성 전체를 평가하는 과정으로, 교육평가의 기능은 그 목적과 형태에 따라 다양한 기능을 갖는다. 교육평가의 기능은 다음의 일곱 가지로 요약이 된다.

첫째, 교육목표의 달성도 확인 기능이다. 교육목표 달성도를 알아보고 문제점을 찾아 교육효과를 극대화하려는데 목적이 있다.

둘째, 교수기술의 확인 기능이다. 교사의 활동인 교수(teaching)의 방법과 기술이 얼마나 효과적이었나를 확인해 주는 기능을 가진다. 즉, 교수-학습과정의 개선에 도움을 준다는 것이다.

셋째, 학습자의 학습결과의 확인이다. 학습자가 스스로 학습정도를 알아서 자기의 학습력을 알려 주는 기능을 가진다.

넷째, 학습 촉진의 기능을 가진다. 교사가 학생을 대상으로 교육활동을 한 결과를 검토, 분석함으로써 차기 학습의 촉진을 할 수 있게 되는 것이다. 즉, 학습자의 학습동기를 강화하는 기능을 가지고 있다.

다섯째, 생활지도 및 상담을 위한 기초자료 제공의 기능이다. 교육평가는 교수의 일부로써 학생의 모든 면을 통한 평가이므로 학생의 전인적 발달과 지도에 실질적 지도를 할 수 있게 한다. 그래서 교육의 정치기능은 생활지도를 통해서 이루어질 수 있게 된다.

여섯째, 선발(選拔)의 기능이다. 선발의 대표적인 예로써 입학시험, 대학입시 학력고사, 고등학교 배치고사 등이 있다.

일곱째, 학부모, 상급학교, 지역사회의 필요를 충족시키는 기능이다. 학부모에게 학생 이해의 자료 제공 및 학생 진보의 정도를 알려줌으로써 가정교육에 도움을 준다. 또한 상급학교에서 요구하는 내신 성적의 정도 및 취업에 필요한 성적과 같은 필요를 충족시켜 준다.

교육평가의 가장 큰 기능은 교육목표의 달성 여부를 측정하여 교육운영 전반의 개선을 유도하고 이를 통해 교육의 질적 발전을 이루는 것이다. 한 마디로 평가의 결과를 활용하여 교육의 효과를 올리는데 있다고 하겠다. 그러나 평가는 학습자들에게 불안감 조성, 정서적 안정감 파괴, 부정적 자아개념 형성, 자포자기 등의 역기능이 나타날 수 있다.

3. 교육평가의 유형

평가의 유형은 그 준거에 따라 여러 가지로 분류될 수 있으며 교육이 대상으로 하는 인간 전체의 생활 모두를 포함한다고 할 수 있다. 이렇게 볼 때 교육평가는 어느 한 가지만으로 평가해서는 그릇된 측정의 결과를 가져오게 되며 평가결과를 해석할 때도 여러 영역을 서로 긴밀하게 관련지어 생각하지 않으면 안 된다. 일반적으로 교육평가라 하면 학교에서 치르는 월말고사나 기말고사 또는 국가 단위의 학업성취도검사 등으로 생각하는 경향이 있으나 보다 넓은 의미로 쓰이고 있다는 것을 알 수 있다.

1) 평가방식 구분에 따른 유형

(1) 상대평가(norm-referrenced evaluation)

상대평가(相對評價)는 규준지향평가(規準指向評價)라고도 하는데, 이는 개인의 지위(학력, 지능, 성격 등)를 타인과의 비교에 의하여 상대적으로 판단하는 평가를 말한다. 상대평가에서는 해당집단에서 얻은 평균치를 기준으로 하여 평가 결과를 해석한다. 따라서 학생들의 상대적인 기술이나 능력을 비교하여 그것에 대한 어떤 결정을 내리는 학생선발이나 우열을 가려내는 평가기능이 강조되는 평가체제이다. 즉, 평가의 기준은 타인이 되며, 학습자의 능력이나 학업성취가 정상분포(normal distribution)를 이룬다는 전제하에서 출발한다. 규준(norm)이란 개인의 점수와 측정치를 집단이 지니고 있는 잣대에 비추어 볼 수 있는 비교할 표준을 말한다.

대표적인 예로 1976년 이전에 생활기록부에 학력평가의 결과를 공식적으로 기재할 것을 요구하던 평가의 방법이다. 일개학년 또는 일개학급을 단위로 하여 성적이 좋은 순서에 따라, 수 10%, 우 20%, 미 40%, 양 20%, 가 10%로 평가하도록 하는 방법이다. 이와 같은 평가의 방법은 개인의 상대적 지위는 알려주지만 학생이 획득한 원래의 점수는 개인의 교육목표 달성 정도를 제시해 주지 못한다.

상대평가는 개인차의 변별과 우수자 선발이 가능하며 교사의 편견을 배제할 수 있다는 점, 경쟁을 통한 외적인 동기유발에 효과적이며, 객관적인 평가가 가능하다는 점이 장점이다. 그러나 개인의 교육목표 달성보다 상대적인 위치나 비교에 관심을 두게 되므로 지나친 경쟁을 유발할 수 있으며 일정한 비율의 낙오자가 나오게 된다. 또한 학습목표 달성의 실패 원인을 밝힐 수가 없고 진정한 학력을 평가할 수 없다는 단점이 있다.

(2) 절대평가(criterion-referenced evaluation)

절대평가(絕對評價)는 목표지향 평가라고도 하는데, 주어진 성취해야 할 교육목표 달성도를 확인하고자 하는 평가이다. 즉, 준거지향 측정으로 이 때의 준거(準據)는 교육목표가 되며 목표달성도를 평가할 수 있는 평가도구를 제작하고 이 도구에 따라 평가된 결과를 타인과 비교함이 없이 그대로 기록하는 평가의 방법이다. 따라서 절대평가 도구를 제작할 때에는 학생들의 학습곤란점을 정확하게 발견 · 교정할 수 있고 효과적인 지도를 하기 위해 진술된 성취목표에 대응되어야 한다는 것이 특히 중요하다. 절대평가는 교수-학습 개선과 모든 학습자를 목표 도달점으로 이끌어 가는 것이 목적으로 점수는 그 자체로서 의미를 지닌다. 예를 들면, 어떤 학급의 전원이 90% 이상의 달성 정도를 나타내면 전원에게 'A'의 성적을 주는 평가의 방법이다.

절대평가는 발달적 교육관에 따라 목표달성 여부 및 정도를 판단할 수 있으며 부적 편포를 이루는 평가 점수 그 자체가 의미가 있다. 또한 교수-학습 개선에 도움이 되며 교수-학습 목적에 실질적인 자료를 제공한다. 누구나 노력하면 교육을 통해 교육목표를 달성할 수 있으며 발전 가능하다고 보는 것이다. 그러므로 학생들 간의 경쟁심을 배제하고 협동심을 유도하여 학습 분위기를 개선하여, 학생들 스스로 성취감과 성공감을 느낄 수 있게 함으로써 완전학습이 가능한 것이다.

그러나 개인차 변별이 어려우므로 학습자 개인 간의 우열을 가릴 수 없으며 특히 소수 학생을 선발한 경우 문제가 된다. 또한 다른 집단과의 비교나 통계적 활용이 어려우며 평가기준과 교육목표의 명확한 절대기준을 설정하기 어렵다는 단점이 있다.

2) 평가시기와 목적에 따른 유형

종래 학력평가라고 하면 총괄평가가 그 대부분을 차지하고 있었다. 그러나 최근에 수업이론의 발달과 더불어 평가의 개념도 다양해졌으며 진단평가, 형성평가의 개념과 기술이 보편화되기 시작하였다. 형성평가의 개념은 1967년 스크리븐에 의하여 처음 소개되었으며, 그는 형성평가와 총괄평가를 개념상으로 구분하였다.

(1) 진단평가(diagnostic evaluation, pre-evaluation)

효과적인 학습지도를 하기 위해서는 교사는 학습자가 가지고 있는 학습준비도(출발점 행동)를 확인해야 한다. 진단평가(診斷評價)는 본 수업이나 프로그램이 시작되기 전에 실시하여 학생들의 정치(placement), 선수학습의 결핍여부의 판정, 학습곤란의 진단을 위하여 실시되는 평가활동이다. 정치는 학생들을 그들의 능력에 알맞은 위치를 찾아 내어 그곳에 배치함으로써 학습효과를 얻기 위한 활동을 의미하며 정치를 위한 검사는 대부분의 경우 단원, 학기, 학년 초에 실시하는데 결과는 성적에 반영되어서는 안 된다. 예를 들면, 학기 초에 특정과목에 대한 능력별 분단편성을 하고자 할 때는 그 과목 이수에 필수적인 기본 요소를 찾아 내어 이에 대한 검사를 실시한다.

이 검사는 대부분의 경우 수업처방의 목적을 위하여 실시되며 평가 후 결과에 따라 선수학습이 결핍된 학생이 있으면 이들에게는 특별과정을 제공하여 이를 보충하도록 한다. 진단평가는 출발점 행동에 대한 평가를 목적으로 하지만 학습곤란의 진단을 위한 검사는 반복되는 오류의 심층적 원인을 알기 위하여 수업과정에서 실시된다. 예를 들면, 산수계산에서 저지르는 오류의 종류를 찾아 내는 검사 같은 것이다.

(2) 형성평가(formative evaluation)

형성평가(形成評價)는 교수-학습활동을 전개하는 도중에 환류(Feedback) 효과를 주어 완전학습을 유도하며 교육과정이나 수업방법을 개선하기 위해서 실시하는 평가이다. 형성평가의 목적은 수업이 진행되는 과정에서 그 수업이 주어진 수업목표의 달성 수준에 도달했는지, 정상적인 진전을 보여주고 있는지를 수시로 점검하여 학생 자신의 학습능력에 맞추어 학습진도를 나갈 수 있도록 하는 것이다. 그러므로 교사 자신이 제작하는 것이 가장 바람직하며 쪽지시험, 일일고사와 주말고사가 여기에 해당한다.

형성평가는 종래의 평가 개념과 달리 수업의 일부이다. 하나 또는 두 개의 학습과제를 수업한 후에 미숙달된 문제를 파악한 후 즉각적으로 수업을 개선 또는 재지도함으로써 단원목표를 완전히 달성하고자 하는 것이므로 절대평가의 방법이다.

형성평가는 학생 상호간의 학업성취의 우열을 비교하는 것이 아니라 설정된 목표에의 도달 정도 및 분석된 학습과제의 숙달 정도를 문제 삼는다. 학생들의 학습곤란 문제점을 지적하여 교정 방향을 제시해 주며, 학습동기 강화에 도움을 주어 자신감을 갖도록 해야 하기 때문에 이러한 형성평가에 대한 계획은 총괄적 평가계획보다 세밀하게 이원분류표를 작성하여 짜여져야 할 것이다. 총괄평가는 단원 종료 후에 1회 정도로 끝나기 때문에 모든 학습요소를 포함시킬 수 없으나 형성평가는 2~3시간의 수업이 끝난 후 짧은 시간을 잡아 수업시간 중에 실시하기 때문에 비교적 포괄성 있게 중요학습 요소를 망라할 수 있다.

(3) 총괄평가(summative evaluation)

총괄평가(總括評價) 또는 총합평가라 함은 일정 기간의 수업이 끝난 후 그 동안의 학습 성과를 총괄적으로 사정하는 평가이며 흔히 말하는 월말고사, 중간고사, 학기말 고사, 학년말 고사 등이 이에 해당한다.

종래의 학습 성과 평가는 총괄평가를 의미하였으며 성취기준과 비교하여 학습자의 학습목표가 어느 정도 도달했는지를 평가하는 활동이다.

총괄평가는 학습 성과의 총합적인 평가이기 때문에 목표달성 정도의 절대평가의 성격을 지니지만 경우에 따라서는 학생 상호간의 우열을 비교하는 상대평가의 성격을 띠기도 한다.

총괄평가 결과는 다음 단계의 학습과제 성공여부를 예언하는데 중요한 역할을 하며, 그 결과는 기록되고 보존되며 학생 및 학부모에게 통지용으로 쓰인다. 또한 자격 부여나 분류하는 데 목적이 있으므로 장래 성적의 예측 및 생활기록부 작성의 기본 자료로 활용되며 필요에 따라서는 취업의 구비서류, 상급학교 진학을 위한 내신 성적의 작성과 같은 행정적 목적에 쓰인다.

3) 수행평가(performance assessment)

수행평가(遂行評價)에서 수행은 학습행동 또는 모든 학습활동을 뜻한다. 수행평가란 학생 스스로의 지식이나 기능 등을 나타내도록 하는 평가로 학습과정, 학습결과, 학습 잠재력을 모두 평가하는 방식을 말한다. 즉 학생의 수행이나 산출물의 질에 대해 교사가 직접 관찰하거나 교육적 판단을 위해 수집한 정보를 기초로 전문적인 판단을 내리는 학생평가 방법이다. 학생의 전인적 발달을 평가하려는 목적으로 우리나라에서는 1996년 도입되어 열린교육이 확산되면서 수행평가를 받아들이기 시작하였고, 1997년 수행평가제도의 도입이 확대되었다.

수행평가에 대한 정의를 보면 맥밀란(McMillan)은 '학생이 수행과정에서 보여주는 기능 및 능력을 관찰하여 판단하는 평가'라 하였고, 배호순은 '학생으로 하여금 학습과제를 수행하도록 요구하고 그 과정과 결과를 통하여 보여주는 지식, 기능, 태도를 관찰하고 판단하는 평가방식'이라고 하였다.

수행평가의 취지는 구체적인 상황에서 지속적으로 개개인의 행동발달상황, 흥미나 태도 등 정의적인 영역, 운동기능 영역에 대한 종합적이고 전인적인 평가를 하여 창의력과 문제해결능력을 길러 주는 데 있다. 학습결과나 성취 중심의 평가에서 벗어나 학습과정 중심의 평가를 지향하며, 또한 교사와 학생, 학생과 학생 간의 역동적 관계를 중시하는 것이 특징이다.

위의 내용으로 보아 효과적인 수행평가는 교육개선과 학습증진을 기본으로 하며, 학습현장에서 학생, 교사, 학습내용, 전달과정의 상호작용을 다양한 방향에서 종합하여 의사결정의 자료로 활용하는 데 의의를 둔다. 이런 점에서 수행평가는 개인차를 고려한 교육활동에서 구체적으로 활용될 수 있는 평가 방식으로, 중요한 요소로는 학습과제, 수행, 직접관찰 등을 들 수 있다.

수행평가의 유형에는 서술형 및 논술형 검사, 작문, 구술 및 발표, 토의법, 면접법, 실기법, 실험실습법, 관찰법, 자료분석 및 적용법, 문제해결법, 연구보고서법과 프로젝트법, 자기평가 및 동료평가 보고법, 포트폴리오법, 컴퓨터 시뮬레이션, 신문활용교육, 현장조사, 작품감상, 만들기, 전시회, 발표대회, 협력학습 등 다양하다.

제2절 교육평가의 절차

교육평가의 절차는 교육의 결과를 평가함에 있어서 ① 평가목표의 설정, ② 평가 장면의 설정, ③ 평가도구의 제작, ④ 평가 실시와 결과 처리, ⑤ 평가결과의 해석 및 활용 등의 단계를 거친다(엄주정 외, 1999).

1. 평가목표의 설정

어떤 검사가 학습자의 교육목표 달성도를 충실히 측정해 준다면 그 검사는 좋은 검사라고 할 수 있다. 그러므로 좋은 검사를 만들기 위해서는 교육목표를 재확인하고 학습자가 성취해야 할 수준을 알아보아야 한다. 이 때 교육목표에는 교육과정을 구성할 때 이미 설정된 목표는 물론 교사 자신이 설정한 목표도 포함되어야 한다.

교육평가에 있어서 무엇을 평가하는데 있어서 그 기준이 되는 것은 그 목표이다. 그렇기 때문에 평가목표는 구체적으로 표현되어야 한다. 즉, 내용과 행동이 분명하게 진술되어야 한다는 뜻이다. 평가할 때는 이원분류를 만들어 사용하면 어떻게 평가할 것인가가 분명해진다. 평가활동의 가장 기본적인 계획은 이원분류표를 작성하는 일로써 타당성과 한 부분에 치중될 수 있는 출제문제의 위험성을 배제할 수 있는 장점이 있다.

다음 〈표 8-1〉은 이원분류표의 한 예이다.

표 8-1

영어과 이원분류표의 예

행동 \ 내용	지식	이해	기능	태도	문항수
말하기	2	1	5	3	11
듣기	2	1	3	5	11
문법	5	3	1		9
독해	5	3	1		9
계	14	8	10	8	40

* 자료 : 엄주정 외, 교육학개론, 1999, p. 255.

2. 평가장면의 선정

평가목표에 의하여 이원분류를 만들었으면 평가하기에 적합한 자료와 정보를 수집해야 한다. 그리고 학습활동의 결과를 정확하게 얻기 위해서는 그에 적절한 평가목표나 평가내용의 특징을 고려한 평가 장면을 선정해야 하는 절차를 밟아야 한다. 또한 학습결과가 구체적으로 제시되고 가장 확실한 증거가 나타날 수 있는 평가방법을 찾아 내야 한다. 예컨대, 체력검사를 평가하려고 할 때 지필검사로 보게 된다면 타당한 평가 장면이 아니므로 타당한 평가 장면이 될 수 없다. 교육평가는 측정대상이 인간이라는 점에서 많은 제한점이 있으므로 검사장면을 설정할 때는 고도의 전문적인 기술이 필요하므로 반드시 목표행동이 반응되어 나올 수 있는 평가 장면을 선정해야 한다.

흔히 평가 장면에서 인지의 경우 필답검사가 중심이 된다. 필답검사는 크게 선택형과 서답형으로 분류되는데 선택형에는 진위형, 배합형, 선다형 등이 있고 서답형에는 단답형, 완성형, 논문형 등이 있다. 그리고 정의적 영역에는 관찰, 면접, 자기보고법, 투사법 등을 이용한다.

3. 평가도구의 제작

학생들의 학업성취도를 파악하기 위해서 다양한 평가도구를 사용하게 된다. 평가 장면이 결정되면 그 틀에 따라 평가도구를 제작하여야 한다. 어떤 평가도구를 사용하여 평가하느냐는 평가결과에 큰 영향을 미치므로 교육목표의 달성도를 측정한다는 것은 그리 쉬운 일이 아니다. 좋은 평가도구를 만들기 위해서는 타당도, 신뢰도, 객관도, 실용도의 기준에 적절해야 한다. 이 네 가지 기준 중 객관도와 실용도의 판단은 쉽게 이루어질 수 있으나, 신뢰도와 타당도는 통계적 방법에 의하여 검증하지만 간단하지 않다.

1) 타당도(validity)

타당도(妥當度)는 평가도구가 재려고 의도한 것을 어느 정도로 충실히 재고 있는지를 나타내는 것으로 평가목표를 정확히 잴 수 있는 성질을 말한다. 자를 가지고 키를 잰다고 하였을 때 그 사람의 키가 몇 cm인가로 표현된다. 이때 자의 잣대를 가지고 무게를 잰다면 아무 의미가 없어지는 것이다. 마찬가지로 국어 시험시간에 과학 시험 내용을 보게 한다면 이 또한 아무런 의미가 없어진다. 이와 같이 타당도는 평가도구(필답고사 문제 등)가 측정하려고 하는 내용을 얼마나 충실하게 측정하느냐 하는 문제로 '검사의 진실성' 혹은 '정직성'이라

할 수 있다. 여러 평가도구에서 요구되는 타당도는 동일한 것이 아니므로 검사의 목적에 따라 거기에 필요한 타당도를 구해야 한다. 이러한 타당도에는 내용 타당도, 예언 타당도, 구인 타당도, 공인 타당도 등이 있다.

(1) 내용 타당도(content validity)

내용 타당도(內容妥當度)는 논리적 타당도, 이론적 타당도, 목표지향 타당도, 안면타당도 또는 교과타당도라고도 한다. 이것은 평가도구가 교육목표와 연결된 내용을 얼마나 충실히 측정하는가의 정도를 말한다. 즉 교육활동에서 교육목표를 평가도구가 얼마나 충실히 측정하고 있는가를 알아보기 위한 주관적 논리성을 갖는 평가기준이다. 실제로 측정하고 있는 검토문항들의 내용을 판단하여 이 둘이 어느 정도 합치하느냐의 정도에 따라 비교 · 검토하게 된다. 내용 타당도는 교육내용의 여러 속성들을 객관적 근거에 의하지 않고 논리적 사고에 입각한 주관적인 타당도로서, 검사가 측정하고자 하는 분야의 전문가에 의해 이루어진다.

내용 타당도에 영향을 미치는 요인(서울대학교연구소, 1997)은 검사문항 내용과 수업목표가 얼마나 일치되고 있는가, 또한 내용이 얼마만큼 교육내용을 포함하고 있는가, 그리고 학습자에 대한 곤란도가 어느 정도 고려되고 있는가가 타당도를 결정한다. 충실히 측정하고 타당도는 높아지고 아니면 낮아진다.

(2) 예언 타당도(predictive validity)

예언 타당도(豫言妥當度)는 측정 점수가 피험자의 미래의 행동이나 특성을 얼마나 잘 예언해 주는지를 의미한다. 즉, 측정치가 장래의 어떤 효과나 행동 또는 특성을 어느 정도로 정확하게 예언하여 주는가를 알아보기 위한 것이다. 이 때 준거는 시간적으로 미래의 행동특성이 되며 검사점수가 미래의 행동을 얼마나 정확하게 예측할 수 있느냐에 관심이 있다. 예언력은 학업평가에서도 중요하지만 적성검사와 같이 예언을 주된 기능으로 하는 검사에서도 중요하다. 예언 타당도는 상관계수로 나타내는데 현재의 측정치와 미래 행동의 측정치간에 점수로 계산한다. 예를 들면, 고등학교의 우수한 성적이 대학수학능력시험(미래 행동의 측정치)에서 우수한 점수를 얻었다면 상관계수가 높게 나올 것이다. 말하자면 예언 타당도가 높다는 의미이다. 내용 타당도가 이론적인 주관적 판단으로 내부의 준거를 가지고 있다면 예언 타당도는 미래 행동의 외부준거를 가지고 있다는 데 차이점이 있는 것이다.

(3) 구인 타당도(construct validity)

구인 타당도(構因妥當度)란 시험을 시행할 때 그 시험이 어떤 심리적 특성을 지니고 있는가에 초점을 맞춘 것이다. 즉, 개인적 특성을 설명하거나 많은 특별한 상황에서 사람들이 어떻게 행동할 것인가를 예측하는 데 유용하다. 한 검사가 조작적으로 정의되거나 과학적 이론이 정립되지 못한 상태에서 측정하면 측정의 타당성을 잃게 되므로 이에 대하여, 이론을 정립하고 조작된 구성요인을 정확한 의미를 갖도록 정의함으로써 연구의 타당성을 얻고자 하는 것이다.

구인이란 측정하고자 하는 어떤 현상을 설명하기 위해 세운 가설이나 이론 등을 말한다. 즉, 검사도구에 반영되어 있다고 가정하는 인간의 어떤 행동 특성을 의미한다. 숙련도와 언어소통능력 등은 언어학적 구인의 예이고, 자신감과 동기 등은 심리학적 구인의 예이다. 만일 창의성에 대한 연구를 한다면 우선 그것이 구성하고 있는 요인, 즉 유창성, 융통성, 독창성, 정교성의 내용들이 창의성을 충분히 설명할 수 있는지를 확인하여야 한다. 따라서 구인 타당도는 측정하고자 하는 특성의 구성 요인을 얼마나 충실하게 이론적으로 설명하여 경험적으로 측정하느냐와 관련이 있다. 이와 같이 구인 타당도는 이론의 정립과 조작의 의미를 부여하는데 있어서 과학적으로 정당화시키기 위하여 타당성 검증을 필요로 한다.

구인 타당도를 검증하는 방법으로는 구성 요인에 대하여 개념의 정의를 내리고 그에 대한 문항을 작성하여 측정한 후 문항을 분석하여 정의된 대로 측정되었는지를 상관계수나 요인분석으로 수량화시키면 된다.

구인 타당도를 검토하는 대표적인 방법으로는 집단 간 차이의 비교, 요인분석, 측정검사의 내부구조 연구, 검사 과정의 분석 및 타검사와의 상관 등이 있다.

(4) 공인 타당도(concurrent validity)

공인 타당도(共因妥當度)는 독립변인과 종속변인의 공통변인이 어느 정도인가를 상관계수로 표현하는데 계수가 높으면 타당도도 높다는 뜻으로 해석할 수 있다. 새로운 검사를 제작했을 때 기존에 타당성을 보장받고 있는 검사와의 어느 정도의 상관관계가 있는지 유사성을 기준으로 하여 타당도를 검증하는 것이다. 예언 타당도는 예언할 수 있는 요인의 준거를 따지는데 비하여 공인 타당도는 두 개의 변인이 현재 어느 정도의 공통점이 있는가를 밝히려는데 목표를 두고 있다. 말하자면 예언 타당도는 행동의 준거가 미래에 있고 공인 타당도는 현재에 있다. 예를 들면, 지능의 변인과 창의성의 변인 또는 국어 변인과 수학의 변인에 대한 타당성을 찾아 낸다면 이는 새로운 연구과제 또는 새로운 교육의 사실을 발견할 수 있다는 데에 큰 의의가 있을 것이다. 이전부터 널리 알려진 지능검사를 학생들에게 실시한 결과와 새롭게 개발한 지능검사를 학생들에게 실시한 결과 간에 상관계수를 산출하여 상관계수가 높게 나타나면 타당도가 높은 것으로 판단한다.

2) 신뢰도(reliability)

타당도에서 키를 재는 자가 잘못되어 150cm의 키를 160cm로 측정하였다면 이 자는 믿을 수 없는 자이다. 다시 말하면 타당도는 '무엇'을 측정하고 있느냐에 관심을 갖고 있는데 신뢰도(信賴度)는 '어떻게' '얼마나 정확하게' '얼마나 오차

없이' 재느냐 하는데 관심이 있다. 따라서 여러 번 반복하여 측정했을 경우 오차 없이 언제나 같은 값이 나온다면 그 측정도구는 신뢰도가 있다고 할 수 있다. 그런데 아무리 신뢰도가 높다고 하여도 타당성이 낮으면 아무런 의미가 없게 된다. 신뢰도는 타당도의 필요조건이 된다. 신뢰도에서 가장 큰 조건은 채점의 객관성인데 채점이 주관적이고 오차가 크면 타당성이 높다 하여도 신뢰도는 낮아지므로 측정의 오차가 크면 평가의 의미가 없어진다. 예로 수학능력고사의 수리영역의 점수가 작년엔 평균 70점, 올해는 평균 90점이 나왔다면, 이 수학능력고사는 난이도 조절에 실패했다고 보고 신뢰도도 떨어진다고 할 수 있다.

따라서 평가에서 높은 타당도와 신뢰도는 평가도구의 제작에서 본질적 기준이 되는 것이다. 그러므로 신뢰도를 높이기 위해서는 가능한 한 문항의 수를 많이 만들어야 하며 검사 실시 과정이 표준화되어야 한다. 신뢰도를 검증하는 방법에는 여러 가지가 있는데 재검사 신뢰도, 동형검사 신뢰도, 반분검사 신뢰도, 문항내적 신뢰도를 들 수 있다.

재검사 신뢰도(retest reliability)는 동일한 검사 도구를 동일한 집단에 시간 간격을 달리하여 시행하고 전후 두 검사결과를 상관계수로 검증하는 검사이다. 즉, 3월에 성격검사를 실시하고 동일한 도구로 9월에 다시 검사한 후 이 자료를 가지고 상관관계를 도출하는 검사이다. 이것은 전후의 검사가 어느 정도의 안정성을 가지고 있는가를 보는 것이기 때문에 안정성 계수라고도 한다. 재검사 신뢰도는 전후의 검사 기간에 따라 오차가 생기는 문제와 검사 실시 과정에서 수험자의 상태나 동기 등에 의한 통제가 어렵고 동일한 검사를 두 번 실시하기 때문에 생기는 오차로 인하여 신뢰도가 낮아지는 단점이 있다.

동형검사 신뢰도(equivalent-form reliavility)는 같은 형태의 측정도구를 둘로 나누어 동일 집단의 피험자에게 실시한 이 두 측정치를 가지고 상관계수를 산출함으로써 신뢰도를 추정하는 방법으로 동형계수라고도 한다. 동형검사란

검사의 내용, 문항형식, 문항 난이도와 변별도 등의 검사 특성이 동일한 두 개의 검사를 말한다. 이 검사는 재검사보다 오차를 줄일 수 있다는 점에서 중요하지만 이러한 문항 특성이 동일한 동형검사를 제작하는 것이 쉽지 않다는 것이다.

반분검사 신뢰도(spilit-half reliavility)는 동질계수를 보는 방법으로 한 가지의 평가도구로 한 집단에 실시한 후에 반분하여 두 부분을 독립된 검사로 생각해서 그 사이의 상관을 보는 신뢰도이다. 이것은 재검사신뢰도가 부적당하거나 동형검사를 만들기 어려울 때 쉽게 사용할 수 있는 방법이다. 이 검사를 두 개로 분할하는 방법은 전체 사례수를 번호 순서대로 놓았을 때 전 · 후반으로 나눌 수 있고 홀수 번호와 짝수 번호로 나눌 수도 있으며 난수표를 이용하여 두 집단으로 나눌 수 있다.

문항내적 신뢰도(inter-item reliavility)는 평가도구의 문항 한 개 한 개를 독립된 검사 단위로 보고 그 합치성, 동질성, 일치성을 종합하여 보려는 입장이다. 검사를 구성하는 문항들이 측정하고자 하는 내용을 일관성 있게 측정하였는가를 토대로 신뢰도를 추정하므로 단일한 신뢰도 추정 결과를 얻을 수 있어 반분검사 신뢰도, 재검사 신뢰도, 동형검사 신뢰도의 단점을 극복할 수 있다. 내적 합치도는 문항간의 동질성에 기초를 두고 있기 때문에 동질계수라고 하며 이런 의미에서 동형 신뢰도와 유사하다.

이 검사는 아주 어려운 문항이나 아주 쉬운 문항이 없을 때, 즉 동질의 문항으로 구성되었을 때 적절하며, 수험자가 시간이 부족하여 답을 할 수 없을 정도로 문항 수가 많다면 문항내적 합치도는 낮은 계수를 나타낼 것이다.

3) 객관도(objectivity)

객관도(客觀度)란 한 측정의 결과에 대하여 채점자가 어느 정도 주관적 편견

없이 객관적으로 공정하게 평가를 하느냐 하는 신뢰도의 일종이다. 앞에서 타당도와 신뢰도는 평가도구를 제작하는 데 중요한 잣대라는 것을 설명하였다. 이렇게 타당도와 신뢰도가 평가도구와 관계가 있다면 객관도는 채점자와 관련을 갖는다. 동일한 평가자라 할지라도 시간 간격에 따라 다르게 채점할 수 있으므로 객관도를 '평가자 신뢰도', '채점자 신뢰도'라고도 하는데 특히 학교 현장에서 중요하다. 일반적으로 논술형 검사에서 여러 채점자가 채점을 하였거나 한 사람이 여러 번 채점을 하였을 때 오차가 크면 우리는 객관도가 낮다고 평가하고 오차가 작으면 객관도가 높다고 평가한다.

이와 같이 채점자의 편견, 감정, 의견 등의 주관적 판단이 많이 작용하는 검사에서 객관도의 문제가 발생한다. 따라서 객관성을 높이려면 평가도구의 객관화와 채점자의 소양이 높아야 하고 여러 명이 채점의 기준을 명백하게 설정하여 채점함으로써 주관적 요소를 배제하게 되면 객관도가 높아질 것이다.

4) 실용도(usability)

실용도(實用度)란 한 평가도구가 얼마나 경비, 노력, 시간을 적게 들일 수 있으면서도 소기의 목표를 달성할 수 있느냐를 말한다. 즉, 측정도구의 실용적 가치 정도를 말한다. 지시사항이 간단하고 분명하며 평가문항의 수가 적당하여 평가시간이 짧을수록 실용도가 높다고 할 수 있다. 실용도를 높이려면 우선 평가 실시와 채점이 용이해야 하며 완전한 채점방법이 제시되어야 하며, 또한 경비 부담이 적게 든다면 실용도가 높아질 것이다.

4. 평가실시와 결과

지금까지 설명한 평가목표의 설정, 평가 장면의 설정, 평가도구의 제작은 검사를 실시하기 위하여 이루어진 준비단계에 속한다. 평가의 목표가 설정되고 평가 장면에 따라 평가도구가 제작되면 평가를 실시하여 목표에 도달 정도를 측정해 보아야 한다. 이 때에 주의해야 할 것은 행동의 변화를 몇 번 실시해야 하며 장면에 따라 어떤 도구를 사용하여야 할지를 결정하는 등의 문제이다. 다시 말하면 평가실시의 단계에서 시간, 장소, 시설, 감독, 관리 등에서 보다 면밀한 배려가 있어야 한다. 만일 이러한 제반 요소들이 평가에서 잘못되면 결국 교육의 오류를 범할 수밖에 없다는 사실을 알아야 할 것이다. 평가의 결과처리에 있어서도 타당성과 신뢰성이 높은 정보를 가지고 과학적으로 처리함으로써 교육의 효율성을 높일 수 있도록 해야 하는데 여기에 다음 몇 가지가 고려되어야 한다.

첫째, 채점평가에 의한 결과를 과학적으로 표현하는 방법인데 숫자나 문자, 부호 등으로 표현한다. 물론 이 때에 객관적인 표현이 대단히 중요하다.

둘째, 문항의 양호도 검증으로 이것은 평가들이 좋고 나쁨을 변별하여 주는 역할을 한다. 평가결과를 가지고 문항분석을 통하여 이루어진다.

셋째, 평가결과의 처리로서 평가결과는 교육적 정보를 효율적으로 활용하기 위하여 일반적으로 통계적 처리를 한다. 통계처리에는 집중 경향치나 변산도를 가지고 통계적으로 검증한다.

넷째, 측정점수의 표시방법인데 평가 결과의 점수에는 다양한 표시방법이 있다. 측정 결과에서 얻어진 점수를 그대로 표현하는 원 점수가 있고 백점 만점척이 있다. 또한 서열 또는 순위를 나타내는 등위점수와 개인점수의 위치를 나타내 주는 표준점수가 있는가 하면 수, 우, 미, 양, 가 등으로 표시되는 문자점수도 있다.

평가는 결국 올바른 평가정보를 통하여 교육적으로 활용하고자 하는데 그 목적이 있다고 볼 수 있다. 그러므로 평가의 결과는 기록으로 끝나는 것이 아니고 개인과 집단의 교육목표 달성도와 변화의 양을 종합적이면서도 분석적인 해석을 필요로 한다. 즉, 개개인의 점수가 집단의 규준에 비추어 상대적인 위치를 알 수 있고, 개인 내적 차이를 이해함으로써 개인별 특성도 파악할 수 있을 뿐만 아니라 행동의 원인을 진단하거나 처방하는데 중요한 정보를 제공하여 주기 때문에 검사결과는 활용하기에 편리하도록 기록하고 관리해야 한다. 또한 평가결과의 해석은 교육목표를 설정하고 내용을 선정하며 교육활동과 교육평가로 이어지는 교육의 모든 과정에 피드백되어 교육 개선의 효율화를 얻을 수 있으며 진학지도 자료, 행정자료로 활용될 수 있으며, 향후의 교육과정 계획과 교수방법의 개선을 위한 증빙자료로 활용되어야 한다.

제9장
생활지도 및 상담

제1절 생활지도

제2절 상담활동

제1절 생활지도

1. 생활지도의 개념 및 목표

생활지도는 학교교육에서 교과지도와 함께 이루어지는 핵심적인 교육활동으로 이 두 영역은 학생들의 자아실현을 위해 모두 필요하므로 생활지도를 올바르게 이해하고 실천하는 것은 매우 중요하다.

1) 생활지도의 개념

생활지도란 영어의 'guidance'라는 말을 우리말로 옮긴 것인데 그 말은 '이끈다', '안내하다', '지도한다', '조언하다', '감독하다' 등의 다양한 의미를 갖고 있는 동사의 'guide'로부터 온 것으로 교도(教導), 향도(嚮導), 지도(指導) 등으로 쓰이기도 한다. 따라서 생활지도라는 말 속에는 여행자가 안내자의 이끌림에 따라 그의 여행을 진행하여 나가듯이 학생이 교사의 안내에 따라 그가 겪고 있는 생활상의 모든 과제를 적절히 수행해 낸다는 뜻이 담겨져 있다. 'Guidance'라는 말의 역사적 배경을 보면, 미국 Boston시의 직업국장이던 파슨스(Parsons)가 직업지도국을 개설하면서 시작되어 1913년에 Boston 교육위원회에서 직업정보과를 신설하면서부터 생활지도운동이 학교 안으로 들어오게 되었다. 오늘날의 학교 현장에서 직업지도 뿐만이 아니라 교육지도, 도덕적 · 종교적 지도, 사회성 발달지도, 건강지도, 성격 발달지도, 여가지도, 가정지도 등 학생들의 생활 전반에 걸친 생활지도에 포함시키고 있다. 이는 생활지도를 통해 아동, 학생 개개인의 전인적인 발달을 돕고 그들의 적응과 성격상의 문제를 지도하여 바람직한 방향으로 이끌어 주고 지도하는 것이다.

생활지도에 대한 학자들의 정의를 살펴보면 다음과 같다. 트렉슬러(A. E. Traxler)는 '모든 학생들로 하여금 자기가 가지고 있는 능력, 흥미 및 인성적인 여러 특성을 이해하게 하여 이를 최대한으로 발전시켜 나가며, 또한 자신의 생활목표와 이것들을 결부시켜 드디어는 민주사회의 바람직한 시민으로서 원만하고도 성숙한 자기지도를 해나갈 수 있도록 하는 과정'이라 정의하고, 스트랭(R. Strang)은 '학생 개개인의 가능성을 발견하고 그 자신의 노력을 통하여 개인적인 행복 및 사회적 유용성을 목표로 하여 그것을 발달시키는 과정'이라 정의한다. 한편 이영덕은 '한 학생이 자신의 본래의 성격을 정확히 파악하고 문제해결을 위한 이해와 통찰을 가짐으로써 보다 안정되고 통합된 성장을 할 수 있도록 도움을 주는 과정'이라 하고, 존스(A. J. Jones)는 '현명한 선택과 적응을 하며 문제를 해결해 나가는 데 있어 제공되는 개인적인 조력'이라 정의한다.

이상과 같이 생활지도에 대한 여러 학자들의 정의를 종합해 보면 생활지도는 교육의 목적을 달성하기 위한 방법으로 학생들이 일상생활에서 해결해야 할 문제(사회적 · 직업적 · 신체적 · 정서적 · 도덕적 문제 등)를 자력으로 해결할 수 있도록 돕는 것이며, 개인마다 가지고 있는 인성적 특성(흥미 · 적성 · 성격 · 능력 등)과 잠재력을 이해하고 발견하여 이를 최대한 발전시키며, 현명한 선택을 통해 자기지도 및 자아실현을 돕기 위한 활동이라 할 수 있다.

2) 생활지도의 목표

생활지도는 현대교육에 있어서 민주교육의 이념과 인간교육이 강조되어야 하는 관점에서 볼 때 요청되는 필수적인 교육활동으로 지향하는 궁극적 목표는 자아실현과 전인적 발달에 있다.

생활지도가 피교육자의 자율적 성장을 돕는 과정이며 봉사로써의 의미를 가지는 제 활동이기 때문에 학생 스스로 자신의 능력과 흥미를 발견하고 이를 최대한 개발하여 현명한 선택과 적응을 통한 문제해결력을 증진시키고 아울러 학생 개인의 자율적 성장에 초점을 두고, 전인적 발달을 도모하여 유능한 민주시민으로의 육성시켜야 한다.

3) 생활지도의 원리

생활지도를 할 때는 대상자를 단순한 학생으로 파악하는 것이 아니라 인간에 대한 이해가 선행되어야 한다. 생활지도에서 고려되어야 할 기본적인 원리는 다음과 같다.

첫째, 모든 학생을 대상으로 한다. 교육은 모든 학생을 대상으로 하는 것이므로, 신체적 결함이 있거나 문제가 있는 학생들 뿐만이 아니라 공부를 잘하는 학생이나 못하는 학생 모두 생활지도의 대상이 된다.

둘째, 자아실현할 수 있도록 북돋아 주어야 한다. 생활지도의 궁극적인 목적은 개인이 자신의 잠재능력을 최대한 발휘할 수 있도록 도와주는 것이므로 개인적인 문제해결이나 새로운 장래를 스스로 완성할 수 있도록 도와야 한다.

셋째, 치료나 교정보다 예방에 역점을 두어야 한다. 예방을 미리하게 되면 일어날 문제들을 사전에 막을 수 있으며, 예방적인 지도가 보다 쉽고 적은 노력과 비용이 들기 때문이다.

넷째, 과학적 근거에 기초한 판단에 역점을 두고 있다. 생활지도는 학생에 관한 객관성이 높고 구체적인 자료를 기초로 가급적 과학적 방법을 이용하여 원인 규명과 문제해결을 위한 방안을 강구하는 것이 좋다.

다섯째, 처벌보다 선도 내지 지도가 선행되어야 한다. 생활지도는 청소년의 건전한 성장과 문제해결을 돕기 위한 활동이므로 협동적 방향으로 이루어져야 하며, 처벌이나 훈육보다 학생들의 옳고 바른 행동을 이끌어 내도록 선도를 해야 한다.

여섯째, 인지적 학습보다는 정의적 학습에 역점을 둔다. 정의적 특성(흥미, 동기, 태도, 가치관, 자아개념, 인성 등)을 객관적으로 파악하여 개발 · 지도하는 이론과 실제에 전문적 소양을 갖춘 생활지도 담당교사나 카운슬러가 필요하다.

일곱째, 개인의 존엄성과 자율성을 기본원리로 한다. 민주사회에서 개인의 존엄성과 자율성은 매우 중요하다. 학생들도 자신들이 어떤 문제를 해결하기 위해 스스로 파악하여 결정할 수 있어야 하며, 원하는 행동양식과 행동유형을 스스로 선택할 수 있어야 한다.

2. 생활지도의 영역과 활동

생활지도란 학생의 제 문제를 스스로 해결할 수 있도록 돕는 것으로 일반적으로 분류하는 생활지도 영역은 다음과 같다.

1) 생활지도의 영역

(1) 교육지도(educational guidance) 또는 학업지도

교육지도 혹은 학업지도는 교육적 기회(학업)에 관한 모든 정보를 말한다. 학과의 선택과 학교 선택을 지도하는 것과 새로 입학한 학교에 관한 정보, 장학금이나 재정적 보조에 관한 정도, 도서관 사용법 등 학교생활에 효과적으로 적응시키기 위한 오리엔테이션, 진로지도, 독서지도 등이 있으며, 또한 학습 습관과 학습방법 개선 및 성적불량 학생에 대한 지도 등 일체를 포함하고 있다. 교육지도는 학업 지도를 포함하는 바 학생들의 개성을 충분히 고려하여 그들이 가장 현명하게 학업 계획을 세워 효과적으로 성공할 수 있도록 도와주는 과정이다.

(2) 직업지도(vocational guidance) 또는 취업지도

직업지도는 개인으로 하여금 직무와 취업에 필요한 자격요건, 보수, 승진유형, 작업조건 등 장래 직업의 선정, 준비, 도입을 지도하는 과정을 말한다.

개인의 직업 선정은 각 개인이 전 생애를 통하여 해야 하는 결정 중에서 가장 중요한 결정의 하나가 되는 것이다. 이러한 결정에 도움을 주기 위하여 학생에게 직업에 관한 정보를 제공하며 적성에 관한 검사를 실시하고, 각종 직업에 대한 탐색적 경험을 주도록 지도한다. 직업적성의 발견과 준비교육, 선직지도, 취직알선, 실습지도, 현장지도, 진로지도 등도 이에 속한다

(3) 인성지도(persona emotional guidance) 또는 성격지도

인성지도는 인격지도라고도 하는데, 개인의 성장과 발달을 지적인 면의 발달로만 보지 않고 정의적인 면까지도 포함하는 전인적인 발달로 보고 지도하는 것이다. 이와 같이 성격 발달지도에 있어서는 지식의 획득만을 목적으로 하는 것이 아니고 개인이 원만한 성격으로 발달하도록 지도하는 것이 주목적이다. 개인적인 잠재능력의 개발, 개인적인 습관과 태도, 생활의 목표와 계획, 정서문제, 신경과민, 성격문제 지도, 욕구불만의 진단과 해석, 습관교정 및 기타 심리적 제 장애의 진단과 치료, 개인적인 적응문제 등에 관한 지도가 포함된다.

(4) 사회성 지도(social guidance)

사회성 지도는 교우관계, 이성관계, 가족관계 및 기타 대인관계에서 생기는 문제를 지도하는 것이다. 각 개인 혹은 학생의 교양, 도덕적 윤리관, 인간 존중의 습관형성, 의사전달의 합리적인 방법, 관용과 이해의 선택, 이성과의 교제, 교우관계, 집단에서의 대인관계 등 원만한 인간관계를 유지하며 협동과 봉사의 정신으로 생활할 수 있도록 사회성 개발의 지도로 교사들의 교과지도 못지않게 매우 중요한 생활지도 영역이다. 또한 민주시민으로 가져야 할 책임과 의무, 그리고 준법정신을 갖추어 성장할 수 있도록 지도해야 한다,

(5) 가정지도(family guidance)

가정은 인간의 인격 형성에 가장 중요한 역할을 하는데 오늘날의 가정교육은 그 교육적 기능이 약화되어 학교에서 가정의 교육 역할을 대신하는 지도가 필요하게 되었다. 가정지도는 모든 학생들이 가정의 중요성을 이해하고 부모나 형제와의 건전한 관계를 유지할 수 있도록 도와 준다. 따라서 가정 기능의 일부를 교사가 맡아 해야 하고 교사는 가정의 부모와 유기적인 밀접한 관계를 가지고 협조하여 학생을 지도해야 한다.

(6) 건강지도(health guidance)

건강지도는 개인으로 하여금 자신의 건강을 유지하도록 함을 목적으로 신체장애, 운동 부족, 영양실조 및 과다, 각종 질병, 위생 및 기타 대인관계에서 생기는 문제, 정신위생, 안전사고 대책 등을 지도한다. 건강에 관련된 지도의 욕구가 충족되지 못했을 경우에는 신체의 발달은 물론 학습이나 작업의 능률을 저하시키고 성격 특히 정서적, 사회적 관계에 있어서 부적응을 가져오기가 쉬우므로 중요한 지도문제 중의 하나가 된다.

(7) 여가지도(leisure-time guidance)

여가지도는 학생들의 여가 시간에 있어서 취미 오락활동, 감상활동, 특기신장, 특별활동 지도, 창작활동, 봉사활동, 놀이 및 기타 여가시간 활용에 관한 지도 등을 통하여 개인의 교양을 향상시킬 뿐만 아니라 보다 나은 인생을 즐길 수 있도록 지도하는 것이다. 여가는 단순히 쉬는 것이 아니라 자기발견 및 창조를 통한 자아실현의 기회이다. 그러므로 현대생활에서 여가선용 방법의 지도는 건전한 가치관 형성과 민주시민 양성에 많은 도움이 된다.

(8) 도덕적 · 종교적 지도(moral-religious guidance)

도덕, 종교의 지도는 사회정의와 인간의 논리적 도덕성을 이해시키고, 건전한 가치관을 확립하도록 도와주는 동시에 건실하고 경건한 종교생활을 할 수 있도록 종교적 문제를 지도하는 영역이다. 현대가 겪고 있는 갈등과 위기의식을 극복해 낼 수 있는 도덕성과 신앙심을 가능한대로 교사는 학생에게 심어주어야 한다.

2) 생활지도의 활동

(1) 학생조사활동 (student inventory service)

생활지도는 학생의 실태를 파악하기 위한 일과 학생들의 자기 이해를 돕기 위한 활동이다. 트랙슬러는 학생들의 조사활동 영역을 가정배경, 학교 경험, 출신학교의 성적, 학업성적 또는 지적 능력, 건강, 교외경험, 학습 및 직업흥미, 특수능력, 성격, 장래에 대한 계획 등으로 구분하고 있다.

학생조사활동을 위한 방법은 주로 검사활동과 비검사활동으로 구별하나 이때 사용되는 조사방법에는 관찰법, 질문지법, 평정법, 면접법, 사회성측정법, 투사법, 사례연구법, 검사법 등이 있다.

학생조사활동이 학생들의 과학적인 자기이해와 문제해결을 돕기 위해서는 객관도 · 신뢰도가 높아야 하며, 생활지도 목적에 합당하며, 여러 가지 가능한 방법이나 기술을 종합적으로 활용하여야 하며, 조사결과를 기록 · 정리 · 보관하여 실제 지도에 유용하게 활용할 수 있도록 하여야 한다.

(2) 정보활동(information service)

정보활동은 학생들의 현재 및 장래의 생활환경, 교육적 · 직업적 · 사회적 등에 관한 정보를 수집 · 정리 · 조직하여 학생들이 장래 계획이나 의사결정을 할 때 적절하게 자료를 제공하여 학생들이 개인적 성장과 사회적 적응을 돕기 위한 활동이다. 학생들은 자기 자신과 환경조건을 정확히 이해하고 관계되는 여러 조건을 정확히 평가할 수 있어야 하므로 이러한 상황에 처한 학생에게 필요한 정보를 마련하고 제공해 주는 일은 중요하다.

학생들에게 제공되는 정보는 크게 교육정보, 직업정보 및 개인적 · 사회적 정보로 구분할 수 있다.

① 교육정보 : 학생들이 학습생활을 해 나가는 데 필요한 학교에 관한 여러 가지 정보(이수 교육과정, 장학금 등)와 진학(상급학교, 학교 등)에 관한 정보 등을 의미한다.
② 직업정보 : 직업과 직위에 대한 타당하고 유용한 자료를 의미하는데, 취업에 필요한 자격요건, 작업조건, 보수, 승진, 현재와 미래에 있어서의 수요공급에 관한 증원 계획 등이 포함된다.
③ 개인적 · 사회적 정보 : 학생 개인과 타인과의 관계를 증진시키는 인간관계에 작용하는 인간적 · 물리적 환경에 영향을 미치는 타당하고 유용한 자료로서 학생이 자신을 보다 잘 이해하고 발전시키는 데 필요한 정보를 의미한다. 개인의 흥미, 적성, 능력, 포부 등과 같은 사적인 정보와 이성관계, 예의범절, 사교술, 가족관계, 여가활동, 건전한 생활 등과 같은 광범위한 영역의 사회적 정보를 포함한다.

(3) 상담활동 (counseling service)

상담활동은 생활지도 활동 중에서 가장 핵심적이고 중요한 활동으로 대부분의 생활지도 활동은 상담활동을 통하여 이루어진다고 할 수 있다. 상담교사와 학생이 1 : 1의 관계에서 대화를 통해 문제해결을 도와주는 활동이다. 일반적으로 상담은 학생에게 충고를 하거나, 권유, 훈계, 설득 등을 목적으로 면접을 하거나 어떤 정보나 지식을 학생에게 제공하는 것으로 생각하게 된다. 그러나 상담은 언어를 매개체로 하여 학생들의 마음을 이해하고 문제를 자기 스스로 인식하여 바람직한 행동의 변화와 심리적 변화를 일어나도록 조력하는 것을 말한다. 결국 상담활동이란 급변하는 새로운 환경과 사태를 이해하고 잘 적응할 수 있고, 잠재능력을 계발하여 자아실현하는 인간이 될 수 있도록 도와주는 활동이다.

상담의 주요한 목표를 요약하면 ① 행동변화를 가져오게 하는 것, ② 정신건강 증진, ③ 문제해결과 증세 제거, ④ 내담자의 잠재력 촉진과 효율성 증진, ⑤ 의사결정 능력의 증진 등이다(강영삼 외, 2007).

(4) 정치활동 (placement service)

정치활동(定置活動)은 학생들의 취업지도, 진학지도, 선과지도 등에 있어서 특성에 가장 알맞은 진로를 현명하게 선택하도록 도와주는 활동으로, 교육적 정치(클럽활동, 학교, 학과선택 등), 직업정치(직업선택, 부직 알선 등), 학교나 학과선택 등이 있다. 효과적인 정치활동을 위해서는 카운슬러, 교직원, 지역사회 인사 등 모두 협력하여 조직적으로 종합적인 계획을 세워 실천하여야 한다.

(5) 추후활동(follow-up service)

상담을 통해 지도를 받은 학생들의 추후(追後) 적응상태를 점검하여 계속적으로 보살피고 부적응에 대한 도움과 보다 적절한 적응을 돕는 학생지도활동을 말한다. 상담자가 제공한 조력의 성과를 알아보거나, 재학생이나 졸업생, 전학한 학생이나 중퇴자에 대한 지도, 졸업예정자로서 직업을 얻고자 하는 학생이나 상급학교에 진학하고자 하는 학생들에 대한 정보를 수집하여 지도활동하는 것이다. 이 활동은 면밀한 생활지도 일환으로 이루어지기도 하지만 우발적으로 제공되는 경우도 있다. 추후활동에서 필요한 자료는 면접법, 질문지 사용법, 관찰법, 검사법, 서신, 전화, 개별방문 등을 통해서 얻을 수 있다.

제2절 상담활동

1. 상담의 의의

상담이란 스나이더(W. U. Snyder, 1947)에 의하면 라틴어의 'consulere'에서 유래된 것으로 '고려하다', '반성하다', '깊이 생각하다', '조언을 받거나 구하다' 등의 의미이다. 상담이라는 말은 원래 법률이나 경제, 또는 종교 등의 분야에서 주로 사용되었는데 1939년 윌리암슨(Williamson, 1939)이 그의 저서 「How to Counseling Student ?」에서 상담이란 용어를 학교교육과 관련지어 사용함으로써 교육계에 널리 쓰이게 되었다. 1950년대 이후 임상심리학의 한 분야로 취급되어 왔던 상담심리학이 독자적인 영역으로 분리됨으로써 상담이 새로운 전문분야로 등장하게 되었다. 상담은 상담활동 중에서 가장 핵심적인 활동으로 생활하면서 당면하게 되는 문제를 전문가의 도움과 상담을 통해 스스로 문제를 해결할 수 있게 된다.

상담에 대한 정의는 인간에 대한 관점이나 이간의 본성에 대한 이해가 서로 다르기 때문에 학자들마다 서로 차이가 있다. 로저스(1961)는 '상담이란 치료자와의 안전한 관계에서 자아의 구조가 이완되어 과거에는 부정했던 경험을 자각해서 새로운 자아로 통합하는 과정'이라 정의한다. 정원식과 박성수(1978)는 '상담이란 도움을 필요로 하는 사람과 도움을 줄 수 있는 사람 사이의 개별적인 관계를 통하여 새로운 학습이 이루어지는 과정'이라고 정의한다(강영삼 외, 2007).

상담에 대한 여러 학자의 정의를 토대로 상담에 대한 정의를 내리면 다음과 같다.

상담은 도움이 필요한 사람이 전문적인 훈련을 받은 사람과의 만남, 심리적 관계에서 통찰을 경험하고 생각, 감정, 행동 측면의 통합적 성장을 위하여 스스로 노력하는 과정이다.

상담의 목표는 첫째, 행동변화의 조장, 둘째, 문제해결 능력의 신장, 셋째, 인간관계의 개선, 넷째, 의사결정의 촉진, 다섯째, 잠재능력의 신장이라 할 수 있다.

2. 상담의 진행과정

상담이란 상담자와 내담자의 만남에서부터 시작하여 여러 번의 면접을 통해 종료되는 하나의 과정이다. 상담이란 단순한 대화가 아니라, 도움을 필요로 하는 내담자가 전문적 훈련을 받은 상담자와 대면하여 내담자의 문제를 해결하여 도와주는 학습과정이다. 상담관계를 원만히 이끌어가기 위해서는 상담자는 내담자와 래포를 형성하여 서로 신뢰하는 편안한 상태에서 인생문제, 학습문제, 정서문제, 이성문제, 진로문제 등의 당면한 문제들을 이야기할 수 있어야 한다.

상담이 진행되는 과정에 대하여 학자들마다 견해가 다르다. 1, 2 회로 끝이 나는 단기 상담이든 20회 이상의 장기 상담이든 그 과정은 몇 단계로 구분되어 살펴볼 수가 있다. 이장호(1982)는 단계적으로 상담의 과정을 나누어 생각하는 것이 상담의 이해에 도움을 주며 효과적으로 상담을 진행시키는 지침이 된다면서, 촉진적 관계의 형성, 목표 설정, 내담자의 자각 및 합리적 사고의 촉진, 행동의 계획, 상담 결과의 평가 등 상담의 과정을 다음과 같이 7단계로 제시하면서 하나의 모형을 제시하고 있다.

1) 문제의 제시 및 상담의 필요성에 대한 인식

먼저 내담자에게 자신의 걱정거리, 문제, 찾아온 이유를 말하도록 한다. 문제의 배경 및 관계 요인을 토의한 후, 내담자가 상담 과정에 적극적으로 참여하도록 해야 한다.

2) 촉진적 관계의 형성

이 단계에서는 솔직하고 신뢰로운 관계를 형성하는 것이다. 내담자가 상담자에게서 느끼는 전문적 숙련성 · 매력 · 신뢰성 등은 상담효과에 대한 긍정적 기대를 갖게 하는 요인이다.

3) 목표 설정과 구조화

이 단계에서는 상담 과정의 방향과 골격을 분명히 한다. 내담자가 상담에 대한 확실한 인식을 함으로써, 상담의 다음 진행과정에 대한 두려움이나 궁금증을 줄일 수 있게 된다.

구조화는 상담의 효과를 최대한도로 높이기 위해 상담의 기본적인 성격 · 상담자 및 내담자의 역할 한계, 바람직한 태도 등을 설명하고 인식시켜 주는 작업이다.

4) 문제해결의 노력

문제의 성질을 명확히 하고 어떤 방법과 절차를 이용할 것인가를 먼저 결정해야 한다. 이 과정에서 현재의 '문제 행동'과 바람직한 '목표행동'에 대한 내담자의 자각과 문제해결 과정에서의 실제 노력을 촉진하는 것이 필요하다.

5) 자각과 합리적 사고의 촉진

자각은 자신과 생활 과정에서의 주요 경험 및 사건들을 이전보다 분명히 그리고 통정된 시야에서 재인식하는 것이다. 내담자가 상담의 목표에 도달하기 위해 필요한 자기 이해와 합리적 생각을 갖출 때까지 상담에 적극적으로 참여하도록 한다.

6) 실천 행동의 계획

자각과 합리적 사고의 달성만으로써 상담이 끝나는 것이 아니다. 내담자의 구체적인 행동절차를 협의하고 세부적인 행동 계획을 작성하는 것이다. 예를 들면, 앞으로의 갈등적 상황에 어떻게 대처할지를 구체적으로 의논한 후 바람직한 판단기준을 확인하여 실제 행동 과정을 계획하도록 하는 것이 된다.

7) 실천 결과의 평가와 종결

종결은 주로 내담자와 상담자의 합의에 의하여 이루어진다. 종결 무렵에는 2주일이나 3주일의 간격을 두어 만나는 것이 바람직하다. 종결에 앞서 그 동안 성취한 것들을 상담목표에 비추어 평가하거나 목표에 도달하지 못한 이유를 토의해야 한다. 종결에 즈음하여 상담의 전체과정을 상담자가 요약할 수도 있고 내담자가 요약하게 할 수도 있다. 아울러 문제가 생기면 다시 찾아올 수 있다는 추수(追隨)상담의 가능성을 제시한다. 상담결과가 만족하지 못한 경우에는 상담과 상담자의 한계에 대해서 명백히 밝히고 필요하면 다른 기관이나 상담자에게 의뢰하는 것이 바람직하다.

3. 상담자의 역할과 자질

상담의 과정에 있어 상담자의 역할이 중요하다는 것은 재론의 여지가 없다. 상담활동은 비교적 최근에 발달한 전문분야이기 때문에 이를 뒷받침하는 이론이나 접근방법이 다양하다. 성공적인 상담의 수행을 위해서는 상담자에게는 개인적, 전문적인 상담이론 등 여러 면에서의 특수한 자질이 요구된다.

상담자의 역할을 다음과 같이 요약할 수 있다(C. G. Warenn, 1962).

① 상담자는 성장해 가는 내담자의 자기이해와 자기 수용을 도와주어야 한다.

② 상담자는 내담자의 자기 이해에 영향을 주는 제반 문화적 변화에 예민한 변화를 보여야 한다. 상담자는 내담자가 자기 성취감을 얻을 수 있고 자기의 생산성을 발휘할 수 있는 교육적 · 직업적인 선택을 현명하게 하도록 도와주어야 한다.

③ 상담자는 내담자가 현재의 자기(real self)와 장차 그렇게 되기를 바라는 자기(ideal self)에 대한 지각을 명료화시켜 줌으로써 교육적 · 직업적인 선택을 현명하게 하도록 도와주어야 한다.

④ 상담자는 내담자에게 집단 학습의 경험을 제공함으로써 타인의 반응 속에 비친 내담자 자신을 볼 수 있는 기회를 마련해 주어야 한다.

⑤ 상담자는 내담자가 결점에 대한 책임을 지게 함으로써 성숙해질 수 있도록 자기 책임감을 높여 주어야 한다.

⑥ 상담자는 내담자의 잠재된 능력의 다양성을 수용하고 고무시켜 주어야 한다.

로저스(1942)는 상담자의 기본적인 자질로서 ‘인간관계에 대한 민감성’, ‘객관적인 태도와 정서적으로 격리된 태도’, ‘자기 자신을 이해하며, 자기 자신의 정서적인 제한점과 결점을 아는 능력’, ‘개인에 대한 무조건적인 존중과 있는 그대로를 받아들일 줄 아는 노력 및 의욕’, ‘인간행동의 이해’ 등 5가지로 들고 있으며 전 미국직업지도협회(NVGA : National Vocational Guidance Association, 1949)에서는 상담자의 자질로서 ‘인내력’, ‘인간에 대한 깊은 관심’, ‘정서적 안정성과 객관성’, ‘타인의 태도와 반응에 대한 민감성’, ‘타인으로부터 신뢰받을 수 있는 능력’, ‘사실(fact)의 존중’ 등 6가지를 들고 있다.

상담은 도움을 필요로 하는 사람에게 상담자가 갖고 있는 전문적인 심리학적 지식, 훈련, 충분한 경험을 살려 내담자를 도와줄 수 있는 자질을 가져야 하므로 교사는 인격, 자질, 상담기술이 훌륭해야 함은 매우 중요한 일이다.

4. 상담이론

상담이론에 따라 상담의 방법, 과정, 기술적 전문성은 다르게 나타나지만 중요한 몇 개의 상담이론을 살펴보면 다음과 같다.

1) 의사결정적 상담(지시적 상담, directive counselling)

흔히 지시적 상담 또는 이성적 접근이라고 부르는 이 접근법은 윌리암슨에 의해 주도되었다. 인간이란 지적 능력의 결핍과 정보부족으로 인해 스스로 문제를 해결 할 수 없는 나약한 존재이므로 상담자가 적극적으로 개입해서 내담자의 문제를 종합 진단하고 정보를 제공해 주어야 한다고 본 상담이다. 과학적 방법에 의한 객관적 자료수집과 분석, 그리고 종합 진단과 정보제공을 통하여 내담자가 최선의 선택을 할 수 있도록 도와주는 전통적인 상담방법으로 상담자는 적극적으로 역할을 수행하며 피상담자는 수동적으로 참가하게 된다.

이 이론은 직업상담에서 비롯된 것으로 주로 대학에서 학생생활지도 프로그램의 일환으로 발전된 것이다. 내담자에게 합리적 정보를 제공함으로써 장래의 계획을 세우는 데 현명한 의사결정을 내리도록 돕는 것에 초점을 두었던 전통에 연유한다. 상담자가 학생들의 직업진로문제, 진학문제, 학업문제, 가정관계문제, 인간관계문제 등에 관해 주도적으로 정확하고 합리적인 정보를 제공함으로써 학생들이 스스로 현명한 결정을 내리도록 하는 것이다. 지시적 상담이론은 상담자는 목표를 정하고 자료의 의미를 판단하고 계획하는 능력이 있는 능동적 존재, 전문가적 존재로 보는 반면 내담자는 남의 도움을 필요로 하는 존재로 인식하는 데서 출발한다. 따라서 상담자가 타협을 강요하기도 하고, 환경을 바꾸기도 하며, 필요한 기술을 습득 · 훈련하도록 조력하기도 하고, 내담자의 태도를 변화하도록 종용하기도 한다.

지시적 상담은 과학적인 방법으로 상담을 전문화시키는데 기여를 했으며, 객관적 자료를 위한 검사의 개발, 활용, 보급, 예측에 기여를 했으며 특히 교육과 직업에 관련된 부적응 문제에 적합하다는 장점이 있다. 그러나 상담자의 역할이 지나치게 강조되어 내담자의 독립적 결정이 경시되고 지나치게 객관적 자료에 의존하게 되므로 내담자의 감정과 정서는 물론 서로의 인격적인 상호작용이 무시될 수 있다는 제한점이 있을 수 있다. 따라서 학교 현장에서 상담이론을 적용할 때는 학생의 특성이나 주변의 여건에 따라 두 이론을 적절하게 운용하는 것이 바람직하다.

2) 인간중심 상담(비지시적 상담, non-directive counselling)

인간중심 상담이론은 로저스에 의해 주장된 접근방법으로 내담자의 긍정적인 성장 가능성을 중시한다는 입장에서 '내담자중심 상담', '비지시적 상담'이라고도 한다. 이 이론은 기본적으로 인간에게는 스스로 자신의 길을 발견하고 성장해 나갈 수 있는 잠재가능성, 잠재능력이 있다는 철학에 기초하고 있다. 상담자의 역할은 내담자가 자신의 문제를 해결할 수 있는 능력이 자신에게 있다는 것을 스스로 되찾고 인간적인 성숙을 기할 수 있도록 조력하는 것이다.

로저스는 인간이 사회적이고 미래지향적이며, 자아실현의 의지와 가능성을 갖고 있고 또한 선한 본성을 갖고 태어난다고 보았다. 그러므로 수용적 관계에서 내담자의 주체성과 책임감을 강조하여 내담자 스스로 문제를 해결할 수 있도록 도와주어야 한다. 인간은 본래 부적응 상태를 극복하고 정신적 건강상태를 되찾을 수 있는 능력이 있다고 믿는 인간중심 상담에서는 상담자가 내담자에게 진행의 책임을 맡기고 그가 스스로 문제를 해결하도록 격려할 뿐이다. 상담자는 최선의 해결책을 다 알고 있는 권위적 존재로 대하지 않는다.

상담자는 효과적인 상담을 위해 상호 신뢰하는 진실된 분위기를 조성함으로써 내담자가 거리낌없이 자기를 진실되게 공개하고 자신의 내면세계(감정, 욕망, 갈등, 가치판단 등)를 이해하고, 무조건 긍정적으로 수용하는 태도로 상담함으로써 자신의 문제를 이해하도록 돕는다. 이러한 상담관계 속에서 내담자는 자신의 환경에 대한 왜곡된 시각을 수정하고, 현실적 경험과 자아 개념 사이에 조화와 통정을 이루며, 궁극적으로는 능력과 개성을 최대한 발휘하는 자아실현을 촉진하려는 것이 상담의 목표이다.

이 상담의 공헌점은 다양한 심리치료에 활용할 수 있도록 발전시켰으며, 내담자 자신이 결정하는 사람으로 인정하고 인간행동에 있어서 정서나 감정의 역할이 적절히 강조된 점이다. 그러나 내담자의 지적 및 인지적 요인들이 무시되고 객관적인 정보를 충분히 사용하여 내담자를 도와주지 못한다는 제한점이 있다.

3) 정신분석적 상담

정신분석적 상담은 프로이트에 의해 창시된 최초의 상담이론으로서 이 접근은 정신분석학이 토대로 하고 있는 인간결정론과 무의식이라는 두 가지 개념을 기본 가정으로 하고 있다. 프로이트는 인간의 성격발달에 관한 본성 이론을 제시하였고 그의 인간행동에 대한 관찰은 성격이론의 시초가 되었으며 심리치료에 기초가 되었다. 그는 인간의 정신세계를 의식, 전의식, 무의식의 세 가지 경험세계로 구성되어 있다고 보고, 그 중에서 무의식 속에 억압된 과거의 경험이 인간행동을 주로 결정한다고 보았다. 그러므로 인간의 행동은 어렸을 때의 경험에 의해 좌우되므로 유아기의 중요성을 강조하였으며, 인간의 마음의 대부분은 의식할 수 없는 무의식 속에 들어 있다고 본다. 어렸을 때 형성된 무의식적 갈등은 자유연상이나 꿈의 해석 등을 통해 의식화시킴으로써, 내담자로 하여금 자기 자신에 대한 정확한 통찰과 통정을 할 수 있도록 하는 과정이 정신분석적 상담이다.

따라서 정신분석적 상담의 목표는 무의식적 갈등을 의식화시켜서 개인의 성격구조를 수정하고 재구성하려는 데 있다. 개인은 의식되지는 않으나 마음속에 잠재해 있는 갈등이 해소되지 않으면 그것이 심리적 긴장상태로 남아 심하면 여러 가지 증상으로 나타난다고 본다. 이 무의식적 갈등 및 불안정의 배경을 언어 표현을 통해 자각시키면 긴장 때문에 묶여 있던 에너지가 그만큼 자아기능에 활용됨으로써 개인의 의식 및 행동과정이 원활하게 된다. 그런데 정신분석적 상담은 무의식적 내면세계의 의식화 작업이며, 상담의 목적은 적극적이고 해결적인 자아기능을 강화하려는 데 있다. 이 상담의 목표는 깊이 있는 자기 통찰을 위해 과거에 있었던 억압의 세계를 깊이 탐색해 들어가는 것이다. 상담에 사용되는 주요 기법으로 이 모든 것은 내담자 자신이 무의식적 갈등을 자각하도록 돕는 기법으로 자유연상, 꿈의 해석, 저항의 분석, 전이 등이 있다.

이 이론의 공헌점은 유아기의 중요성과 무의식을 통해 사고와 행동의 동기화 사실을 밝혀내고 무의식을 탐색하는 기법들을 발달시켰다는 것이다. 그러나 사회적 · 문화적 요인이나 인간의 합리성을 무시하고, 유아기 경험을 강조하는 결정론적인 입장을 취하므로 자신의 행동에 대한 책임을 극소화한 점이 제한점이라 할 수 있다.

4) 행동수정 상담(behavior modification)

행동수정은 실험적 연구에서 밝혀진 학습원리를 상담이나 치료에 응용한 것으로 행동주의상담은 객관적으로 관찰과 측정이 가능한 행동을 상담대상으로 삼기 때문에 상담의 효과, 진전 상태 등을 객관적으로 평가할 수 있다는 것이 특징이다. 대부분의 인간행동은 학습된 것이므로 환경을 변화시키면 그와 관련된 행동을 변화시킬 수 있다고 보았다. 행동주의자들은 인간의 행동이 자연현상과 마찬가지로 일정한 법칙성을 지니고 있다고 가정하고, 이러한 행동을 지배하는 법칙을 밝혀 내면 인간의 행동도 예측, 통제, 수정, 변화시킬 수 있다고 본다. 이러한 전제 아래 행동주의 이론을 원용하는 상담에서는 학습원리를 통해 인간의 행동을 파악하려고 한다. 행동수정에 흔히 사용되는 기본적인 개념은 강화, 벌, 소멸 등이 있다. 이 상담은 학습된 구체적인 부적응 행동을 소거시키고 보다 효과적이고 바람직한 행동을 새롭게 학습시키는 것이 주요목표이며, 목표는 언제나 구체적이면서 관찰되고 측정될 수 있는 행동술어로 진술되어야 한다.

이들의 인간관은 시대의 흐름에 따라 변화를 보이고 있다. 초기의 행동수정 상담은 엄격한 결정론적 입장에서 조건형성의 원리를 이용하여 문제행동 및 반응(행동) 수정을 주로 다루었다. 그러나 현재는 스키너의 조작적 조건 형성을 토대로 한 강화이론을 더 중요한 원리로 채택하고 있다. 이와 같은 원리에 토대하여 학습된 구체적 부적응 행동을 소거시키고 보다 효과적이고 바람직한 행동을 새롭게 학습시키는 것이 행동수정 상담의 목표이다. 이와 같은 의미에서 행동수정 상담은 증상을 치료하려는 상담이라고 말할 수 있다.

주로 공포증, 우울증, 성도착증, 아동의 행동장애, 말더듬증, 심장질환의 예방 등에 적용될 수 있으며, 문제행동에 따라 상담자가 사용하는 상담의 주요 기법에는 체계적 둔감법, 이완기법, 자기표현훈련, 인지적 재구성, 혐오자극치료, 긍정적 강화, 모방학습, 행동연습 그리고 여러 가지 복합 모형의 기법들이 있다.

제10장
교육행정과 조직

제1절 교육행정의 기초

제2절 교육행정의 조직

제3절 우리나라 교육제도 및 교육행정조직

제4절 학교장학의 이해

제1절 교육행정의 기초

교육행정은 인사 · 재정 · 시설의 관리와 지도 · 감독을 한다는 점에 있어서 일반 행정과 공통된 성격이 있지만 교육행정만이 가지고 있는 고유의 특수성 내지 독자성을 가지고 있다.

교육행정의 어원을 보면 영어의 'administration'으로 'ad(to)'와 'minister(serve)'가 합쳐진 말로, 행정은 본질적으로 지원활동, 봉사활동을 말한다. 교육행정은 교육활동이 쉽게 잘 일어날 수 있도록 지원하는 일로써 넓은 의미로는 행정의 개념에 포함되며, 일반적인 의미는 공동의 목적을 달성하는 데 필요한 업무 수행 활동과 관련을 가진 개념이라 할 수 있다.

교육행정(educational administration)은 교육목적을 설정하여 그 설정된 목표를 달성하기 위한 사회적 · 공공적 활동을 전제로 보다 좋은 교육을 실현하기 위한 지원적 봉사활동이다. 교육행정을 접근하는 방법에 따라 '교육에 관한 행정'과 '교육을 위한 행정'으로 구분하면 다음과 같이 정의할 수 있다.

1. 교육에 관한 행정

교육행정을 행정의 한 분야로서 보는 정의로 '교육에 관한 행정'이란 입법과 사법을 제외한 공권적 작용으로서 행정활동 중에서 교육이라는 한정된 행정, 즉 교육기관, 교육조직체를 중심으로 교육활동에 관한 행정을 말한다. 이러한 관점은 국가행정의 한 분야로서 이 때의 행정은 교육보다 높은 위치를 차지하며 국가행정이 교육을 통제하는 '위에서 밑으로'의 전통적인 권위적인 행정을 말한다.

'교육에 관한 행정'은 그 자체가 중앙집권적이고 관료 통제적인 전통적 교육행정으로 교육행정의 전문성, 독자성, 특수성을 찾아볼 수 없으므로 자율적이고 독창적인 교육실천이 어려우며, 교육정책 집행 시 행정작용에서 권력적 · 통제적 · 강제적 요소가 강한 개념이라 할 수 있다. 교육법규의 체제상 가장 기본이 되는 것은 헌법과 교육법이다. 이러한 면에서 본 교육행정의 기본원리는 합법성의 원리, 기회균등의 원리, 적도집권의 원리, 자주성 존중의 원리 등을 들 수 있다.

2. 교육을 위한 행정

운영면에서의 정의는 '교육을 위한 행정'을 의미한다. 교육행정이란 교육의 핵심적인 기능인 교수와 학습의 효율성을 높이기 위하여 제반 조건을 정비하는 수단적 · 봉사적 활동으로서의 교육활동을 위한 행동으로 보는 정의이다.

'교육을 위한 행정'이란 지방분권적이고 자율적인 교육행정으로 교육행정을 사회적 · 공공적 · 조직적 활동으로서의 교육활동에 관한 목표를 설정하고 그 목표달성에 필요한 조직들을 정비, 확립하고 그 달성을 조장하는 것으로 보는 견해이다. 따라서 교육이 행정보다 높은 위치를 차지하며 행정은 밑에서 교육활동을 조장해 주는 '밑에서 위로'의 민주적인 교육활동을 의미하게 된다. 이 정의에서는 교육목표를 효과적으로 달성하기 위한 보조적인 봉사활동으로서 행정의 무한성을 강조하고 있다. 그러므로 교육행정가는 교사와 학생을 돕는 봉사자로서 지도 · 조언하는 역할을 충실히 해야 한다.

이러한 입장의 대표적인 학자 몰맨(A. B. Moehlman)은 교육행정이란 수업의 효율성을 높이기 위한 수단으로 고려되어야지 그 자체를 목적으로 고려되어서는 안 되며 행정을 교육과정의 기본 목표에 더욱 충실하고 이러한 목적이 능률적으로 실현될 수 있도록 하기 위한 봉사활동으로 보고 있다. 한편, 캠벨(R. F. Cambell)은 행정을 교육활동의 장에서 일어나는 교수와 학습의 목표를 효율적으로 달성하기 위하여 사람들의 관계를 조정하는 일로 정의하며, 리더(W.

G. Reeder)는 교육행정의 효과성은 수업활동에 얼마나 공헌하느냐의 정도에 따라 결정된다고 하였다. 이러한 면에서 본 교육을 위한 행정의 기본원리에는 타당성의 원리, 민주성의 원리, 능률성의 원리, 적응성의 원리, 안정성의 원리, 균형성의 원리 등을 들 수 있다.

이상에서 살펴본 것을 기초로 교육행정에 대한 개념을 정의하면 중요한 세 개의 요소가 포함되어 있다. 첫째, 목표달성 활동의 목표설정, 둘째, 이 목표달성을 위해 필요한 조건의 정비 · 확립, 셋째, 목표달성의 지도 · 조성 등이다.

따라서 교육행정이란 학교활동의 핵심이 되는 교수-학습활동을 지원하기 위한 봉사적 활동으로써 교육의 전문성과 특수성을 고려함과 동시에 행정에서 요구되는 효율성과 능률성을 극대화할 수 있는 방법을 강구하여 이것을 교육행위에 적응시키기 위한 활동행위라 할 수 있다.

제2절 교육행정의 조직

1. 교육행정이론의 발전

조직이란 인간이 공동의 목적을 효과적으로 달성하기 위한 협동의 체계이다. 인간은 조직에서 태어나서 살다가 죽으므로 인간의 삶과 조직과는 상호 불가분의 관계에 있음을 알 수 있다. 사회적 협동체인 조직의 요소로는 의사소통, 협동, 공동의 목적 등이 있다. 버나드(C. I. Barnard)는 '조직이란 두 사람 이상의 인간이 의식적으로 조직된 행동 및 힘의 체계'라 하였고, 조직의 요소로 '공동목표, 협동의욕, 의사전달'이라 주장하였다(박도순 외, 1994). 교육활동은 집단활동으로 이루어지므로 조직은 교육행정에서 중요한 의미를 갖는다.

교육행정은 학문적 역사가 짧고 학문적 발전이 미약하였지만 1946년 모트(P. R. Mort)의 「교육행정의 원리」가 발간되면서 교육행정학 이론이 체계적으로 발전하기 시작하였다. 행정을 연구하는 데 있어서 그 목적과 방법이 행정의 합리성을 중심으로 보편적인 이론과 원리를 추구했다는 점에서 조직체 연구 초기의 이론들을 흔히 고전이론이라고 부른다. 고전이론은 19세기 후반에서부터 1920년대까지에 걸쳐 개발된 인간관리 철학으로서 1776년 스미스(A. Smith : 국부론)에 의해 제기된 생산성 향상을 위한 분업의 중요성을 강조하여 시작된 것이다. 스미스의 주장은 그 후 100년 이상을 지나서 테일러에 의해 과학적 관리론의 성립 배경이 되게 되었다(한공우, 2000). 20세기부터는 다음과 같이 교육행정학 이론이 발달하게 되었다.

1) 과학적 관리론(scientific management)

19세기 말과 20세기 초에 세계 각국은 공황과 노동자들의 파업으로 심각한 상태에 있었으며, 미국도 남북전쟁을 치른 이후 시장 규모가 급격히 커지게 되어 기업이 대규모화되면서 노동력이 부족한 미국의 산업현장에서 생산성 향상은 커다란 과제 중의 하나였고, 이러한 환경이 배경이 되어 생산과 능률을 올리기 위해 나타난 이론이 과학적 관리론이다.

과학적 관리론을 주장한 사람으로는 테일러(Taylor), 페욜(H. Fayol) · 어윅(L. Urwick) · 굴릭(L. Gulick) 등 많은 학자들이 있다. 실질적 창시자인 테일러는 11년 동안 노동자들의 생산 공정 작업현장을 관찰 · 분석한 결과 생산 능률을 올리는 것은 노동자이므로 그들의 작업과정을 분석하여 과학화하면 작업 능률과 생산성을 올릴 수 있다고 보았고, 작업시간 · 동작연구를 통해 과학적 관리의 원리를 체계화하였다. 테일러는 과학적 관리의 기본 원리를 과학적 직무 분석, 노동자의 과학적 선발, 노동자와의 협동, 관리자와 노동자간의 유대와 협동 등 네 가지로 요약하였다.

과학적 관리론과 관련하여 1920년경 미국에서는 대도시 학교들의 비능률이 비난받게 되자 교육행정에서도 경비절감을 위하여 테일러의 주요 원리의 적용을 시도하였다. 한편 보빗은 「도시학교 관리를 위한 일반원리」 라는 논문에서 학교관리와 장학에 이 이론을 도입하여 학교의 비효율화와 낭비를 제거하고 관리의 효율을 극대화할 것을 주장하였다. 그러나 그룬버그 등은 교육에 과학적 관리론을 적용하는 것은 교육의 특성을 무시한 것이라면서 비판하기도 하였다(한공우, 2000).

과학적 관리론이 능률화운동으로 최소의 노동과 비용으로 최대의 효과를 올리는 일에 크게 공헌한 것은 사실이지만 생산과정에서 인간적인 측면을 완전히 배제하고 인간의 생산적 측면을 기계적으로 취급했다는 점에서 노동자들의 심각한 반발을 받았다.

2) 인간관계론(human relations)

1930~1950년대에 발달한 인간관계론은 과학적 관리론이 지나치게 능률과 획일성을 강조하여 생기는 부작용과 조직의 인간적 요소를 경시한 점과 실험결과 설명하기 어려운 다른 요인이 작용한다는 사실을 발견하고 발달된 이론이다. 이 당시 사회는 노동자의 교육정도와 생활수준이 높아지고 민주적인 방향으로 흐르게 되자, 이러한 사회적 요구에 노동자들도 인간적인 대우를 요구하게 되어 인간을 중시하는 이론이 나타난 것이다.

이 이론은 메이요(E. Mayo)와 동료 뢰슬리스버거(F. J. Roethlisberger) 등 하바드 대학팀의 호손실험을 통해 설립되었다. 그들은 호손(Hawthorne)공장에서 8년간(1924~1932) 인간적 요인에 의해 생산성이 어떻게 달라지는가를 실시하였다. 실험내용은 조명도실험, 계전기조립실험, 면접실험, 배전기권선작업관찰시험 등이다. 이 연구는 원래 작업장의 조명수준, 휴식시간, 임금 등과 같은 물리적 조건과 작업능률과의 관계를 밝히는 데 목적이 있었다. 실험 결과 연구자들은 작업 능률이 방의 밝기와 같은 물리적 요인 외에 심리적 환경과 인간관계,

비공식조직 등의 사회적 · 심리적 요인들이 더 많은 영향을 미친다는 사실과 민주적 지도성이 중요하다는 것을 밝혀 냈다. 이를 계기로 인간관계시대가 열리게 되고 집단의 사기, 직무만족, 응집력 등이 중시되기 시작하였고, 이 이론은 진보주의 운동과 함께 행정에서도 민주행정, 수평적 행정, 참여행정 등 여러 이름으로 적용되었다.

이 이론의 기본입장은 인간의 생산력은 노동자들이 사람 대접받는 정도와 자기 능력을 얼마나 인정받고 있는가와 같은 사회 · 심리적 요인과 조직의 목적을 보다 효율적으로 달성할 수 있도록 조직구성원을 인간으로 존중해야 한다는 점을 중시하였다. 인간관계론은 교육행정학에 민주적 교육행정의 원리를 제시해 주는 계기를 마련하면서 교육행정의 민주화와 발전에 공헌하였다.

3) 행동과학론

행동과학이란 인간의 개인적 · 집단적인 행동현상을 과학적으로 연구하는 학문이다. 행동과학적 접근은 1950년대 이후 순수경험 위주이거나 규범적 형태의 연구에서 분산적이고 체계적인 조직화로, 교육 현장중심 연구에서 학문중심 연구의 이론화 운동이 일어나게 되었다. 과학적관리론과 인간관계론의 양이론 간의 갈등을 해소하면서 개인과 조직 간의 조화로운 관계를 이해하려는 입장이 바로 행동과학적 접근이다. 즉, 인간의 행동에 대한 기초적 · 응용적 연구를 통해 인간의 본성을 밝히고, 인간의 잠재력을 최대로 개발하며, 인간이 핵심이 되는 집단의 능률향상을 도모하는 것이다.

과학적 관리론과 인간관계론은 인간과 조직을 조화있게 파악하지 못하였으므로, 대표 학자인 버나드(C. Barnard)와 사이먼(H. Simon)은 과학적 관리론과 인간관계론을 모두 비판하며 두 이론을 종합하려고 노력하였다. 조직을 협동체제로 보고 효과와 능률이라는 개념을 도입하여, 조직의 목표와 개인의 만족과의 상호관계를 구명하여 앞의 두 이론의 입장을 적절히 균형시킨 것이다. 공식조직과 비공식조직 간의 관계와 보상에 의한 동기부여를 중시했으며, 특히 지도자의 행동에 관심을 갖고 군대, 기업, 교육 등 모든 조직에 적용 가능한 이론으로 보고 지도자 행동에 대한 연구가 나타나게 되었다. 행동과학론은 고전이론과 인간관계론의 균형점을 찾아 조직과 구성원 모두에게 합리적인 길을 탐색케 해 주었다는 데 그 공헌이 있다(한공우, 2007).

2. 교육행정조직의 유형

교육행정에서 조직은 공동의 목표를 추구하는데 필요한 업무를 수행하기 위한 업무체계를 의미하며, 가장 기본적인 개념의 하나가 조직이다. 조직이란 어떤 공동목표 달성을 위해 함께 노력하는 사람들의 집단을 말한다. 특히 현대 사회를 조직의 사회라고 할 정도로 인간 생활에서 조직은 가장 기본적인 요소로서 하나의 사회적 협동체제라 할 수 있다.

1) 공식조직과 비공식조직(formal organization & informal organization)

조직을 이해하는 현대적인 방식 중 하나로 공식조직과 비공식조식으로 구별할 수 있다.

공식조직이란 한 조직체의 형식적 기구표에 나타나 있는 조직으로 전통적인 행정조직을 말한다. 공식조직은 조직의 목표를 효과적으로 달성하기 위해 제도화한 조직의 체계로 그 성질상 지도자의 권위가 상부에 주어진다는 특성이 있으며, 권한의 집중화, 명료한 책임분담, 표준화된 업무수행, 논리적 구조, 직무와의 필수적 관련성, 구성원의 계층화 등을 기초로 하는 강력하고도 정확한 조직이 된다. 어떤 목적을 위한 의식적 · 인위적 조직으로서 정부 · 국회 · 법원 · 군대 · 회사 · 기업 · 노동조합 · 학교 · 교회 · 사찰 등이 있다.

비공식조직은 자주적 조직이라고도 하며, 이 조직은 행정직 분야에 대한 명문화나 조직도표가 없이 행정조직 내의 상호 인간관계에 의한 조직으로 성원간의 직접적인 면접관계를 통해서 이루어지며, 주로 공식적 조직에서 규정하지 못하는 역할, 감정, 전통, 금기 등을 수반한다. 개인적 접촉이나 상호작용 결과 자연발생적으로 형성된 집단으로 사적 성격이 강하고 인간관계에 의한 소집단의 형태로 학연, 혈연, 지연, 친목회, 후원회, 동호회 등 다양한 형태가 있다. 조직 내에서 공식조직과 비공식조직 중 비중을 어디 두느냐에 따라 조직의 성격이 달라지고 두 조직의 관계도 중요하다.

비공식조직은 구성원들에게 안정감이나 귀속감을 주고 구성원간의 유대와 협조를 통해 업무 능률을 향상시켜 주고 공식지도자의 능력을 보완해 줄 수 있는 장점이 있다. 그러나 중요 계획이 사전에 누설되거나 왜곡된 정보나 소문 등으로 구성원의 사기가 저하되거나 불안감을 조성할 수 있는 단점이 있다.

2) 계선조직과 참모조직(line organization & staff organization)

행정조직 이해의 방식으로 계선조직과 참모조직으로 구별할 수 있다.

계선조직(系線組織)은 군대조직에서 유래된 개념으로 최고사령관으로부터 말단 사병에 이르기까지 수직적인 지휘 명령계통을 이루고 있음을 말한다. 일을 실제적으로 처리하기 위해 상하위계 속에서 지휘와 명령계통에 따라 움직인다. 조직의 목적 수행에 직접적으로 관여하여 결정권과 집행권을 갖고 있으며 결과에 대해 책임을 지는 수직적인 명령계통 등을 가진 조직을 말한다.

수직적으로 모든 행정이 이루어지므로 구성원 상호 간의 권한과 책임의 한계가 명백하고, 조직의 간결화로 의사결정이 신속히 이루어지며, 업무 수행이 능률적이며, 안정적이며 경비절감의 효과를 가져오는 장점이 있다. 그러나 계선부분이 지나치게 강조되면 최고관리자의 업무량이 과중하게 되고, 전문가의 지식이나 경험이 활용되지 못해 독단적인 의사결정이 이루어져 조직의 경직성을 초래하기 쉬우며, 각 성원에게 자율성과 창의성 부여가 어렵다는 단점이 있다.

참모조직(參謀組織)은 전문화된 자료, 정보, 지식을 소유한 두뇌집단으로, 대규모 계선조직의 기능을 원활히 수행할 수 있도록 지원 · 보조해 줌으로써 조직의 목적 달성에 간접적으로 기여하는 조직이다. 잘 활용하면 계선조직에서 일을 처리하는 데 필요한 정보를 제공하여 효과적으로 추진할 수 있지만, 지나치게 참모조직을 활용하게 되면 일의 진행이 늦을 수 있다. 장점은 최고 지도자의 합리적인 의사결정을 추구할 수 있으며 독선을 방지하며 조직 성원의 인간관계를 개선할 수 있다. 그러나 책임소재가 분명하지 않고, 성원사이의 유기적 관계 개선이 이루어지지 않으며, 조직의 비대화로 경비가 과다 지출된다는 단점이 있다.

오늘날 행정조직의 비대화와 기능의 복잡화로 참모조직의 중요성이 부각되고 있으므로, 학교장은 계선과 참모의 상호 유기적 관계를 통해 학교경영에 효율을 가져올 수 있도록 최선을 다해야한다.

제3절 우리나라 교육제도 및 교육행정조직

일종의 형식교육인 학교교육이 체계적인 교육을 달성하기 위해서는 교육의 제도가 필요하다. 학교교육제도는 국가가 적극적으로 관여하여 그 기본구조를 설정하고 규제하는 계획형과 사회적 필요에 부응해서 관련되는 사회 집단이나 개인이 학교를 설립함에 따라 그것이 교육의 전통으로 형성되는 자생형이란 두 가지의 유형으로 발달되어 왔다.

한국의 학교교육제도는 대한민국 정부 수립 후 교육법이 제정, 공포되면서 새로운 교육의 제도를 가지게 되었기 때문에 계획형에 속한다고 볼 수가 있다.

1. 우리나라 교육의 발전과정

19세기 후반에 한국은 서양과 접하면서 개화의 시기를 맞아 근대적 의미의 학교가 설립되기 시작했다. 이종각(1999)은 우리나라 교육의 발전과정을 다음과 같이 고찰하고 있다.

1905년 을사보호조약 이후, 일본의 식민지로 전락하여 전제적 통치를 받게 되면서 일본의 학제인 6-4-5 제의 교육제도를 갖추게 되었다. 인문교육보다는 실업교육에 치중하였으며, 중등교사 양성기관이 없었고, 한국인 특히 여자에게는 고등교육의 기회가 제한되었다.

1919년 3 · 1 운동의 실패 이후 한국의 민족주의자들은 한국의 독립에 있어서 근대교육의 필요성을 더욱 절감하였고, 이에 대해 일본은 학교교육에 대한 통제를 더욱 강화하여 민족교육의 움직임을 막았다. 1942년 초등학교에 다니는 한국 학생의 수는 전체 취학 대상 아동의 40%에 불과하였으며, 이 중 중학교에 진학하는 학생은 5%에 지나지 않았다. 또한 1924년에 설립된 경성제국대학도 설립취지와는 달리 일본인 학생들이 대부분이었다.

1945년 해방 이후 복선형학제가 폐지되었지만, 36년간의 일제 지배로 인하여 문맹률 78%, 부족한 교원 수, 근대학문을 습득한 자들의 외국어 구사 능력의 부족, 이원화된 학제에 대한 국민의 불만 등 수많은 부정적 결과를 낳았다. 8 · 15 직후 미군정 하에서 조선교육위원회와 조선교육심의회의 조직을 통해서 교육의 재건을 위한 당면과제와 장기 발전의 구성을 폈다. 개인의 기본적인 자유 · 평등이 기반인 단선형의 민주주의 교육제도를 마련하게 되고 같은 해 11월 '한국교육위원회'가 구성되었다.

1949년에 제정 · 공포된 교육법은 학교중심 공교육제도의 확립을 명확히 하고 있다. 교육기관은 공공권력의 지도나 감독을 받는 국가 관리의 교육제도를 채택하고 있으며, 그 책임도 국가가 지게 되어 있다. 교육법 제정으로 학제 · 의무교육제도 · 교육자치제 · 지방교육재정제도 등은 물론 교육제도 운영의 기본 요강을 정비하였다. 초등의무교육은 1950년 6월 1일을 기하여 시행키로 하였다. 또한, 이 「교육법」은 문맹퇴치를 위한 공민학교 설립 등의 내용을 담고 있었으며 이러한 노력의 결과로 1960년대에 들어서 문맹은 거의 사라지게 되었다.

1950년의 6 · 25전쟁으로 문교예산은 정부재정의 2%선으로 떨어지고 교육은 피난지의 노천교실, 생벽돌교실, 전시연합대학 등으로 그 명목을 유지해 나갈 수밖에 없었다. 다부제(多部制) 수업이 다반사였고 교육여건은 비참할 정도로 열악했다.

전시 중이면서도 1951년 3월에 교육법의 개정을 통해서 제도화되었던 6-3-3-4의 학제는 그 후 한국교육의 제도적 기틀이 되었으며, 1952년도에 발족된 시 · 군 단위의 지방교육자치제는 하나의 이정표를 기록하였다. 1952년부터 1956년까지 3차에 걸친 미국교육사절단의 내한으로 민주적인교육행정, 학습지도법의 개선, 현직교육 및 교사양성을 위한 지도조언 등으로 생활중심 교육과정 운동이 시작되었다.

1953년 휴전이 성립되자 1954~1959년간의 의무교육 완성 6개년 계획의 추진과 함께 중등 및 고등교육의 기회확충, 실업교육의 진흥 등도 촉진되었으며, 범국민적인 문맹퇴치 사업도 재개되었다.

1960년대에 접어들면서 4 · 19와 1961년 5 · 16군사혁명을 거치면서 한국교육은 새로운 사회환경 속에 처하게 되었다. 1964년 12월 교육자치제 부활과 학제가 개편되었고, 1968년 12월 국민교육헌장이 제정(1968. 12)되었다. 1960년대의 세계적 동향이었던 개발열기를 배경으로 국가발전 계획이 강력히 추진되었으며, 이러한 상황에서 교육사업에 대한 국가의 통제가 강화되고, 국가발전의 수단적 역할을 충실히 하는 교육이기를 요청받았다.

장기종합교육계획법(1972~1986)이 수립되었고, 경제개발 계획에 맞추어 교육발전 계획도 5개년 계획의 수립과 추진으로 이어졌다. 제2차 경제개발 5개년 계획(1967~1971) 이후에는 의무교육시설 및 실업교육시설의 확충 등이 경제개발 특별회계 속에 포함되었고 교육재정도 확충 · 강화되었다. 취학률은 초 · 중학교에서 1960년대와 1970년대를 거치면서 90% 이상을 상회하게 되었다. 그러나 이러한 성장과정에서, 특히 1960년대 이전까지, 정부의 지원 부족, 교사의 부족, 교육의 질적 문제(다인수 학급, 전일제 수업) 등이 발생하였다.

1970년대에도 교육에 대한 국가의 통제와 조성은 계속되고 강화되었다. 1972년 유신체제의 4공화국이 시작된 것과 때를 같이 하여 '국적 있는 교육'이 강조되었고, 국민교육헌장(1968년 공포)의 정신을 구현하는 방향으로 진행되었다. 이렇게 1970년대에는 교육이념면에서 국가주의, 복고주의, 체제 옹호 이데올로기가 강력하게 고조되었다. 다른 한편 중학교 및 인문계 고등학교에 있어서 평준화정책의 실시, 이공계대학 교육에서 중화학 공업교육의 추진 및 강화, 산학협동의 시행, 전문대학의 개편 등 다양한 교육정책이 추진되기도 했다.

1980년대는 또 한 번의 격동기였다. 군사정권의 연장 및 사회혼란의 가중과 더불어 교육분야에서도 대학의 혼란과 교육운동이 전개되었다. 1980년대에 들어와서는, 인간중심 교육사조가 등장하여 전인교육이 강조되었고, 교육개혁의 중점은 대학교육으로 이행되었다. 「7 · 30 교육조치」를 통해서 과외공부가 금지되었으며 대학에서의 본고사 폐지, 졸업정원제의 도입 등이 추진되었고 아울러 교육세의 제도화, 교육대학의 4년제 승격 등이 이루어졌다. 그밖에 유아교육의 확충과 개선, 중학교 의무교육화의 추진, 평생교육의 제도화 등에 있어서도 새로운 진전이 있었다. 그러나 졸업정원제는 시행착오로 그쳤고 1988년부터는 다시 입학정원제로 환원 조치되었다.

1990년대는 군사정권이 종식되고 문민정부가 등장하여 국제경쟁력 강화와 정보화 사회에 대한 대비로 교육개혁의 방향을 잡았다. 학교 단계별로 볼 때는 역시 대학 교육의 개혁에 강조점을 두고 있다. 교육구조 개편을 위해 교육계에 시장 경제의 경쟁논리를 도입하려는 것이 문민정부의 정책방향의 한 가지 큰 특색이다. 그러나 교육계의 자율구조의 조장보다는 정부 주도적이며 조급한 경쟁논리의 도입으로 부작용과 시행착오를 겪게 된다.

1998년 7차 교육과정이 실행되어 온 이후 여러 번의 부분 개정을 거쳐 2009년 고시된 여섯 번째 부분 개정된 교육과정은 학생들에게 과목선택권을 부여하게 되었고, 정보화 시대를 대비한 창의성, 정보능력 배양, 진로교육 등의 특징을 지니고 있다.

2. 우리나라 교육제도의 발전과정

교육제도란 사회에서 계획적으로 교육기능을 담당하는 기구가 짜여질 때, 그 짜임을 교육제도라고 한다. 교육제도는 하나의 사회제도로서 교육행정제도, 학교교육제도, 사회교육제도 등을 포함한다. 광의의 학교교육제도는 취학전 교육제도, 의무교육제도, 중등교육제도, 고등교육제도, 교원교육제도, 사립학교제도, 실업교육제도, 평생교육제도 등을 포함한다(박도순 외, 1999). 국가의 교육제도의 중심은 '학교의 교육기능의 독립성'을 제도적으로 보장할 수 있는 학교제도, 즉 학제이다.

우리나라는 해방 이후 민주적인 수립을 통하여 교육발전의 계기를 마련하게 되었다. 미군정시에는 6-6-4 제와 6-3-3제를 병행시킨 제도가 운영되어 오다가, 대한민국 정부수립 이후 교육법이 제정되면서(1949) 6-3-3-4 제도의 단선형 학교제도(single ladder system) 개편(1951)이 이루어졌다.

그 후 6-3-3-4제는 기본적인 골격을 계속 유지하면서 부분적인 제도의 수정 · 보완을 통하여 발전되어 왔다. 즉, 교육법 제정 이후의 학제 변화로는 사범학교의 교육대학으로의 승격(1962), 실업고등전문학교의 설립(1963), 중학무시험 추첨배정제(1969), 대입예비고사제(1969), 방송통신대학(1972)과 방송통신고등학교의 설립(1973), 그리고 전문대학의 설립(1979) 및 교육대학의 4년제 대학으로의 승격(1981), 사회교육법 통과(1882. 12), 교원대학(1984, 1985학년도부터 모집) 등을 지적할 수 있다. 이와 같이 우리 나라는 다양한 종류의 학교가 설치 · 운영되었으며, 이러한 다양한 종류의 학교가 필요한 이유는 다양한 상황에 처해 있는 국민의 교육적 요구를 수용함과 아울러 교육에 대한 사회적 요구의 다양성을 수용해 나가야 할 국가적 필요 때문이다.

이렇게 복잡한 교육제도를 이해하기 위해서 몇 가지 중추적 개념을 이해할 필요가 있다. 우선 '정규학교'와 '비정규학교'의 개념이다. 정규학교는 학력을 법적으로 인정하는 각급학교를 말하며, 비정규학교는 법적으로 학력인정을 받지 못하는 학교를 말한다. 비정규학교의 예를 들면, 지금은 정규학교의 발달로 많이 사라졌지만, 공민학교, 고등공민학교, 기술학교, 그리고 교육법상의 각종 학교가 비정규학교의 예들이다.

정규학교와 비정규학교의 구분에 따라 학제는 기간학제와 방계학제로 구분된다. 즉, 학제가 정규학교의 체계를 중심으로 이루어져 있기 때문에 이를 기간학제라고 부르며, 비정규학교의 체계를 방계학제라고 부른다. 방계학제는 기간학제에서 수용하지 못하는 교육욕구를 수용하기 위한 제도로 학력인정을 받지 못할 뿐만 아니라 기간학제로의 이동도 할 수가 없다. 따라서 학력인정을 받으려면 학력인정 검정고시라는 절차를 한 번 더 거쳐야 한다. 방계학제를 구성하고 있는 비정규학교들은 사회교육기관이라고 볼 수 있다.

학제의 특성을 지적하기 위하여 사용하는 개념으로 '단선형' 학제와 '복선형' 학제라는 용어를 쓴다. 우리나라의 기간학제는 단선형이다. 고등학교 수준에서는 실업계학교와 인문계 학교가 분리되어 있기는 하지만 어느 학교를 졸업하든 대학진학의 길이 열려 있다.

전형적인 복선형 학제(dual ladder system)는 유럽 여러 나라의 구 학제이다. 유럽의 복선형 학제에서는 초등학교를 졸업할 때, 진로를 선택 · 결정하는 11세 시험(11+ exam)을 치고, 인문계 중등학교로 진학할 것인가 실업계 중등학교로 진학할 것인가를 결정한다. 뿐만 아니라, 일단 실업계에 진학하면 실업계 학교 계통만 밟아야 하며 인문계 학교계통으로 진학할 수 없다. 이런 점에서 학생들이 밟을 수 있는 학교 계통이 두 개의 노선으로 구분되어 있기 때문에 복선제라고 부른다.

이러한 복선형 학제가 비민주적이고 교육평등의 장애요인으로 비판받아 왔으며, 따라서 세계 각국에서 학제에 있어서 복선형적 요소를 폐지하거나 새로운 학교를 만들어 평등적 요소를 강화해 왔다. 1980년대 후반부터 다시 축소되는 경향이 있기는 하지만, 우리나라에도 도입되고 한때 널리 장려된 바 있는 종합학교(comprehensive school)는 인문계 · 실업계를 통합한 것이다. 이것은 서양 사회에서 중등교육 단계에서 계열이 엄격한 구분에 따른 불평등적 요소를 줄이기 위한 방안으로 설립되었던 것이다.

3. 우리나라의 기간학제

한국교육의 이념, 목적, 행정체제, 교육기관의 종류와 계통, 각급학교, 각종학교의 교육목적 등은 총 11장 177조로 되어 있는 「교육법」에 명시되어 있다. 따라서 한국의 기간학제는 이 교육법에 따라 구성되어져 있는데 먼저 교육법에 나와 있는 한국교육의 이념과 교육방침을 살펴보면 다음과 같다.

교육법은 제1장 총칙 제1조에서 한국의 교육이념을 아래와 같이 규정하고 있다.

교육은 홍익인간의 이념 아래 모든 국민으로 하여금 인격을 도야하고, 자주적 생활능력과 민주시민으로서 필요한 자질을 갖추게 하여 인간다운 삶을 영위하게 하고 민주국가 발전에 봉사하고 인류공영의 이상실현에 기여하게 함을 목적으로 한다.

교육법 제81조에는 "모든 국민으로 하여금 신앙, 성별, 사회적 신분, 경제적 지위 등에 의한 차별이 없이 그 능력에 따라 균등하게 교육을 받게 하기 위하여" 라는 전제 아래 6-3-3-4제의 일원적 기간학제(단선형 학제)를 설정하고 있다. 기간학제는 수업 연한 6년의 초등학교, 3년의 중학교, 3년의 고등학교 및 4년의 대학(의 · 치과는 6년)을 골격으로 하는 일원적 교육제도이다. 초·중등교육법에 의하면 우리나라의 기본학제는 유치원, 초등학교, 중학교, 고등학교, 대학교 및 대학원으로 이어지는 정규 학교교육제도를 설정하고 있다.

1) 취학전 교육

취학전 교육은 의무교육기관인 초등학교에 입학하기 전에 유아들이 받는 교육을 의미한다. 이에 해당하는 교육기관으로서는 유아원, 유치원, 어린이집 등을 들 수 있다. 유치원은 유아를 교육하고 적당한 환경을 주어 심신의 발육을 조장하는 것을 목적으로 한다(초 · 중등교육법 제35조). 유치원에 취학할 수 있는 연령은 만 3세부터 초등학교 취학시기 전까지의 유아이다.

유아원(Nursery School)은 유치원에 입학하기 이전의 어린이 중 특히 3, 4세 어린이를 교육하는 기관이며, 유치원(Kindergarten)은 교육법에 의거 설립된 학교제도의 일부로서 형식적인 학교교육의 성격을 가지고 있다. 유치원에서는 초등학교 입학 전의 4~5세 아동을 대상으로 1년 내지 2년간의 유아교육을 실시한다. 어린이집(Day Care Center)은 2~5세의 아동 중 취업여성의 자녀를 보호하는 기관이며, 그러기 때문에 일차적으로 보호기능을 담당하나 근자에 와서는 교육기능도 수행하고 있다.

2) 초등교육

형식교육으로서의 학교교육을 초등 · 중등 · 고등교육으로 구분하는 것은 세계적인 통례로 되어 있다. 초등학교는 국민 생활에 필요한 기초적인 초등보통 교육을 하는 것을 목적으로 하며(초 · 중등교육법 제38조), 기초 학교인 동시에 의무교육기관으로서의 성격을 지닌다. 수업 연한은 6년이다.

우리나라의 초등학교 교육목적은 학습과 일상생활에 필요한 기본 능력을 기르고 바른 생활태도를 형성하여, 전인적인 성장을 위한 밑바탕을 길러야 한다는 내용이 초·중등교육법에 명시되어 있다.

3) 중등교육

중등교육은 초등교육 이후에 주어지는 6년간의 교육을 총칭한다. 이는 3년간의 중학교 교육과 3년간의 고등학교 교육으로 분리된다.

중학교 교육은 초등학교 교육의 기초 위에 건전한 심신을 기르고, 개성에 맞는 진로탐색에 필요한 지식과 기술을 습득하게 하며, 공정한 판단력과 자율적 활동 등을 기르는데 그 목적을 두고 있다.

중학교는 초등학교에서 받은 교육의 기초 위에 중등보통교육을 하는 것을 목적으로 한다(교육법 제100조).

한편 고등학교 교육은 중학교 교육의 기초 위에 사회성원으로서의 역할을 수행하고, 원만한 인격을 형성하며, 자신의 진로개척에 필요한 자질을 기르는데 역점을 두고 있다.

고등학교는 중학교에서 받은 교육의 기초 위에 고등보통교육과 전문교육을 하는 것을 목적으로 한다(교육법 제104조).

고등학교 교육은 일반계 고등학교와 실업계 고등학교로 분리·운영되며, 일반계 고등학교에서는 학생의 진로선택에 따라 2학년부터 인문사회과정, 자연계과정, 직업과정으로 구분하여 적용한다.

4) 고등교육

고등교육은 형식교육제도에 있어서 초등·중등 다음에 주어지는 제 3단계

교육을 총괄적으로 의미한다. 즉, 고등학교 교육 이후에 실시되는 대학교육을 뜻하며, 대학에서는 지성의 개발과 고도의 직업적 지식과 기능을 습득하게 된다.

우리나라의 현행 교육법상 고등교육기관에는 대학, 사범대학, 교육대학, 전문대학, 방송통신대학, 개방대학, 대학 과정의 각종 학교 등이 있으며 기본학제에 속하는 것은 대학, 교육대학, 사범대학, 전문대학 등이다.

5) 특수교육

대한민국 헌법 제27조 1항에는 "모든 국민은 능력에 따라 균등하게 교육을 받을 권리를 가진다"라는 조문이 있다. 이 조문에서 균등한 교육을 받는다는 것은 각 개인이 지니고 있는 개인차에 따라 거기에 알맞는 교육을 받는다는 뜻이 된다. 즉, 지적 · 신체적 조건이 정상에서 일탈되어 있는 장애 아동도 대한민국의 국민으로서 그들의 능력에 알맞는 교육을 받을 권리가 있다는 것이다.

4. 우리나라의 교육행정조직

우리나라의 교육행정조직은 크게 중앙교육행정조직과 지방교육행정조직으로 나눌 수 있다.

1) 중앙교육행정조직

중앙교육행정조직은 중앙정부의 교육행정을 위한 조직과 구조를 말한다. 조직의 권한과 책임, 의사결정권과 강력한 통제력과 지휘 · 감독권이 중앙교육행정에 집중되어 있으면 중앙집권화라고 하고, 지방교육행정조직에 집중되어 있으면 지방분권화라고 한다.

중앙교육행정조직은 정책결정을 수행할 때 국가적 통일성을 기할 수 있으며 교육행정 능률을 향상시킬 수 있는 장점이 있다. 또한 지방에 따른 재정 빈부와 교육기회의 불균형을 조절하며, 신속하고 강력한 교육행정 수행이 가능하다. 그러나 지방 특수성을 무시한 획일적인 반민주적인 교육행정이 될 수 있으며 교육내용이나 방법이 지나치게 통제될 수 있다는 단점이 있다.

우리나라 교육행정의 최고책임자는 교육과학기술부 장관이다. 중앙행정조직은 넓은 의미에서 대통령과 국무회의까지 포함된다. 대통령도 행정부의 수장으로서 교육행정에 관한 권한을 행사하며, 국무회의도 주요 교육정책을 결정하는 정책결정기관으로 계획 · 조직 · 인사 · 조정 · 통제에서 최고의 권한과 책임을 가진다.

중앙교육행정조직의 변천을 보면 해방 이후 1945년 미군정기를 시작으로 1948년 정부수립이 되고 그 후의 개정, 그리고 1961년 5.16군사혁명 등 여러 차례의 개정을 거쳐 지난 정권(2007)의 교육인적자원부 명칭이 현재(2011) 교육과학기술부로 바뀌었다. 조직 편성에 있어서 특징은 군사혁명 이전의 직제는 주로 계층별, 대상별로 편성된 관리위주의 직제였고, 그 이후로는 주로 기능별로 편성된 지도위주의 직제라 할 수 있다.

2) 지방교육행정조직

지방교육행정조직은 지방의 교육행정을 위한 전반적인 조직과 구조를 말한다. 우리나라도 세계의 많은 민주주의 국가에서 실시하는 지방교육 행정조직과 마찬가지로 교육자치제도를 특징으로 하고 있다.

지방교육행정조직은 광역자치기관인 특별시 · 광역시 · 도의 교육청과 그 하부조직인 시 · 군 · 구 교육청으로 분류된다. 지방교육행정조직은 각 시 · 도 교육청에 따라 조직이 약간 다르다. 지방교육행정기관인 시 · 도 교육청은 교육감을 정점으로 부교육감→국장→과장→계장 등으로 이어진다.

지방교육행정을 이해하기 위해서는 지방교육자치에 대한 이해가 필요하다.

지방자치를 하는 이유는 지역 주민의 의사나 요구사항 등의 지역적 특수성을 행정에 반영하여 지역사회와 지역 주민을 위해 일을 한다는 장점이 있기 때문이다. 지방자치에서 교육만 분리해서 지방교육자치를 운영하는 이유는 교육이 갖는 특수성 때문이다.

지방교육자치제의 원리는 ① 자주성 존중의 원리 ② 전문성 추구의 원리, ③ 지방분권의 원리, ④ 주민의 참여와 책임의 원리 등이며 이 원리들을 고려하여 행정에 참여하여야 한다.

제4절 학교장학의 이해

1. 장학의 개념

장학의 개념은 교육의 통제보다는 지도 · 조언 · 지원을 통해 교수-학습의 성과를 극대화한다는 뜻으로 교육행정에 있어서 가장 중핵적인 영역이다. 영어의 장학(supervision)이란 말의 어원은 감독이라는 말에서 출발하였으며 'supervision'이란 'superior'와 'vision'의 합성어이다. 'superior'는 '높은 곳 또는 우수한'이란 뜻이고 'vision'은 '본다 또는 감시하다'는 뜻으로 결국 '장학'이란 '우수한 사람이 높은 곳에서 본다', '훌륭한 눈으로 감시한다'를 의미하며, 한편으로는 'oversight', 'inspector' 라는 감독, 감시, 시찰, 검열의 뜻도 내포하고 있다.

'Supervision'은 해방 전에 일본의 영향을 받아서 '시학'으로 이해되었으나 해방 후 오늘날에는 미국의 영향을 받아 민주적인 의의를 가진 용어로서 '조언지도' 혹은 '장학'으로 사용되고 있으며, 그 의미가 많이 변화되어 교사와 학생의 성장 · 발달에 관한 모든 조건을 향상시키기 위한 전문적 · 기술적인 봉사활동이라는 뜻으로 이해되고 있다.

와일즈(K. Wiles)는 '장학이란 교수-학습의 개선을 위하여 제공되는 지도 · 조언'이라 하였다. 그리고 버튼(W. H. Burton)과 브레크너(L. J. Brueckner)는 '장학이란 학생의 성장과 발달에 영향을 주는 모든 요인들을 협동적으로 연구하고 개선하는 기술적 봉사'라고 하였다. 로웰(Lowell)은 '장학은 교사-학생체제 밖에서 학생의 학습을 용이하게 하도록 교사의 행위에 직접 그리고 의도적으로 영향을 주는 것'이라 하였다. 그리고 해리스(B. M. Harris)는 '장학의 개념을 교육행정이나 학교경영의 전체적인 국면에서 파악하면서 장학이란 학교에서 교수-학습과정을 유지하고 개선하는 것이며, 교장이나 교사들이 학습과정을 용이하게 하기 위하여 인적 · 물적 자원을 조정하는 것'이라 하였다.

이상에서와 같이 학교에서 수업의 질을 개선하여 교육의 효율성을 극대화하려는데 역점을 두고 있는 새로운 장학활동의 요청에 따라 장학에 대한 개념을 조성일은 '교육의 목적을 효율적으로 달성할 수 있도록 정책적이고 행정적인 측면에서 관리적이며 수업적인 측면에서 궁극적으로 교수-학습활동을 도와주는 봉사활동의 한 수단'이라고 본다.

2. 장학의 기능

장학의 목적이 교수-학습활동을 도와주는 봉사활동이라면 장학의 기능도 이와 같은 장학의 목적으로 효율적으로 달성할 수 있도록 지원하는 역할을 담당해야 할 것이다. 김창걸은 장학의 중요한 기능을 첫째, 교사의 전문적 성장을 돕는 일, 둘째, 교육과정 운영의 개선을 돕는 일, 셋째, 교수-학습지도 개선을 돕는 일, 넷째, 교육환경과 관리개선을 돕는 일 등으로 제시하고 있다. 장학의 본질은 교사를 통해 수업을 개선하는 것이므로 교육과정과 내용을 개발 · 수정 · 보완하여 학생의 성취를 높이고 교육자료와 학습환경 개선을 통해 학생의 학습을 촉진하는 것이다. 그러므로 장학의 성과나 가치는 학생들의 성장 · 발달에 어느 정도 기여했느냐에 달려 있다고 할 수 있다.

맥너니(McNerney)는 장학의 기능으로 ① 교수과정에 대한 방향 제시, ② 교수과정에 대한 효과의 평가를 들었고, 맥키인(McKean)과 밀즈(Mills)는 ① 지도성의 발휘, ② 조정, ③ 자원과 봉사의 역할, ④ 평가 등을 제시하였고, 김종철은 ① 교사의 전문적 성장을 돕는 활동, ② 교육운영의 기획과 평가를 돕는 활동, ③ 학습활동을 개선하는 활동이라 하였다(김창걸, 2005).

장학업무의 효율적인 운영을 통하여 교수-학습활동의 개선과 교육발전의 향상, 그리고 교육목표의 달성을 도모하기 위해서는 무엇보다 장학지도의 민주화 · 과학화 · 전문화를 촉진하는 데 역점을 두어야 한다. 특히 현대사회에 있어서 공교육제도의 발달, 교육의 양적 팽창, 교육내용의 복잡화, 교수기술과 방법의 발달, 교육자의 전문화 등은 결과적으로 교육활동 현장에서 장학의 필요성을 강조하고 있다.

3. 장학의 유형

장학지도의 유형을 어떤 일정한 하나의 기준으로 구분하기는 어려운 일이다. 대체로 장학은 장학이 이루어지는 장소와 장학을 담당하는 구성원들에 따라 그 구분이 다양하다. 여기서는 임상장학, 동료장학, 요청장학, 특별장학, 담임장학, 자기장학 등으로 구분하여 살펴보고자 한다.

1) 임상장학(clinical supervision)

임상장학(臨床奬學)은 학급 내에서 일어난 교수-학습간의 상호작용을 기록한 것과 수업에 관련된 교사의 지각, 신념, 태도, 지식에 대한 정보로 구성된다(한공우, 2000).

장학이 전문화되려면 장학담당자들은 교사들의 문제를 해결해 줄 수 있는 특별한 기술(know how) 수준을 갖추어야 가능하게 될 것이다. 임상장학이란 학급 내에서 교사와 학생 사이에 이루어지는 교수-학습활동의 상호작용 과정에 초점을 두고서 학생의 학습을 향상시키려는 장학을 말한다. 수업과 장학이 시작되기 전 장학자와 교사가 1 : 1의 친밀한 관계 속에서 체계적이고 집중적이며 치밀한 계획으로 이루어지는 장학의 과정이다. 장학담당자와 교사는 쌍방적 동료관계를 지향하며 교사의 교수기술 향상과 계속적인 전문적 성장을 위해 계획협의회, 수업관찰, 피드백협의회의 과정을 거쳐 수업기술을 향상시키려는 것이 특징이다. 이 장학의 기본 자료는 학급 내에서 발생한 교사와 학생 사이의 대면적 상호작용 과정을 기록한 것으로 교사의 지각 신념 · 태도 · 지식을 분석하여 교사의 수업활동을 개선하고 학생의 학습효과를 향상시키려는데 있기 때문에 임상장학은 수업장학의 한 방법이라고 할 수 있다. 또한 교사의 필요와 요청에 의해 교사를 중심으로 이루어지는 장학이므로 교사중심 장학이라 할 수 있다.

2) 동료장학

동료장학(同僚獎學)은 1970년대부터 교사들의 수업개선에 대한 관심이 고조되고 전통적인 장학에 대한 불신감과 부담감이 증대되면서 새롭게 대두되었다. 이 장학은 소집단의 같은 학년의 교사들과 같은 교사들 그리고 관심분야가 같은 교사들이 모임을 통해 수업방법의 개선을 도모하고자 상호지도 · 조언 등 공동관심에 대해 협의를 하며 서로 도움을 줌으로써 교수기술 향상과 전문적 성장을 도모하기 위한 상호 협동하는 장학활동이다.

동료장학은 같은 학교 내에 근무하는 동료 교사들이 쉽게 만나 협동 · 노력할 수 있을 뿐만 아니라, 행정 계층에서 오는 위화감 없이 친근감을 갖는 분위기에서 교사들 간 수업활동을 도와줄 수 있다. 그리고 같은 교사의 입장이기 때문에 교사간의 교수상황을 잘 이해할 수 있어 교수활동의 효과성을 극대화할 수 있다는 장점을 가지고 있다.

과거 전통적으로 교육청에서 나온 장학사에 의해 획일적으로 이루어져 왔던 장학은 위계에 의한 경직성 등으로 타율적 장학의 성격이 강했으나, 동료장학은 동지적 감정, 공동체 의식 등으로 인하여 협동성, 자율성, 능동성 등이 발휘되어 각 교사가 지니고 있는 전문성이 최대로 자유롭게 활용될 수 있다.

3) 요청장학

요청장학(要請獎學)은 형식적이고 상투적이며 연례행사적인 장학에 대한 반작용으로 나온 장학활동이다. 이 장학은 일선학교 학교장이나 교사가 교과 또는 영역에 한하여 교수-학습 방법에 관한 전문적 지도가 필요하다고 판단하여 장학사를 초청함으로써 이루어진다. 학교에서 장학위원을 선정 요청하지만, 선정 요청이 없으면 교육청에서 배정한다. 요청장학은 교과영역 중심으로 장학협의팀(교장, 교감, 대학교수 등 참여)을 구성하고 학교당 2~3개 교과, 교과당 2~3명의 장학요원을 파견하여 집중적으로 실시한다.

요청장학은 학교 및 교사의 필요에 의해 실시되기 때문에 시 · 도교육청으로부터 필요한 교과와 필요한 영역의 전문장학사들의 도움을 얻을 수 있어 질 높은 장학을 할 수 있다. 그리고 교육활동의 핵심을 이루는 각 교과의 교수활동에 중점을 두기 때문에 참여자 모두의 상호 신뢰성이 형성될 수 있을 뿐만 아니라 장학의 과정도 바람직하게 전개될 수 있다.

4) 특별장학

교내 자율장학 수행력이 미흡한 학교의 장학력의 제고를 위하여 지원하는 장학이다. 자율 · 책임 · 참여에 바탕을 둔 교육시책을 능동적으로 추진하도록 조장하며, 현안 문제해결을 지원하여 교육력을 높이기 위해 지원하는 장학이다.

5). 담임장학

학교별로 담임 장학사를 배정하여 분기 1회 정도 실시하고 필요한 경우 전체

학교 및 개별학교에 대하여 수시로 장학을 실시한다. 담임 장학사는 창의적 교육 활동 지원과 학교의 현안 문제를 협의하여 해결 방안을 해결하도록 지원한다.

6) 자기장학

교사 자신의 전문적 성장을 위하여 체계적인 계획을 세워 이를 실천하고 평가 반성하는 과정으로 교사 스스로가 자진해서 교수-학습 개선에 노력하는 것을 말한다.

제11장
교직과 교사

제1절 교직의 전문성

제2절 교사론

제1절 교직의 전문성

1. 전문직으로서의 교직

1) 교직의 의의

교육과 교사는 인류문화가 시작되었던 시기부터 출발되었다고 볼 수 있다. 교사란 직이 기원전 5세기경 그리스 이오니아 지방에서 있었다는 사실이 「역사」라는 책을 통해 확인되었고, 이처럼 인류 역사가 시작되면서 교육과 교사가 있었다는 사실을 보면 인간이 교육 없이 살아갈 수 없다는 것을 알 수 있다.

교직이란 직업의 일종이며 이 직업에 종사하는 사람들을 교사 또는 교원이라고 한다. 교원은 학교교육에서 가장 중심적인 역할을 하며 인간의 성장과 발달, 또는 개인의 자아실현을 돕고 바람직한 사회의 성원으로서 적응할 수 있는 인간을 형성하는 고귀한 임무를 수행하는 가장 영향력이 있는 사람이다. 교육 현장에서 미성숙한 학생들을 가르치는 임무를 수행하는 직종이 바로 교직으로 사회와 국가발전에 기여할 수 있는 전문적이고 봉사적인 직업이라 할 수 있다.

교직(teaching profession), 즉 가르치는 직업이란 무엇인가를 알아보기 위하여 우선 직업이란 무엇인가 하는 문제부터 살펴볼 필요가 있다.

직업을 영어로 'occupation'과 'vocation'으로 구분하기도 한다. 전자는 '사람이 보수를 받기 위해 정해 놓고 종사하는 일'이라 볼 수 있고, 후자는 '조물주로부터 소명을 받아 하는 일', 즉 '부르심을 받는 일'(calling)이라고 할 수 있다. 따라서 'vocation'은 일에 대한 '탁월한 경향성을 가지고 있다는 것'과 '필요한 적성을 가지고 있다'는 이중적 의미가 있다(정우현 : 1978).

우리나라 교육법에 의거한 표준직업분류는 교원을 "유치원 · 초 · 중 · 고 · 대학의 학생을 가르치기 위하여 학교에서 수업을 하고 개인교수를 하며, 신체장애자를 가르치고 교육방법 및 교육보조 자료에 관한 연구를 수행하며 조언하고 학교에서 교육활동을 조직 및 감독하며 이와 관련된 업무를 수행하는 자를 말한다"고 정의하면서, 교육기관에서 지도하는 신체훈련 강사 및 스포츠 코치는 별도로 체육 및 관련 종사자로 분류하고 있다. 이처럼 교직은 대학 교원이든 초등학교 교원이든 특수한 전문직으로 범주되어 있음을 알 수 있으며, 교육법에 명시된 교육자격을 받기 위해서는 국가 공인을 받아야 하는 제한이 있다.

2) 교직의 전문성과 자율성

(1) 교직의 전문성

흔히 교직은 전문직이라고 한다. 어떤 사람들은 준전문직이라고도 하지만 고전적 전문직에 속한다고 보는 견해가 지배적이다. 전문직으로서의 교직은 자율적인 선택과 판단에 의해 그 직무를 수행하고 있다. 고도의 전문적 지식과 기술, 윤리의식에 바탕을 둔 책임감과 사명감을 지니도록 훈련 · 교육되어 사회를 위해 봉사하는 직업이다.

교사가 왜 전문성을 필요로 하는지에 대한 특징은 다음과 같다(강영삼, 2007).

① 교사는 인간의 생과 사의 문제를 다루고 있으므로 전문성이 필요하다.
② 교사는 존경받기 위하여 전문성을 지녀야 한다.
③ 교사는 학생의 개인문제를 다루기 때문에 전문성이 요청된다.
④ 교사는 현장연구를 수행하기 때문에 전문성이 요청된다.

교사는 교육일선에서 부딪치게 되는 문제를 발견 · 개선하고, 문제현상을 분석하여 연구를 수행하는 구체적인 방법도 알아야 하므로 이러한 요청에 부응하기 위해서 교사에게 전문성이 요청되는 것이다.

스티네트(T. M. Stinnett)와 허거트(A. J. Huggett), 또한 홀리(E. Hoyle) 등 여러 학자들이 주장한 전문직의 기준을 종합해 보면 다음과 같은 공통점을 들 수 있다.

① 고도의 지적 능력이 필요하다.
② 장기간의 준비교육 및 계속적인 성장이 요청된다.
③ 질적 수준 유지를 위해 면허증이나 자격증이 부여된다.
④ 애타적 봉사성을 그 특성으로 한다.
⑤ 윤리강령을 가지고 있다.
⑥ 직무수행에 필요한 자율권이 주어진다.
⑦ 전문적 활동을 위한 단체조직 활동이 이뤄져야 한다.

이와 같은 전문직의 기준에 비추어 볼 때 분명히 교직은 전문직이다. 이러한 전문직으로서의 교직에 종사하고 있는 교원에게는 보다 높은 자질과 풍부한 교양과 투철한 교직 윤리의식이 요청된다. 지식의 폭발 또는 혁명의 시대, 정보화 시대로 대변되는 현대사회에서 교육을 담당하는 교원은 전문성 향상을 위해 끊임없이 노력해야만 한다.

(2) 교직의 자율성

교직이 전문직이라고 한다면 교직에 종사하는 교원들은 그들의 업무를 추진함에 있어 자율적인 판단에 의해서 직무를 수행해야 하므로 고도의 자율성을 보장받아야 한다. 또한 자율성이 없이 맡은 바 직무를 수행할 수 없다면 창의적으로 학생들을 지도할 수 없을 것이다. 왜냐하면 교원이 주로 수행하는 수업계획 · 교수-학습 활동 · 평가 · 생활지도, 기타 현장연구들은 자율적인 의사결정이 요청되기 때문이다. 만약 교원이 교육활동 과정에서 외부의 간섭과 통제를 계속받는다면 그들의 전문적인 능력과 창의성을 발휘할 수가 없게 되며, 이는 교육활동의 위축을 가져오게 될 것이다. 교실에서 교사는 가르치는데 있어서 마음껏 자유를 누릴 수 있어야 한다. 그래서 교원이 자유롭게 창의적으로 교육활동을 수행할 수 있도록 교육법에서는 교육의 자주성에 관하여 다음과 같이 규정하고 있다.

국가와 지방자치단체는 교육의 자주성을 확보하며 공정한 민의에 따라 각기 실정에 맞는 교육행정을 하기 위하여 필요 적절한 기구와 시책을 수립 실시하여야 한다(교육법 제14조).

그런데 이러한 교원의 자율성은 법적 · 제도적인 보장에 의해서만 확보되는 것은 아니며 전문직으로서의 교직에 종사하는 교원들이 그들의 의무를 충실히 이행하고 고도의 전문적 지식과 기술을 가지고 질 높은 교육을 실천할 때 더욱 확충될 수 있는 것이다.

학교교육 활동에 있어서 교사의 자율성은 교육이 이루어지는 기본이 된다. 따라서 교원이 전문적인 교육활동에 전념할 수 있도록 자율성이 최대한 허용되어야 할 것이다. 그러나 교사가 종교나 정치적인 것에 대한 편파적 신념을 학생들에게 가르쳐도 좋다는 자율성이 아니고 학생의 자유와 복지가 전제되어야 한다. 그러므로 국가와 사회라는 큰 제도 안에서 교사의 자율성이 확보되고 향상되어야 한다.

2. 교직관

교직이라는 직업의 본질과 직무의 기본성격을 보는 관점을 흔히 성직관, 노동직관, 그리고 전문직관 등의 세 가지 유형으로 구분한다.

1) 성직관

성직관은 교직에 대한 전통적 교직관으로 과거 교육이 특수층을 위해 발달하면서 성직으로 존중되었다. 성직관은 중세사회에서는 종교가와 겸직이었으므로 종교적인 관점에서 특별한 소명의식(mission or calling)을 가진 사람들이 감당할 수 있다고 보는 입장이라고 할 수 있다. 교원은 목사나 신부 또는 승려 등과 같이 인간의 정신적인 면과 영적인 면을 다루기 때문에 세속적인 직종과는 달리 세상일에 초연한 생활을 해야 하며, 부귀영화, 돈, 명예, 권력 등은 멀리해야 함을 강조하는 입장이다.

교사의 임무는 고역도 될 수 있고 기쁨도 될 수 있다. 의무감에 못이겨 맡겨진 하루의 일을 기계적으로 되풀이함으로써 생계의 수단을 삼는데 그친다면, 이것은 분명히 노역이며 부담이다. 그러나 교사가 올바른 가치관과 사명감을 갖고 어린이들의 성장 · 발달을 돕고 그들의 잠재가능성을 개발하여 풍요한 생활을 영위케 하고, 이를 통하여 나라와 겨레와 인류의 발전을 돕는 길이라는 신념을 갖는다면, 분명 그의 일은 노동의 영역을 뛰어넘어 희열의 원천이 될 것이다. 이 경우, 그의 일과는 부담이 아니라 보람이 있는 성직이 될 것이다.

2) 노동직관

노동직관은 성직관과 대조되는 교직관으로, 교직도 정신적인 노동을 주로 하는 노동직으로서 본질적으로 다른 직종과 차이가 없다고 보는 교직관이다. 교직을 정신적 노동과 육체적 노동으로 구분하는 자체를 인정하지 않는 입장이다. 따라서 교원도 노동의 보상으로 보수를 받고 처우개선과 근무조건 개선을 위해 노동권을 행사할 필요가 있으며, 그들 자신의 권익 옹호와 보수와 근무조건의 개선을 위하여 노동조합을 결성하여 집단행동을 통해 정부나 경영자 또는 고용자와 맞서 투쟁해야 한다고 본다. 다시 말하면 노동자로서의 권리와 의무를 이행함으로써 교원의 지위향상을 도모할 수 있다고 보고 실리적인 주장을 행동으로 옮겨야 한다는 것이다. 그러나 교사는 교육행위 자체를 거부하면 안 되므로 정부에서는 교육원노조를 합법화하고 있지만 단체행동은 인정하지 않는다.

성직관이나 노동직관은 양극단에 있는 관점이지만 대부분의 교사들이 바라는 것은 전문직으로서의 교직이라 할 수 있다.

3) 전문직관

전문직관은 교직을 전문직으로 보는 입장이다. 여기서는 교직을 직무에 필요한 전문적인 지식과 기술 및 엄격한 자격과 함께 지성적 · 정신적 활동(애타적 봉사성, 고도의 자율성, 사회적 책임성과 윤리성 등)을 필요로 하는 직업으로 규정하고, 교원의 자질 향상과 사회 · 경제적 지위향상 등을 위해 교직단체를 구성하여 적극적인 노력을 기울여야 한다고 주장한다.

요컨대, 교직은 전문적인 성격이 있으며, 그러면서도 소명의식이 요구되는 직업이라는 면에서 다른 일반직업과 구별되는 특수 전문직이라고 할 수 있다.

결국 교직은 인간을 가르치고 기르는 성스러운 직업으로서 특별한 자질과 사명감을 가진 사람만이 가져야 하는 직업이다.

따라서 교사나 교사가 되고자 하는 사람은 투철한 사명감을 갖고 전문적 지식과 교육방법을 연마하지 않으면 안 된다. 그러나 현실적으로 교직의 보수는 교육연한이나 사회적 지위에 비해 비교적 낮으므로 교사로서 갖추어야 할 훌륭한 자질을 가진 사람들이 교직을 천직으로 선택하기에는 문제가 많다고 보여진다.

제2절 교사론

1. 바람직한 교사상

시대와 사회의 요구에 따라 교육관, 교직관에 대한 변화가 생기므로 바람직한 교사상에 대한 요구도 변하게 된다. 교사는 학생 및 교육내용과 더불어 교육을 구성하는 3대 요소의 하나고, 교육의 방향과 성과를 결정하는데 가장 핵심적 요소가 된다. 모든 교육계획 · 교육정책 · 교육이론 · 교육내용 등은 결국 교사의 자질 · 동기 · 행동 여하에 의해서 실현될 수도 있고 실현되지 않을 수도 있다. 즉, 교육작용이 완전히 진행되려면 학생 및 교육 내용이 교사라는 구체적인 인격을 통해야 가능해진다는 것이다. 따라서 교사 없는 교육이란 생각할 수 없다.

이처럼 교사가 교육에서 차지하는 비중이 큼에 따라 바람직한 교사상에 관한 연구가 활발하게 진행되고 있다. 바람직한 교사상에 대해 백스터(B. Baxter, 1941)와 하트(Hart)의 바람직하고 유능한 교사의 특성을 종합해 보면 다음과 같다.

① 협동적이며 민주적인 태도를 지닌 교사
② 학습자 개인의 개성에 대한 인정과 존중을 지닌 교사
③ 학습자의 다양한 흥미를 존중하고 흥미를 집중시킬 수 있는 특기가 있는 교사
④ 융통성이 있고 편중되지 않고 공평한 교사
⑤ 수업을 잘하는 교사
⑥ 바람직한 인품과 사람을 선호하는 교사

⑦ 유머가 있는 교사
⑧ 학생과의 관계에 있어서 친절하고 대화가 잘 통하고 우호적인 교사
⑨ 어떤 일에나 학생들이 즐거운 마음으로 참여하도록 유도하는 교사

과거 학자들의 연구와 현대사회에서 미래사회가 요구하는 교사상을 비교해 보면 ① 가르치는 교과에 깊은 지식과 실력이 있는 교사, ② 이해심과 사랑과 봉사의 정신, ③ 품성과 자질이 있는 교사, ④ 학생들에게 희망을 주는 교사, ⑤ 국제화에 대응하는 안목 · 능력 · 태도를 가진 교사 등이다.

또한 현대사회에서 훌륭한 교사의 자질은 ① 신체적으로 건강한 교사, ② 정신적으로 건강하고 정서적으로 안정성 있는 교사, ③ 상식과 교양을 갖춘 교사, ④ 인생의 통합성을 갖춘 교사 등을 제시하고 있다.

2. 교사의 자질과 윤리

1) 전문교사의 자질

오늘날 사회가 요청하는 우수한 교사란 교육자로서의 자질이 있어야 한다. 교육의 질을 높이고 교육목적을 효과적으로 달성하기 위해서는 전문적이고 교육자의 자질을 가진 교사가 필요하다는 것은 누구나 알고 있는 사실이다.

전문교사(professional teacher)란 전문가적인 지식과 기술, 그리고 전문가적 정신을 가진 교사를 말한다. 이러한 전문교사는 교육에서 의도하는 목표를 효과적으로 성취시키는 교사를 말하며, 교사는 자기가 가르치고자 하는 내용에 대하여 우선 완벽한 지식을 갖추고 있어야 한다. 가르칠 내용을 잘 알고 있는 사람은 그것을 가르치는 방법도 알기 때문에 기초지식, 기초개념 그리고 기초원리 등을 가려 내어 이를 확실하게 교육할 수 있는 것이다.

또한 전문교사는 가르치는 방법에 관한 전문가적인 다양한 방법을 알고 있어야 한다. 이것이 높은 교육을 받은 일반인과 전문교사가 구별되는 조건인

것이다. 아인슈타인(A. Einstein)이 상대성 원리를 초등학교 어린이에게 잘못 가르친다면, 그것은 아인슈타인이 상대성 원리를 어린이들에게 효과적으로 가르치는 다양한 방법을 모르고 있기 때문일 것이다. 아인슈타인이 물론 상대성 원리에 관한 내용을 완벽하게 알고 있기는 하지만 그것을 초등학교 어린이들에게 어떻게 가르쳐 줄 것인가는 모르고 있을 수 있다. 그러나 전문교사는 상대성 원리를 알고 나면, 그것을 교육받을 대상에 따라서 학습 성과가 나타나도록 쉽고도 효과적인 방법으로 가르칠 수 있는 것이다.

효과적인 교수기법으로 몇 가지 예를 든다면 다음과 같다. ① 수업을 쉽고 명료하게 설명하기, ② 학습과제의 성격에 따라 수업방법을 다양하게 하기, ③ 구조적이며 체계적인 설명하기, ④ 문제 제기적인 질문을 자주하기, ⑤ 수업을 할 때 대상 학생의 수준에 맞는 언어를 사용하기, ⑥ 학생의 개인차에 따른 개별적 수업하기, ⑦ 학습과제 중심적 수업을 전개하기, ⑧ 심화학습을 위해 충분한 과제를 부여하기, ⑨ 교과의 학습목표 중심으로 수업을 체계적으로 조직하는 방법들이 교수 방법에 관한 전문적 지식인 것이다. 그러나 많은 교사들은 이러한 전문적 교수방법에 관한 지식과 기술을 습득하고 있지 못하고 있다.

교육은 인간행동의 형성이나 변화를 목표로 하고 있는 의도적이며 계획적인 활동으로 인간행동에 관심이 있는 것이다. 교육을 시작하기 전과 후에 교육의 대상으로 하였던 인간행동의 형성이나 변화가 나타나지 않는다면, 교육의 효과는 없는 것이다.

따라서 교사는 인간의 인지적 · 정의적 · 신체운동 기능적 행동이 어떻게 연령의 증가에 따라 발달하며, 각 연령 단계마다의 발달과업(developmental task)으로서의 인간행동의 특성에 대한 지식을 갖추고 있어야 한다. 그리고 학습을 통한 인간행동의 변화에 대한 여러 가지 학습의 원리와 방법에 관한 지식과 기법을 습득하고 있어야 한다. 그러기 위해서는 발달심리학, 학습심리학, 인지심리학 등에 관한 폭넓고 전문적인 지식을 갖고 있어야 한다.

3. 교사의 역할과 윤리

1) 교사의 역할

교육이 성립하기 위해서는 반드시 교사와 학생이 있어야 하며, 교수-학습과정에서 교사와 학생의 상호작용은 매우 중요하므로 교사의 역할은 매우 중요하다. 교사의 역할을 보면 다음과 같이 설명할 수 있다.

학교에서 교사가 수행하는 역할은 기본적인 역할과 심리적인 역할과 나누어 설명될 수 있다. 교사가 수행하는 역할이 다양함에도 불구하고 가르치는 일, 사회화를 돕는 일, 평가하는 일, 그리고 생활지도를 하는 일은 어느 교사나 공통적으로 수행하는 기본적 역할로 인식되고 있다. 그리고 이러한 역할들을 효과적으로 수행하기 위하여 교사는 무엇보다도 그의 학급을 통제할 수 있고 학습 분위기를 조성할 수 있어야 함은 물론이다. 교사의 기본적 역할도 교사와 학생과의 상호작용을 통해서만이 가능해진다.

교사의 역할에 대해서는 여러 학자들의 견해가 있으나, 리들과 바텐베르그(Reedle & Wattenberg, 1954)는 학생과의 심리적 관계를 중심으로 교사의 심리적 역할을 다음과 같은 13개 항목으로 나누어 제시하고 있다(이영덕, 1976, 재인용).

(1) 사회 대표자로서의 교사

학생이 사회화되어 가는 과정에서 교사는 사회의 가치와 규범 그리고 생활양식을 대표하는 위치에 서게 된다. 학생의 여러 가지 행동에 대하여 경우에 따라서는 인정을 해 주고 질책을 하며, 격려해 주는 일을 통하여 사회와 문화가 기대하는 바가 무엇인가를 보여주고 교사 자신의 태도와 행동에 의하여 문화적 가치를 표현하게 된다. 따라서 교사가 무의도적으로 미치는 영향은 학생들의 사회화의 방향을 결정해줌에 있어서 중요한 구실을 한다.

(2) 판단자로서의 교사

교사가 학교 상황에서 수행하는 많은 일 가운데 학생에 관한 올바른 판단을 요구하는 일이 상당히 많다. 학생들의 성적을 매기고 행동을 평가하고 기록하는 일, 급제와 낙제를 결정하는 일, 수상 대상을 결정하는 일, 처벌 대상에게 처벌규정을 적용하는 일 등에 있어서 교사는 판단자의 역할을 수행한다. 이러한 교사의 판단이 과연 적절한 것이냐 그렇지 못한 것이냐는 교사의 윤리에 관한 문제이다. 교사의 판단 그 자체는 학생의 자아개념 형성에 큰 영향을 주며 학생들의 학습과정에 직접적으로 영향을 미치게 된다.

(3) 지식 자원으로서의 교사

학생들에게 필요한 지식을 교수한다는 것은 교사의 제일위적(第一位的) 임무이다. 교사가 가지는 지식의 이해 정도는 학생들의 학업성취도와 밀접한 관련이 있는 점으로 보아 지식의 공급처로서 교사의 역할은 중요하다.

(4) 학습 조력자로서의 교사

교사의 역할이 단순한 지식의 전달에 그쳐서는 안 된다. 학생들이 중요한 지식을 이해하고 새로운 지식을 찾아 내고 배운 지식을 적용하여 새로운 문제를 해결하는 등의 학습과정에서 교사는 유능한 조력자의 역할을 하여야 한다. 특정한 개념이나 원리를 학습자의 발달 단계에 맞도록 설명하는 일, 학생의 학습 스타일에 맞는 학습과정을 마련해 주는 일, 학습에 있어서 개인이나 집단이 당면하는 난관을 극복하도록 도와 주는 일 등은 전문적 능력을 필요로 하는 일들이다.

(5) 심판자로서의 교사

학교 내에서 의견이 일치하지 않거나 갈등 · 대립 등의 현상은 흔히 있기 마련이다. 이때 공정하게 시비를 가려 낼 수 있는 유일한 권위자는 교사이다. 이와 같은 심판역할에 있어서의 공정성과 타당성 여하에 따라서 학생에게 비치는 교사권위는 크게 좌우된다.

(6) 훈육자로서의 교사

학생집단이 질서를 유지하기 위해서는 적절한 훈육을 일관성 있게 해 줄 것을 행정지도자나 부모나 학생 자신들도 교사에게 기대한다. 교사의 훈육역할의 적부는 학교의 질서유지 뿐만 아니라 학생들의 학업성취에도 적지 않은 영향을 준다.

(7) 동일시의 대상으로서의 교사

갈등이나 난관에 부딪쳤을 때, 학생들이 쉽게 취하는 행동으로 동일시의 현상을 들 수 있다. 학교에서 학생들의 중요한 동일시 대상은 교사이다. 따라서 교사의 여러 가지 행동 특징(교사의 말투 · 걸음걸이 · 필체 · 태도 · 가치관 등)은 학생들에 의해서 잘 모방된다.

(8) 불안 제거자로서의 교사

성장 과정에서 학생들은 여러 가지 불안을 겪게 된다. 현실에 대한 이해 부족과 자신의 능력 부족에서 오는 불안은 자연 성인의 도움을 필요로 하게 된다. 현실 상황에 대한 적절한 설명, 학생들에게 불필요한 불안을 주지 않도록 상황을 통제하는 일 등은 교사가 수행해야 할 역할이다.

(9) 자아 옹호자로서의 교사

성장 과정에 있는 학습자들이 당면하게 되는 문제 중에는 자신감을 잃는 일, 자기 부족을 느끼는 일, 열등감을 느끼는 일 등이 있다. 이때 교사는 학생들로 하여금 성공감을 맛보게 하고 성취에 대한 주위로부터의 인정을 받도록 해줌으로써 학생들의 자아를 옹호해 주고 자신감을 가지도록 하는 역할을 수행한다.

(10) 집단 지도자로서의 교사

학교교육은 대부분의 경우 집단적 상황에서 이루어지므로 교사는 집단의 사기를 높이고 응집력을 향상하기 위한 지도자로서의 일반적 역할을 담당하게 된다.

(11) 부모 대행인으로서의 교사

특히 초등학교 저학년의 아동은 교사의 행동과 부모의 행동을 마찬가지로 여기는 경향이 있다. 어머니에게서 구할 수 있는 조언을 교사에게서 찾으려는 일도 있거니와 동서양을 막론하고 교사들은 학생들을 대할 때 부모의 감정으로 대하는 경향이 짙다. 어린이 중에는 부모에게서 받을 수 없었던 만족을 교사에게서 구하는 경우가 많은데 이때 교사는 부모 대행인의 역할을 하게 된다.

(12) 적대 감정의 표적으로서의 교사

성장 과정에 있는 학생들은 일상생활에서 적지 않은 좌절감을 경험하게 된다. 성인문화의 표준을 학생들에게 제시하고 이에 순응할 것을 요구하는 이가 성인이고 보면 좌절감에서 폭발되는 적대 감정의 대상은 성인일 수밖에 없다.

또한 학교 상황에서 그 화살이 교사에게 향할 수밖에 없다. 이때 그들의 표적이 되어 주는 것은 그들의 정신건강을 위해서 대단히 유익한 일이다.

(13) 친구로서의 교사

학생들 중에는 교사를 하나의 다정한 친구로 대하기를 원하는 아동들이 있다. 교사가 학생들의 개인적 기쁨과 감정을 같이 나누어 준다는 것은 매우 바람직한 일이다. 교사와 학생과의 관계에 있어 학생을 친구로서 언제나 마음속을 털어놓을 수 있는 비형식적 관계가 뒤따라야 한다.

이제까지 학교 상황에서의 교사의 역할로서 교사의 기본적 역할과 심리적 역할을 논의하였다. 교사는 이외에도 애정 상대자로서의 교사, 학급경영자로서의 역할, 학교직원으로서의 행정적 역할, 전문적 성장을 위한 역할, 학부모와의 자녀 교육문제 상담 등 여러 가지 역할을 수행하게 된다.

교사의 사회적 역할에서, 먼저 생각해야 할 것은 일반 사회인이 교사에 대하여 어떠한 인상을 가지고 있느냐 하는 점이다. 물론 이 인상 가운데에는 옳은 것도 있고, 그른 것도 있으며, 시대적 변천에 따라 달라진다. 그러나 오늘날 대체로 일반인이 교사에 대해 가지고 있는 인상은, 마음으로는 존경을 받으나 경제적 · 사회적 대우는 실지로 받지 못하는 위치에 있다고 본다. 도덕적인 면에서는 모범적인 위치에 있을 것이 요구되며, 정직 · 청렴 · 책임 · 친절 · 희생 · 봉사 등의 요구가 크다. 이처럼 일반인과 다른 행동을 요구받기 때문에 교사들은 사회생활에서 그만큼 제약과 압력을 받는다고 하겠다. 사회에서의 교사역할에 있어 전통적 학교는 과거 문화의 유산을 전달하고 유지하는 것을 주기능으로 하였다. 따라서 전통적 학교의 교사는 고전학자로서, 도덕적 모범자로서 또는 교과지도자로서의 역할을 수행하는데 그쳤다. 그러나 오늘날 교사는 위의 전통적 교사관에서 탈피하여 지역사회의 문화를 개혁하고 발전시키는 변화촉진자(change agent)의 역할을 할 것이 요구되고 있다. 그러므로 단순한 지식의 전수자가 아니라 바람직한 사회변화를 자극하고 옹호하고 몸소 채택 · 실천하는 사람으로 노력해야 한다. 결국 사회에서의 교사의 역할이란 '변화촉진자로서의 교사'에 있다고 하겠다.

2) 교사의 윤리

전문직으로서의 교직은 교육하는 일로서 가르치는 직무이고, 윤리란 사람의 품성이나 행위의 규범이고, 도덕의 근본관념인 도리 · 의무를 뜻한다. 그러므로 교직윤리란 교사로서 지켜야 할 도리를 말하며 교직자가 교직 실천에서 지켜야 할 것으로 기대되는 행동 규범이라 할 수 있다. 교직은 성직이며, 전문직이므로 다른 직업에 비하여 법규나 법률보다는 그 자체의 기능을 수행하는 데 있어서 반드시 지켜야 할 윤리를 가진다. 교직이 윤리강령이 있는 것은 교직은 지식 전달만이 아니라 미래의 사회를 이끌어 갈 아동을 가르치는 일을 하고 있기 때문에 높은 직업윤리의식과 도덕수준을 요구받고 있는 것이다.

우리나라는 전통적으로 교육자를 존중하고 스승으로 섬기는 미풍양속이 있어 왔다. 임금과 스승과 부모를 동격으로까지 표현했던 것도 가르치는 사람에 대한 최대의 존경을 나타내는 말이기도 했다. 그러나 해방 이후 교육인구의 폭발적인 증가와 이에 따라 교사 수도 크게 늘어나게 되자 일부 교사들의 교육자로서의 자질과 윤리의식이 사회문제화되었다. 또한 교사들은 사회나 학부모들로부터 응분의 대접을 받지 못하고 단순히 직업인의 한 사람으로 밖에 취급하지 않는 풍토가 만연되기에 이르렀다. 이러한 현상은 교사들의 사명감과 윤리의식이 미흡함을 의미하기도 하고, 다른 한편으로는 그들의 책임과 역할에 상응하는 만족스러운 대우가 주어지고 있지 않다는 것을 뜻하기도 한다.

여기서 불가피하게 제기될 수밖에 없는 문제가 교사윤리의 재정립, 사도의 확립이며, 교원에 대한 사회 · 경제적 처우의 개선이라 할 수 있다. 교사들의 투철한 사명감과 확고한 윤리의식이 밑받침되지 않고서는 교육의 발전은 기대할 수 없다. 교권의 회복없이 땅에 떨어진 단순히 봉급생활자로서만 인식되고 또 교사들도 그렇게 행동할 때 교직의 전문직적 특성은 약화되고, 바람직한 교사상의 정립은 실현되기 어려울 것이다. 전문직 종사자로서의 전문인 의식과 윤리의식을 토대로 하여 교사들 스스로 고매한 교육자적 자세를 견지해야 할 것이다.

한국 교사들이 지켜야 할 교사 윤리의 내용은 대한 교육연합회 제12차 대의원회의(1958. 9. 19)에서 '교원윤리강령'이 제정되었으나, 한국교원총연합회에서는 이를 개정하여 지난 1982년 스승의 날(5. 15)에 선포된 '사도헌장'과 '사도강령'에 잘 나타나 있다.

전문과 5개항의 본문으로 이루어져 있는 사도헌장은 교사가 지켜야 할 현재적 윤리의 기본 방향을 제시한 것으로, 문자 그대로 스승의 길을 다짐하는 기본원리이며 원칙적인 규범이다. 한편 사도강령은 사도헌장을 기초로 하여 보다 구체적으로 준수해야 할 실천적 행동 지표로서 윤리 강령을 표현한 것이다.

21세기는 세계화 · 국제화 · 정보화시대로 전세계는 하나의 지구촌이 되어 국제화 시대에 대처할 수 있는 교육을 맡고 있는 교사의 역할과 윤리관은 더욱 중대하고 막중하다는 것을 알 수 있다. 한 나라의 교육이 바로 서야만 사회나 국가가 바로 설 수 있기 때문이다.

사도강령은 사도헌장을 기초로 하여 보다 구체적으로 준수해야 할 실천적 행동지표로서 윤리강령을 표현한 것이다. 다음에 이들 각각을 소개하면 다음과 같다.

사도헌장

오늘의 교육은 개인의 성장과 사회의 발전과 내일의 국운을 좌우한다. 우리는 국민교육의 수임자로서 존경받는 스승이요, 신뢰받는 선도자임을 자각한다. 이에 긍지와 사명을 새로이 명심하고 스승의 길을 밝힌다.

- 우리는 제자를 사랑하고 개성을 존중하며 한마음 한뜻으로 명랑한 학풍을 조성한다.
- 우리는 폭넓은 교양과 부단한 연찬으로 교직의 전문성을 높여 국민의 사표가 된다.
- 우리는 원대하고 치밀한 교육계획의 수립과 성실한 실천으로 맡은 바 책임을 완수한다.
- 우리는 서로 협동하여 교육의 자주 혁신과 교육자의 지위 향상에 적극 노력한다.
- 우리는 가정교육 · 사회교육과의 유대를 강화하여 복지국가 건설에 공헌한다.

사도강령

민주국가의 주인은 국민이므로 나라의 주인을 주인답게 길러 내는 교육은 가장 중대한 국가의 과업이다.

우리 겨레가 오랜 역사와 찬란한 문화를 계승 · 발전시키며, 선진제국과 어깨를 나란히 하여 인류복지 증진에 주도적으로 기여하려면, 무엇보다도 문화국민으로서의 의식개혁과 미래사회에 대비한 창의적이고 자주적인 인간육성에 힘을 기울여야 한다.

그러기 위하여 우리 교육자는 국가 발전과 민족중흥의 선도자로서의 사명과 긍지를 지니고, 교육을 통하여 국민 각자의 능력을 최대한으로 계발하여 개인의 자아실현과 국력의 신장, 그리고 민족의 번영에 열과 성을 다하여야 한다.

또한 교육자의 품성과 언행이 학생의 성장 · 발달을 좌우할 뿐만 아니라 국민 윤리 재건의 관건이 된다는 사실을 명심하고 사랑과 봉사, 정직과 성실, 청렴과 품위, 준법과 질서에 바탕을 둔 사도확립에 우리 스스로 헌신하여야 한다.

이러한 우리의 뜻은 교직에 종사하는 모든 교직자가 공동체 의식을 가지고 노력하여야만 이루어질 수 있다는 것을 인식하고 사도헌장 제정에 때맞추어 우리의 행동지표인 현행 교원 윤리강령을 사도강령으로 개정하여 이를 실천함으로써 국민의 사표가 될 것을 다짐한다.

참고 문헌

강승호 외, 현대교육평가의 이론과 실제, 경기 : 양서원, 1996.

강영삼 외 3인, 교육학개론, 서울 : 교육과학사, 2007.

고려대학교 심리학과 편, 심리학개론, 서울 : 고려대학교 출판부, 1991.

공은배 외, 한국 교육투자의 실태와 수익률 분석에 관한 연구, 한국교육개발원, 1994.

교육개혁위원회, 신교육체제수립을 위한 교육개혁방안 , 제2차 대통령 보고서, 1995. 5. 31.

교육신문사, 한국교육 100년사, 서울 : 교육신문사, 1999.

권건일 외 1인, 교육학개론, 경기 : 양서원, 2006.

권정숙 외 5인, 교육학개론, 서울 : 태영출판사, 2008.

김경현 외 7인, 신교육학개론, 서울 : 태영출판사, 2007.

길형석 외, 교육과정과 교육평가, 서울 : 동문사, 1998.

김경희 외, 교육학개론, 서울 : 학지사, 2000.

김광한, 탈학교논쟁, 서울 : 한마당, 1990.

김도수, 교육학개론, 서울 : 교육과학사, 2001.

김민수 편, 우리말 어원사전, 서울 : 태학사, 1997.

김병성, 학교학습풍토와 학업성취, 서울 : 교육과학사, 1984.

______, 교육연구방법, 서울 : 학지사, 1997.

김신일, 교육사회학(개정증보판), 서울 : 교육과학사, 2000.

김영채, 학습심리학, 서울 : 박영사, 1996.

김정환, 교육의 철학과 과제, 서울 : 박영사, 1994.

______, 교육의 본질과 과제, 서울 : 박영사, 1995.

김종서 외, 신교육학개론, 서울 : 교육과학사, 1998.

김종철, 교육행정의 이론과 실제, 서울 : 교육과학사, 1982.

김준권 외 1인, 신교육학개론, 서울 : 태영출판사, 2006.

김준권 외 5인, 교육학개론, 경기 : 양서원, 2011.

김창걸, 교육행정 및 교육경영, 서울 : 형설출판사, 2005.

김충기, 생활지도 교육론, 서울 : 학문사, 1983.

_____, 교육심리학, 서울 : 동문사, 2001.
남궁용권 외 2인, 교육학개론, 경기 : 양서원, 2005.
남정걸, 교육행정 및 교육경영(개정판), 서울 : 교육과학사, 2000.
목영해, 교육의 이해(개정판), 서울 : 문음사, 2009.
박도순 외, 교육과정과 교육평가, 서울 : 문음사, 1998.
_____, 교육과정과 교육평가, 서울 : 문음사, 1999.
박도순 외 3명, 신교육학개론, 서울 : 문음사, 2000.
박재문, 지식의 구조와 구조주의(교육과정철학 총서 1), 서울 : 교육과학사, 1998.
백완기, 행정학, 서울 : 박영사, 1983.
백현기, 신고 교육행정, 서울 : 을유문화사, 1964.
변창진 외, 교육평가, 서울 : 학지사, 1997.
서울대학교 사범대학 교육연구소, 한국교육심리검사총람, 서울 : 프레스빌, 1997.
설기문, 인간관계와 정신건강, 서울 : 학지사, 1997.
송명자, 발달심리학, 서울 : 학지사, 1995.
안기성 외 공역, 교육정치학, 경기 : 양서원, 1998.
_____, 한국교육개혁의 정치학, 서울 : 학지사, 1998.
양용철 외, 교육의 종합적 이해. 서울 : 교육과학사, 2001.
엄주정 외, 교육학개론, 서울 : 학지사, 1999.
오성삼, 교육학개론, 경기 : 양서원, 2011.
오천석, 교육철학신강, 서울 : 교학사, 1972.
_____, 스승(교육신서 3), 서울 : 배영사, 1972.
유광찬, 교육과정의 이해, 서울 : 교육과학사, 1999.
유승우 외 5인, 교육방법 및 교육공학, 경기 : 양서원, 2010.
윤정일 외, 교육의 이해, 서울 : 학지사, 1995.
윤필중, 교육과정과 교육평가, 서울 : 문음사, 1998.
이군현, 교육행정 및 경영, 서울 : 형설출판사, 1999.
이돈희, 교육철학개론, 서울 : 교육과학사, 1991.
이성호, 교육과정론, 경기 : 양서원, 2009.
이영덕, 교육의 과정, 서울 : 배영사, 1976.
이영덕 외, 생활지도, 서울 : 교육과학사, 1994.
이장호, 상담심리학 입문, 서울 : 형설출판사, 1999.
이재창 외, 인간이해를 위한 심리학, 서울 : 문음사, 1997.
이종각, 교육사회학신강, 서울 : 동문사, 1999.
_____, 교육학 논쟁, 서울 : 하우, 1994.
이종승, 교육과정과 수업의 원리(Tyler). 서울 : 교육과학사, 1998.

이형득 외, 상담의 이론적 접근, 서울 : 형설출판사, 1984.
이형행, 교육학개론, 서울 : 학지사, 1997.
이홍우, 교육과정탐구, 서울 : 박영사, 1998.
장선철 외 1인, 교육심리학, 서울 : 태영출판사, 2010.
장선철 외 3인, 교육학개론, 서울 : 태영출판사, 2006.
정범모, 교육과 교육학, 서울 : 박영사, 1985.
정우현, 사회교육학, 서울 : 교육출판사, 1990.
정일환, 교육행정학-이론과 적용, 서울 : 중앙적성출판사, 1996.
정종진, 교육평가의 이해, 경기 : 양서원, 1999.
_____, 학교학습과 동기, 서울 : 교육과학사, 1996.
정태범, 교육행정학, 서울 : 정민사, 1995.
조성일, 교육행정과 교육경영, 서울 : 재동문화사, 2000.
조영일, 교육학개론, 서울 : 교육과학사, 2003.
정석환, 교육할개론, 경기 : 양서원, 2010.
최철용 외 6일, 교육학개론, 경기 : 양서원, 2009.
한공우, 교육행정 및 교육경영(개정증보판), 서울 : 동문사, 2000
한국교육학회, 인간과 교육, 서울 : 문음사, 1996.
황정규, 교육평가, 서울 : 교육출판사, 1989.
Tyler, Ralph, 교육과정과 학습지도의 기본원리, 서울 : 교육과학사, 1998.
Walker, Decker F. 외, 교육과정과 목적, 서울 : 교육과학사 1999.
네이버 지식 백과, http://100.naver.com/
다음 백과사전, http://encdaum.net/
위키 백과, http://wikipedia.org/wiki/

Emmer, Edumund T., Classroom Management, in Michael J. Dunkin (ed.), The International Encyclopedia of Teaching and Teacher Education, New York : Pergamon Ltd., 1987.
_____, and Calrolyn M. Evertson. "Synthesis of Research on Classroom Gardner, H., Multiple intelligences : The theory in practice, New York : BasicBooks, 1993.
Goleman, D., Emotional Intelligence. New York : Bantam Books, 1982.
Guilford, J. P., Some changes in the structure-of-the-intellect model. Educational and Psychological Measurement, 40. 1-4, 1998.
Guilliland, B. E., Theories and strategies in counseling and psychotherapy. Englewood Cliffs, N.J. : Prentice-Hall, 1984.

Hannafin, M. J., Emerging Technologies, ISD and Learning Environment : Critical Perspectives, Educational Technology Research and Development, Vol., 40, No. 1, pp. 49-64, 1992.

Heinich, R., Molenda, M., & Russell, J., Instructional Media and The New Technologies of Instruction, 3rd. ed., Macmillan Publishing Company, 1989.

Keller, J. M., Motivational design of instruction. In C. M. Reigeluth(Ed.), Instructional-design theories and models : An overview of their current status(pp. 383-433). Hillsdate, N.J. : Lawrence Erlbaum, Inc., Publishers, 1983.

Kemp, J. E., Morrison G. R., & Ross, S. M., Designing effective instruction (2nd ed.). Upper Saddle River, N.J. : Prentice-Hall, Inc., 1998.

Kinzie, M. B. & Berdel, R. L., Design and Use of Hypermedia Systems, Educational Technology Research and Development, Vol. 38, No. 3, pp. 61-68.

Kinzie, M. B., Requirements and Benefits of Effective Interactive Instruction : Learner Control, Self-Regulation, and Continuing Motivation, Educational Technology Research and Development, Vol. 38, No. 1, pp. 5-21, 1990.

Kozma, R. B., Will Media Influence Leaning? Reframing the Debate, Educational Technology, Research and Development. Vol. 42, No. 2, pp. 7-20, 1994.

Lebow, D., Constructivist values for instructional system design : Five principles toward a new mind set. Educational Technology Research and Development, 41(3), 1-16, 1993.

Marchionini, G., Hypermedia and Learning : Freedom and Chaos, Educational Technology, Vol. 18, No. 11, November, pp. 8-12.

Patterson, C. H., Theories of counseling and psychotherapy (3rd ed.). New York : Harper & Row Publishers.

Saettler, L. P., The evolution of American educational technology. Englewood, Co. : Libraries Unlimited, Inc., 1990.

Silver, Paula F., Educational Administration, New York : Harper $ Row, 1986.

Weller, H. C., Interactivity in micro computer based instruction : Its essential components and how it can be enhanced, Educational Technology, Vol. B, No. 5, pp. 47-50, 1988.

Wertheimer, Michael, Gestalt theory of learning. In G. M. Gazda & R. J. Corsini (Eds.), Theories of learning : A comparative approach. Ithasca, IL. : Peacock, 1980.

찾아 보기

사 항

인 명

〈국내〉

〈국외〉

저자 소개

장선철

건국대학교 대학원 교육학 박사
현재, 전주대학교 상담심리학과 교수

이진안

연세대학교 대학원 교육학 박사
현재, 연세대학교, 경기대학교, 상명대학교 강사

신교육학개론

초판발행 2012년 2월 25일
5판발행 2016년 2월 25일

2016. 2.

저 자 장선철 · 이진안
발행인 김현태
발행처 태영출판사

주 소 (08301) 서울 구로구 구로동 104-10 동남오피스텔 201호
전 화 02 · 839-3757, 839-3752
팩 스 02 · 837-3754
등 록 2005년 5월 30일 제12-421호
http://www.taeyeongbook.co.kr
E-mail tys2005@hanmail.net
ISBN 978-89-6302-068-6 93370
정 가 15,000원

NAVER 태영출판사

* 잘못 만들어진 책은 교환해 드립니다.